当て字の辞典

日常漢字の訓よみ辞典

新装版

東京堂出版

はしがき

昭和二十一年に当用漢字が制定されてから四十五年が過ぎ、この世代の人が日本の人口の過半数を占めるに至った。「今の若い人は字が読めない」という声を聞きはじめてから、久しくなる。

常用漢字表では「常」の音訓は「ジョウ・つね・とこ」しかないが、このほかにも「常《ただ》ならぬ・常《とこしえ》・常《とわ》に・常磐《ときわ》・常陸《ひたち》」などの読み方がある。古来詩歌によく詠《よ》まれたホトトギスは「杜鵑・子規・杜宇・時鳥・不如帰・蜀魂・郭公・沓手鳥・怨鳥」などの書き方がある。「案山子《かかし》・女郎花《おみなえし》」などは一般に知られているが、「鳩尾《みずおち》・鶏冠木《かえで》」や姓氏の「春夏秋冬《ひととせ》・海千山千《ふるて》」、名前の「稜威穂《たけお》」「謹子《のりこ》」、地名の「一尺八寸《かまつか》・神母木《いげのき》」になると知る人ぞ知るで、読めない人にとってはクイズを解くようなものである。

こうした言葉の読み方を調べようとすると、国語辞典は読めなければ引けないし、漢和辞典は訓読語についてはあまり触れていない。そこで、当社では昭和三十一年に、古文献から難訓語をつぶさに集めた『難訓辞典』を刊行し、さらに平成元年に一般向けの『難読語辞典』を出版した。

本書は、この両辞典とは異なる内容構成で、当用漢字世代の人のため、簡便で引きやすく実用的な辞典を意図し、常用漢字を中心に日ごろ目にする漢字について、常用漢字表にはない読み方、あるいは通常とは異なる読み方をする言葉を採録した。大半が訓読語であるが、音読語も若干ある。結果として、当て字・熟字訓と呼ばれる言葉が多いため、書名を『当て字の辞典』としたが、日常漢字の訓よみ辞典である。

当て字とは「浅墓《あさはか》・茶化《ちゃか》す・紐育《ニューヨーク》」など、漢字の意味に関係なくその音や訓を借りて当てた言葉で、熟字訓とは「私語《ささやき》・五月雨《さみだれ》・蒲公英《たんぽぽ》」など熟字を訓よみしたものをいう。しかし、本書は難読語を中心としたので、当て字でも「勝手・泥棒・派手」のように読みやすいものは採録しなかった。ただ、常用漢字表付表にある「大人・今日・素人」や、「印度・硝子・型録」など外国語の当て字は採録した。また、当て字とはいわないが実用性を考え、人名・地名など難読固有名詞の主なものは収めることにした。

部首引きや画引きは引きにくいため、本書は音引きとした。また前記の両辞典は、語句の第一字目の漢字で収録し、二字目・三字目の漢字が引けないが、本書は二字目・三字目もわかるよう、たとえば「秋刀魚《さんま》」の場合は秋・刀・魚それぞれのところで収録した。それにより「魚」の字がどのような読まれ方をしているかが一目でわかり、言葉の知識を高めるよう工夫した。

本書には一八七〇漢字、延べ七九〇〇語を収録したが、これは難訓語のごく一部に過ぎず、まだまだこの何倍何十倍もある。漢字は、常用漢字表にかかわりなく、日本の伝統文化を伝えてわれわれの日常生活のなかで躍動しているのである。「美味《おい》しい・陽炎《かげろう》・土筆《つくし》・叫天子《ひばり》」などの言葉に接すると、繊細で情感ゆたかな、そして時にはユーモラスな、先人の造語感覚に感心させられる。本書が多くの人に活用されることを願う次第である。

平成三年五月

東京堂出版編集部

凡例

(1)見出し漢字の配列は音読みによるが、常用漢字表に音読みのない字（姫《キ》・娘《ジョウ》）は訓読みとした。また、常用漢字以外の字で、音より訓で読み慣れているもの（主に動植物名。蛙《かえる》・鳶《とび》・欅《けやき》・瓜《うり》・頃《ころ》・尻《しり》）は訓読みで配列した。

巻末に音訓・部首索引を付したので利用されたい。

同音漢字のなかは画数順とした。

(2)見出し漢字の音訓は、常用漢字ではその音訓表の読みだけを記し、常用漢字以外の漢字の音訓は、配列や検索に必要な程度にとどめた。

(3)見出し漢字の肩に、△印を付した字は人名用漢字、×印を付したものは常用漢字・人名用漢字以外の字である。

(4)常用漢字表にある音訓でも、直ちに語例を思いつかないものがあるので、その語例も掲載した。

［例］　天　あめ　「—地（つち）」「—が下」

(5)姓氏や名前の読み方は、一般的なものを一、二例掲げることにしたが、何をもって一般的とするか決め難い場合があり、やや恣意的である。

(6)見出し語の送りがなは、あえて旧来の使い方に従うことにした。

［例］　強突張　ごうつくばり　（今は「強突く張り」）

(7)見出し語と違う漢字を当てたり、違う読み方がある場合は、［　］内に示した。

［例］　巻柏　いわひば　［岩檜葉］［くさひば］とも。シダの一種

(8)見出し語には簡単な意味か、「　」に入れて用例を掲げたが、言葉の意味は何通りもあるので、詳しくは国語辞典を参照されたい。

(9)解説のなかで、↕で示したものは反対語・対照語の意味である。

［例］　上手　じょうず　↕下手

当て字の辞典

あ

△[阿] ア

四阿 あずまや [東屋]とも。庭園などにある壁のない休息所

阿る おもねる へつらう。こびる

阿多福 おたふく [—豆][—あめ]

阿容阿容 おめおめ 恥を恥ともしない

阿利布 オリーブ [阿列布]とも。常緑小高木。油を採る

加加阿 カカオ 常緑高木。種子からココア・チョコレートを作る

結麗阿曹篤 クレオソート

阿弗利加 アフリカ 六大州の一

阿蘭陀 オランダ [和蘭・和蘭陀]とも。国名

本阿弥 ほんなみ 姓氏の一

[亜] ア

亜ぐ つぐ [次ぐ]とも

亜 アール 面積の単位

安母尼亜 アンモニア

実布的利亜 ジフテリア 伝染病の一

亜細亜 アジア 六大州の一

亜米利加 アメリカ 国名

亜剌比亜 アラビア [亜拉毘亜]とも。[—半島][—語]

亜爾箇保児 アルコール [酒精]とも

亜爾然丁 アルゼンチン 国名

伊太利亜 イタリア [伊太利]とも。国名

墺太剌利亜 オーストラリア [濠太剌利・豪州]とも。

墺地利亜 オーストリア [墺太利]とも。国名

臥亜 ゴア インドの西海岸の地名

西比利亜 シベリア ロシアの東部地域

欧亜 ユーラシア [—大陸]

羅馬尼亜 ルーマニア 国名

露西亜 ロシア 国名

亜 つぎ 名前の一。鈴木亜夫(画家)

[哀] アイ あわ(れ)・あわ(れむ)

哀しい かなしい [悲しい]とも

可哀相 かわいそう

×[埃] アイ ほこり

埃及 エジプト 国名

[愛] アイ

愛しむ いつくしむ [慈しむ]とも。かわいがる

愛しむ おしむ 愛着をもつ

愛しい いとしい かわいい

愛い うい 愛らしい

可愛い かわいい [—こども]

愛弟子 まなでし 特に目をかけた弟子

愛でる　めでる　「花を―」
愛逢月　めであいづき　陰暦七月の異称
愛蘭　アイルランド　［愛蘭土］とも。国名
愛鷹山　あしたかやま　静岡県にある山名
愛宕　あたご　「―山」「―神社」
愛発関　あらちのせき　福井県にある奈良時代の三関の一
愛媛　えひめ　県名
愛　めぐみ　名前の一。鶴田愛（会社員）
愛　よし　名前の一。有坂愛彦（音楽評論家）
×［鞋］　アイ
鞋底魚　したびらめ　［舌平目・舌鮃］とも。海魚
草鞋　わらじ　わらで作った履物
△［葵］　あおい
板山葵　いたわさ　わさびを添えたかまぼこ
竜葵　うみほおずき　［海酸漿］とも。巻貝の卵嚢

落葵　つるむらさき　［蔓紫］とも。つる性一年草
黄葵　とろろあおい　［黄蜀葵・秋葵・一日花］とも。一年草
向日葵　ひまわり　［日輪草］とも。一年草
蒲葵　びろう　熱帯の常緑高木
野蜀葵　みつば　［三葉］とも。多年草。食用
山葵　わさび　多年草。食品
葵　まもる　名前の一。重光葵（大臣）
△［茜］　あかね
茜草　あかね　［茜・赤根・地血］とも。つる性多年草
［悪］　アク・オ　わる（い）
悪し　あし　「―からず」「折―く」「善し―」
言悪い　いいにくい　いいづらい
悪戯　いたずら　「―っ子」
三悪道　さんまくどう　［さんなくどう］とも。仏教用語
悪阻　つわり　［おそ］とも。妊娠中の生理現象

△［葦］　あし
葦雀　よしきり　［葦切］とも。水辺の小鳥
［圧］　アツ
圧す　おす　［押す］とも
押圧す　おっぺす　「押す」の方言
圧折る　へしおる　押しつけて折る
［扱］　あつか（う）
腕扱　うでっこき　「―の職人」
扱下す　こきおろす　人を厳しくせめる
扱く　こく　「稲を―」
扱く　しごく　厳しくきたえる。「槍を―」
扱帯　しごき　［しごきおび］とも。女の腰帯の一
△［鮎］　あゆ
鮎魚女　あいなめ　［鮎並・相嘗魚］とも。海魚
×［蟻］　あり

食蟻獣　ありくい　けもの

△**[粟]**　あわ

罌粟　けし　[芥子]とも。越年草。実から阿片をとる

粟米草　ざくろそう　[柘榴草]とも。一年草

粟生　あお　[あおう・あわいけ・あわふ]とも。姓氏の一

△**[安]**　アン　やす(い)

安んぞ　いずくんぞ　[焉ぞ]とも。どうして

安石榴　ざくろ　[石榴・柘榴]とも。落葉低木

安質母　アンチモン　金属元素の一

安母尼亜　アンモニア

安芸　あき　旧国名。広島県

安心院　あじむ　大分県にある町名

安土　あづち　滋賀県下の地名。「—桃山時代」

安部　あべ　[あんべ]とも。姓氏の一

安　しずか　名前の一。峰島安(会社顧問)

△**[按]**　アン

按察使　あぜち　奈良時代の官職名

△**[案]**　アン

案内　あない　「あんない」の古い言い方

案山子　かかし　[鹿驚]とも

△**[庵]**　アン　いおり

庵室　あぜち　寺院。寺子屋

庵治　あじ　香川県にある町名

庵原　いはら　静岡県にあった郡名

△**[暗]**　アン　くら(い)

暗　くらがり　[闇]とも。暗い所

暗争　だんまり　[黙]とも。歌舞伎の演出方法の一

暗夜　やみよ　[闇夜]とも。月のない暗い夜

△**[闇]**　アン　やみ

闇　くらがり　[暗]とも。暗い所

い

△**[已]**　イ　や(む)

已に　すでに　[既に]とも

已むを得ず　やむをえず　[止むを得ず]とも

△**[以]**　イ

以為えらく　おもえらく　[謂えらく・思えらく]とも

以て　もって　「書面を—」

所以　ゆえん　理由。わけ

以　もち　名前の一。後藤以紀(大学教授)

△**[伊]**　イ

伊達　だて　「男—」

伊留満　イルマン　バテレンの次に位する宣教師

木乃伊　ミイラ

伊蘇普　イソップ　イソップ物語の作者

伊太利　イタリア　［伊太利亜］とも。国名

伊蘭　イラン　国名

伊部焼　いんべやき　岡山県産の陶器

伊　これ　名前の一。丸山伊明（会社役員）

△［夷］　イ　えびす

蝦夷　えぞ　［えみし］とも。古代の東北地方の人々

夷　えびす　［恵比須・恵比寿・戎・蛭子］とも。七福神の一

辛夷　こぶし　落葉高木

夷隅　いすみ　千葉県にある郡名

［衣］　イ　ころも

地衣苔　うめのきごけ　［梅樹苔］とも。コケの一種

上衣　うわぎ　［上着・表着］とも

胞衣　えな　胎児をつつんだ膜や胎盤など

衣紋掛　えもんかけ　衣服をかけてつるすもの

更衣　きさらぎ　［如月・衣更着］とも。陰暦二月の異称

更衣　ころもがえ　［衣更］とも。春秋に衣服を着替えること

衣更着　きさらぎ　［如月・更衣］とも。陰暦二月の異称

衣笠　きぬがさ　［蓋］とも。絹を張った長柄の傘

黒衣　くろご　［黒子］とも。「歌舞伎の―」

垣衣　しのぶぐさ　［荵草・忍草］とも。シダの一種

衣魚　しみ　［紙魚・蠹魚・白魚］とも。衣服や本を食う虫

窃衣　すなびきそう　［砂引草］とも。多年草

窃衣　やぶじらみ　［藪虱］とも。越年草

烏衣　つばめ　［燕・乙鳥・玄鳥］とも。渡り鳥

直衣　のうし　天皇や高貴な人の平常の服

単衣　ひとえ　［単］とも。着物の一。ひとえもの

脛衣　はばき　［脛巾・脚巾・行纏］とも。旅のときすねにまくもの

母衣　ほろ　［幌］とも。雨よけの覆い

浴衣　ゆかた　夏のひとえの着物

［位］　イ　くらい

石位　いわくら　［岩座・磐座］とも。神のいる所

三位　さんみ　「―一体」「従（じゅ）―」

［医］　イ

医す　いやす　［癒す］とも。「傷を―」

［囲］　イ　かこ（む）・かこ（う）

周囲　ぐるり　［囲］とも。まわり

［依］　イ・エ

依　え　「帰―」

依って　よって　［因って・由って］とも

依知爾亜爾箇保児　エチルアルコール

依的児　エーテル　揮発性・燃焼性の強い液体

依　より　名前の一。吉田依子

［委］　イ

委しい　くわしい　［詳しい・精しい］とも

委曲 つばら 非常にくわしいこと
委せる まかせる 「任せる」とも
委ねる ゆだねる 「身を―」
［易］ イ・エキ やさ(しい)
容易い たやすい やさしい。簡単
易易 やすやす 簡単に
［威］ イ
稜威 いつ 古語で威光・威勢
威す おどす 「脅す」とも。おどかす
威霊仙 くがいそう 「九蓋草」とも。多年草
諾威 ノルウェー 「那威」とも。国名
威 たけし 名前の一。井上威(会社役員)
［胃］ イ
曹胃謨 ソジウム 金属元素の一
［為］ イ

以為えらく おもえらく 「謂えらく・思えらく」とも
為替 かわせ 「―相場」「郵便―」
為着 しきせ 「仕着」とも。主人が使用人に衣服などを与えること
為出来す しでかす 「仕出来す」とも
為る する おこなう
所為 せい 「気の―か」
為方無い せんかたない 「詮方無い」とも
為 ため 「―にする」「―になる話」
為体 ていたらく みっともないありさま
為遂げる なしとげる
為す なす 「大事を―」
為の果 なれのはて 「成の果」とも
為人 ひととなり 生まれつき。もちまえ
為 なり 名前の一。上村政為(社長)
△［畏］ イ かしこま(る)

畏 おそれ 「―多くも」
［尉］ イ
尉 じょう むかしの官位の一。能面の一
×［帷］ イ
帷子 かたびら 几帳の垂れ布。夏着のひとえ
△［惟］ イ
惟う おもう 考える
惟る おもんみる 「思惟る」とも。よく考えてみる
惟神 かんながら 「随神」とも。「―の道」
惟原 これはら 姓氏の一
惟 ただ 名前の一。栃木孝惟(大学教授)
［移］ イ うつ(る)・うつ(す)
移菊 うつろいぎく 襲の色目
×［萎］ イ
萎女王 あまどころ 「甘野老」とも。多年草

萎れる　しおれる　生気を失いしぼむ
萎びる　しなびる　「―たキュウリ」
萎む　しぼむ　「凋む」とも。「花が―」
石胡荽　ちどめぐさ　「血止草」とも。多年草
萎える　なえる　「気力が―」「足が―」
萎竹　なよたけ　「弱竹」とも。しなやかな竹
［意］　イ
新発意　しんぼち　新たに仏道に入った人
［違］　イ　ちが(う)・ちが(える)
筋違　すじかい　「筋交」とも。はすかい
仲違い　なかたがい　仲の悪い状態
［維］　イ
維摩経　ゆいまぎょう　経典の一
維納　ウィーン　オーストリアの首都
維　これ　名前の一。緒方維弘(大学教授)

×［熨］　イ　のし
熨斗　のし　「―紙」「―あわび」
［遺］　イ・ユイ
遺す　のこす　「財産を―」
［緯］　イ
緯糸　ぬきいと　「よこいと」とも。織物の横糸。↕経糸(たていと)
×［縊］　イ　くび(れる)
縊る　くくる　「首を―」
見縊る　みくびる　ばかにする
△［謂］　イ
謂　いい　いわれ。わけ
謂　いわれ　理由。由来。「―因縁」
謂う　いう　「言う・曰う」とも
謂ば　いわば　言ってみれば
所謂　いわゆる　世に言われる。言うところの

謂えらく　おもえらく　「以為えらく・思えらく」とも
［育］　イク　そだ(つ)・そだ(てる)
育む　はぐくむ　「夢を―」
阿育王　アショカおう　「アソカ」「阿輸迦王」とも。古代インドの君主
紐育　ニューヨーク　アメリカにある都市名
△［郁］　イク
郁子　むべ　「野木瓜」とも。つる性常緑低木
郁　かおる　名前の一。木下郁(政治家)
△［磯］　いそ
荒磯　ありそ　古語であらいそ
磯蚯蚓　いそめ　釣餌にする環形動物
磯城　しき　石できずいた城
磯馴松　そなれまつ　海辺の松
百磯城　ももしき　「百敷」とも。内裏。皇居
［一］　イチ・イツ　ひと・ひと(つ)

一枝黄花 あきのきりんそう ［秋麒麟草］とも。多年草
一伍一什 いちぶしじゅう ［一部始終］とも。始めから終りまで
一昨日 おととい ［おとつい］とも
一昨年 おととし
一昨昨日 さきおととい ［さきおとつい］とも
一昨昨年 さきおととし
三一 さんぴん ［―奴］［―侍］
十一月 しもつき ［霜月］とも。陰暦十一月の異称
一寸 ちょっと ［鳥渡］とも。少しのあいだ
一日 ついたち ［朔・朔日］とも。月の第一日
一日花 とろろあおい ［黄蜀葵・黄葵・秋葵］とも。一年草
天一神 ながかみ 陰陽道でまつる神
一葉 はらん ［葉蘭・紫蘭］とも。多年草
一二三 ひいふうみい いち・に・さん
一向に ひたぶるに ［頓に］とも。ひたすらに

一揃 ぴんぞろ サイコロの一の目が出そろうこと
一月 むつき ［睦月］とも。陰暦正月の異称
一 かず 名前の一。大原一枝（医師）
一 はじめ 名前の一。宇田一（大学教授）

［壱］ イチ
壱岐 いき 長崎県にある島。旧国名

［逸］ イツ
逸早く いちはやく 「―かけつける」
御見逸 おみそれ 「―しました」
逸れる そびれる 「言い―」
逸れる それる 「弾が―」
逸れる はぐれる 「連れと―」
逸る はやる 「心が―」
独逸 ドイツ ［独乙］とも。国名
逸見 へんみ ［いつみ・はやみ・へみ］とも。姓氏の一
逸 はや 名前の一。大坂逸雄（会社役員）

△**［猪］** チョ い・いのしし
猪籠草 うつぼかずら ［靫葛］とも。多年草
猪 しし ［鹿・獣］とも。古語でけだもの
豪猪 やまあらし ［山荒］とも。背にとげのあるけもの

［芋］ いも
芋茎 ずいき サトイモの茎。食用にする
塊芋 ほど ［土芋］とも。つる性多年草

×**［曰］** いわ（く）
曰う いう ［言う・謂う］とも
曰く のたまわく ［宣く］とも。おっしゃることには

［引］ イン ひ（く）・ひ（ける）
勾引す かどわかす ［拐す］とも。誘拐する
被引者 ひかれもの 「―の小唄」
引佐 いなさ 静岡県にあった郡名

【印】イン しるし

印度 インド 国名

印南 いなみ 兵庫県にあった郡名

【因】イン よ(る)

因に ちなみに ついでに言えば

因 よすが ［縁・便］とも。ゆかり。よるべ

因幡 いなば 旧国名。島根県

×【咽】イン のど

嗚咽 おえつ むせび泣き

咽喉 のど ［喉］とも。「—から手が出る」

咽ぶ むせぶ むせる。むせび泣く

【院】イン

翰林院 アカデミー

雲林院 うじい ［うりんいん・うんりんいん］とも。京都の寺名

安心院 あじむ 大分県にある町名

【陰】イン かげ・かげ(る)

馬陰貝 うまのくぼがい 巻貝。別名コヤスガイ

陰陽道 おんようどう ［おんみょうどう］とも

陰地蕨 はなわらび ［花蕨］とも。多年草

陰嚢 ふぐり ［いんのう］とも。睾丸

陰 ほと 古語で女性の陰部

【飲】イン の(む)

飲食 おんじき 飲むことと食べること

飲兵衛 のんべえ ［呑兵衛］とも。酒のみ

【隠】イン かく(す)・かく(れる)

隠密 おんみつ こっそり行うこと。忍者

雪隠 せっちん ［せついん］とも。便所

雪隠金亀子 せんちこがね 昆虫

羽隠虫 はねかくし 昆虫

隠岐 おき 旧国名。島根県

う

△【卯】う

卯木 うつぎ ［空木］とも。落葉低木

卯 あきら 名前の一。天野卯(大学教授)

【宇】ウ

宇瓦 のきがわら ［軒瓦］とも。平瓦の一

杜宇 ほととぎす ［杜鵑・時鳥・子規・不如帰・郭公・蜀魂…］とも。鳥

羅宇 らお ［らう］とも。きせるの竹管の部分

宇柳貝 ウルグアイ 南アメリカにある国名

【羽】ウ はね・は

羽魚 かじき ［旗魚・梶木］とも。海魚

合羽 カッパ ［雨—］

音羽山 おとわやま 京都東山三十六峰の山名の一

[雨] ウ あめ・あま

祈雨 あまごい [雨乞]とも

五月雨 さみだれ 陰暦五月ごろの雨

時雨 しぐれ 晩秋から初冬に降るにわか雨

梅雨 つゆ [ばいう]とも

春雨 はるさめ 春、静かに降るこまかい雨

雨久花 みずあおい [水葵・浮薔]とも。水生一年草

白雨 ゆうだち [夕立]とも

△**[兎]** ト うさぎ

兎の毛 うのけ きわめて小さいことのたとえ

木兎鳥 つくとり ミミズクの異称

×**[鬱]** ウツ ふさ(ぐ)

鬱金 うこん 染料用植物。その色名

鬱金香 チューリップ 多年草

×**[鰻]** うなぎ

海鰻 あなご [穴子]とも。海魚

△**[姥]** うば

山姥 やまんば [やまうば]とも。深山にすむという伝説的な老婆

△**[瓜]** カ うり

南瓜 かぼちゃ 野菜

木瓜 かりん [花櫚・花梨]とも。落葉高木。果実は食用

木瓜 ぼけ [鉄脚梨・放春花]とも。落葉低木

胡瓜 きゅうり [木瓜・黄瓜]とも。野菜

紅南瓜 きんとうが [金冬瓜]とも。一年草

金甜瓜 きんまくわ マクワウリの一種

西瓜 すいか [水瓜]とも。一年性作物

蕃南瓜 とうなす カボチャの一品種

冬瓜 とうがん [とうが]とも。一年性作物

黄瓜菜 にがな [苦菜]とも。越年草

蕃瓜樹 パパイア [万寿果]とも。くだもの

糸瓜 へちま [天糸瓜]とも。一年性作物

野木瓜 むべ [郁子]とも。つる性常緑低木

割木瓜 われもこう [吾木香・地楡・仙蓼・吾亦紅]とも。多年草

△**[云]** ウン い(う)

云云 うんぬん 長い言葉を省略する語

云云 しかじか [然然]とも。「かくかく―」

云爾 しかいう 文章の末尾に用い「上述のごとく」の意

[雲] ウン くも

雲丹 うに ウニの塩辛。動物名は[海胆・海栗]

雲母 きらら [きら]とも。うんもの古称

紫雲英 げんげ 多年草。別名レンゲソウ

紫雲草 すずむしそう [鈴虫草]とも。多年草

東雲 しののめ 明け方の東の空の雲

雲雀 ひばり [告天子・叫天子・叫天雀]とも。小鳥

雲脂 ふけ [頭垢]とも。「頭の―」

雲葉　ふさざくら　〔総桜〕とも。落葉高木
海雲　もずく　〔水雲・海蘊・苔菜〕とも。海藻
雲葉　やまぐるま　〔山車〕とも。常緑高木
雲林院　うじい　〔うりんいん・うんりんいん〕とも。京都の寺名
出雲　いずも　旧国名。島根県

×〔暈〕　ウン　かさ

暈取　くまどり　〔隈取〕とも。ぼかし
暈る　ぼける　色がさめる。「焦点が—」
眩暈　めまい　〔目眩〕とも

え

〔永〕　エイ　なが(い)

永良部鰻　えらぶうなぎ　海産の毒ヘビ
永久　とこしえ　〔とわ・とこしなえ〕〔常・長・鎮〕とも
永明寺　ようめいじ　島根県にある寺名
永　ひさ　名前の一。岩崎永子(大学教授)

〔英〕　エイ

紫雲英　げんげ　多年草。別名レンゲソウ
蒲公英　たんぽぽ　多年草
英　はなぶさ　房のようになった花
金英草　はなびしそう　〔花菱草〕とも。一年草
白英　ひよどりじょうご　多年草
英斤　ポンド　〔封度〕とも。貨幣と重さの単位
英里　マイル　〔哩〕とも。距離の単位
英吉利　イギリス　国名
英蘭　イングランド　〔英蘭土〕とも。イギリス南部の地域
英田　あいだ　岡山県にある郡名
英虞湾　あごわん　三重県の志摩半島にある湾
英彦山　ひこさん　福岡・大分県境にある山
英　はな　名前の一。森英恵(デザイナー)
英　ひで　名前の一。最上英子(政治家)

〔映〕　エイ　うつ(る)・うつ(す)・は(える)

映日果　いちじく　〔無花果〕とも。落葉小高木
面映い　おもはゆい　はずかしい
映山紅　つつじ　〔躑躅〕とも。常緑低木
持映す　もてはやす

〔栄〕　エイ　さか(える)・は(え)・は(える)

弥栄　いやさか　いよいよ栄えること
栄螺　さざえ　〔栄螺子・巻螺〕とも。巻貝
栄蘭　たこのき　〔蛸木・露兜樹〕とも。常緑高木
見栄　みえ　「—を張る」
栄井　まさい　〔さかい〕とも。姓氏の一
栄　え　名前の一。山川菊栄(評論家)
栄　しげる　名前の一。角田栄(会社役員)

[詠] エイ よ(む)

詠う うたう 詩歌をうたう

[影] エイ かげ

影向 ようごう 神仏が来臨すること

[衛] エイ

近衛 このえ 「—師団」「—兵」

衛る まもる 「国を—」

衛 もり 名前の一。小野塚正衛（会社役員）

×**[嬰]** エイ

嬰児 みどりご 幼児

×**[翳]** エイ

翳 かげ 「—のある人」

翳 さしば 貴人の顔をかざすもの

翳す かざす おおう。陰をつくる。「手を—」

翳む かすむ 「目が—」

底翳 そこひ 「内障・内障眼」とも。目の病気の一

△**[亦]** エキ また

吾亦紅 われもこう 「吾木香・地楡・仙蓼・割木瓜」とも。多年草

[疫] エキ・ヤク

疫病 えやみ 流行病

疫草 えやみぐさ 多年草。リンドウとオケラの別名

[益] エキ・ヤク

益 やく 「御利—」「—体もない」

益益 ますます 「—元気」

益無 ようなし 「やくなし」の音便。無益である

益子焼 ましこやき 栃木県産の陶器

[駅] エキ

駅 うまや 街道にもうけられた中継所。宿場

[悦] エツ

悦ぶ よろこぶ 「喜ぶ」とも

加悦 かや 京都府にある町名

悦 よし 名前の一。貴志悦子（会社役員）

[越] エツ こ(す)・こ(える)

壱越調 いちこつちょう 邦楽用語

越天楽 えてんらく 「越殿楽」とも。雅楽の一

越度 おちど 「落度」とも

越年 おつねん 年を越すこと。えつねん

越橘 こけもも 「苔桃」とも。常緑低木

越路 こしじ 北陸地方。そこへ行く道

越瓜 しろうり 「白瓜・浅瓜」とも。マクワウリの変種

越幾斯 エキス 食物の主成分のみを抽出したもの

越列幾 エレキ 電気

越南 ベトナム 国名

越後 えちご 旧国名。新潟県。↕越中・越前

越生 おごせ 埼玉県にある町名

毛越寺　もうつうじ　岩手県にある寺名

越智　おち　[おおち・こしち]とも。姓氏の一

[閲]　エツ

閲する　けみする　調べる

×**[鰓]**　えら

紫鰓魚　すずき　[鱸・松江魚]とも。海魚

[円]　エン　まる(い)

円円　つぶつぶ　[粒粒]とも

円　つぶら　「—な瞳」

円居　まどい　[団居]とも。団らん

円やか　まろやか　「—な味」

円規　コンパス　製図用具

円城寺　おんじょうじ　[えんじょうじ]とも。姓氏の一

円谷　つむらや　[つぶらや・かむらや]とも。姓氏の一

円　まどか　名前の一。入江円(会社役員)

×**[宛]**　エン　あて

宛も　あたかも　[恰も]とも

宛ら　さながら　[宛然]とも

宛　ずつ　「ひとつ—」

[延]　エン　の(びる)・の(べる)・の(ばす)

心延　こころばえ　心の持ち方

延縄　はえなわ　漁具の一。「—漁」

蔓延る　はびこる　「雑草が—」「悪いことが—」

延いて　ひいて　それから引き続いて

身延山　みのぶさん　山梨県にある山。日蓮宗の久遠寺がある

[沿]　エン　そ(う)

沿階草　じゃのひげ　[蛇鬚]とも。多年草。別名リュウノヒゲ

[炎]　エン　ほのお

陽炎　かげろう　「—が燃える」

炎　ほむら　ほのお。火炎

炎ゆ　もゆ　季語。炎のような光を放つ

×**[怨]**　エン　うら(む)

怨念　おんねん　深くうらむ気持

怨鳥　ほととぎす　[杜鵑・時鳥・子規・不如帰・郭公・蜀魂…]とも。鳥

×**[烟]**　エン

烟管　きせる　[煙管]とも

烟る　けむる　[煙る][けぶる]とも。「たき火が—」

烟草　たばこ　[煙草・莨・天仙草]とも

[宴]　エン

宴　うたげ　「勝利の—」

[塩]　エン　しお

塩梅　あんばい　[按排・按配]とも。味加減。ぐあい

御手塩　おてしょ　小皿

塩汁鍋　しょっつるなべ　秋田の郷土料理

塩っぱい　しょっぱい　塩からい

苦塩 にがり ［苦汁］とも。海水に含まれる苦味のある液

塩膚木 ぬるで ［白膠木・勝軍木］とも。落葉高木

浦塩斯徳 ウラジオストク ロシアにある都市名

［煙］ エン けむ(る)・けむり・けむ(い)

煙管 きせる ［烟管］とも

煙る けぶる ［けむる］［烟る］とも。「たき火が―」

煙草 たばこ ［烟草・莨・天仙草］とも

狼煙 のろし ［烽火］とも。「―を上げる」

煙火 はなび ［花火］とも

［猿］ エン さる

猿公 えてこう サルのこと

猿 ましら サルの古称。「―のごとく」

猿島 さしま 茨城県にある郡名

［遠］ エン・オン とお(い)

遠方 おちかた 遠いところ

遠近 おちこち 遠い所と近い所。あちらこちら

遠敷 おにゅう 福井県にある郡名

×**［厭］** エン

厭きる あきる ［飽きる］とも

厭う いとう 「労を―」

厭味 いやみ ［嫌味］とも。「―を言われた」

厭離穢土 おんりえど ［えんりえど］とも。仏教用語

禁厭 まじない ［呪］とも

［演］ エン

演物 だしもの 芝居などの演目

［縁］ エン ふち

因縁 いんねん 「いわく―」

縁 えにし 人と人との縁

縁 へり 「畳の―」

縁 ゆかり ［由縁・所縁］とも。「―の地」

縁 よすが ［因・便］とも。ゆかり。よるべ

由縁 ゆかり ［ゆえん］［縁・所縁］とも。ものごとの由来

△**［艶］** エン つや

艶やか あでやか なまめかしいさま

艶かしい なまめかしい つやっぽく美しい

お

［汚］ オ けが(す)・よご(す)・きたな(い)

汚点 しみ ［染］とも。「シャツの―」

×**［嗚］** オ ああ

嗚呼 ああ 感嘆の声

素戔嗚尊 すさのおのみこと 天照大神の弟神

［王］ オウ

萎女王 あまどころ ［甘野老］とも。多年草

王瓜　からすうり　［烏瓜］とも。多年草
王茸　しめじ　［湿地・占地］とも。食用キノコ
王不留行　どうかんそう　［道灌草］とも。越年草
覇王樹　サボテン　［仙人掌］とも。常緑多年草

［凹］　オウ
凹む　くぼむ　［へこむ］［窪む］とも
凸凹　でこぼこ　「—の道」

［央］　オウ
未央柳　びようやなぎ　［金糸桃］とも。低木
央　ひろし　名前の一。鬼沢央（社長）

［応］　オウ
応　いらえ　［答］とも。古語で返事
応え　こたえ　「手—」「歯—」「読み—」
相応しい　ふさわしい　「—相手」

［往］　オウ
往来　いきき　［ゆきき］とも。行ったり来たりすること
往なす　いなす　［去なす］とも。相手を軽くあしらう
往く　ゆく　［行く］［いく］とも

［押］　オウ　お（す）・お（さえる）
押取刀　おっとりがたな　「—でかけつける」
長押　なげし　柱と柱の間に横に打つ板

［欧］　オウ
欧亜　ユーラシア　「—大陸」
欧羅巴　ヨーロッパ

［桜］　オウ　さくら
桜桃　さくらんぼ　［桜坊］［さくらんぼう］とも
山桜桃　ひざくら　［緋桜］とも。サクラの一種
山桜桃　ゆすらうめ　［梅桃］とも。落葉低木
秋桜　コスモス　一年草
美女桜　バーベナ　一年草。和名ビジョザクラ

［翁］　オウ
丁翁　あけび　［通草・木通・山女・紅姑娘］とも。つる性落葉樹
信天翁　あほうどり　［阿房鳥］とも。大型の海鳥
不倒翁　おきあがりこぼし　［起上小法師］とも
翁　おきな　年をとった男。↔嫗（おうな）
白頭翁　おきなぐさ　［翁草］とも。多年草
沙翁　シェークスピア　イギリスの詩人・劇作家
奈翁　ナポレオン　フランスの皇帝

［奥］　オウ　おく
奥津白波　おきつしらなみ　［沖津白波］とも
奥入瀬川　おいらせがわ　青森県にある川名
陸奥　むつ　旧国名。青森県・岩手県。［みちのく］とも

［横］　オウ　よこ
横刀　たち　［大刀・太刀］とも。古代の刀

△［襖］　オウ　ふすま

襖袴 あおばかま 「青袴」とも。袴の一

金襖子 かじか 「河鹿」とも。カエルの一種

△［狼］ ロウ おおかみ

狼狽る あわてる 「慌てる・周章る」とも

狼狽える うろたえる

狼尾草 ちからしば 「力芝」とも。多年草

狼煙 のろし 「烽火」とも。「―を上げる」

［憶］ オク

憶う おもう 「想う・思う」とも

△［桶］ トウ おけ

担桶 たご 「肥―」

△［牡］ おす

牡鹿 おじか おすの鹿

牡鶏 おんどり おすのニワトリ

牡蠣 かき 海産二枚貝

荷包牡丹 けまんそう 「華鬘草・魚児牡丹」とも。多年草

牡丹 ぼたん 落葉低木

天竺牡丹 ダリヤ 多年草

［乙］ オツ

乙夜 いつや 亥の刻。今の九時から十一時

乙女 おとめ 「少女・処女」とも

乙 きのと 十干の第二番

乙鳥 つばめ 「燕・玄鳥・烏衣」とも。渡り鳥

乙甲 めりかり 「減甲」とも。邦楽用語

独乙 ドイツ 「独逸」とも。国名

△［俺］ おれ

俺等 おいら 「己等」とも

満俺 マンガン 金属元素の一

［温］ オン あたた(か)・あたた(まる)

温州蜜柑 うんしゅうみかん ミカンの一

温和しい おとなしい 「大人しい」とも

温い ぬくい あたたかい。関西以西の言葉

温り ぬくもり 「肌の―」

微温い ぬるい 「―風呂」

微温湯 ぬるまゆ ぬるいお湯

温む ぬるむ 「水―春」

温突 オンドル 朝鮮などで行われる暖房設備。朝鮮語

温海 あつみ 山形県にあった町名

温泉津 ゆのつ 島根県にあった町名

温 あつし 名前の一。安西温(検事)

温 すなお 名前の一。伊藤温(大学教授)

か

［下］ カ・ゲ しも・もと・さ(げる)・くだ(る)・お(ろす)

貴下　あなた　［貴方・貴男・貴女］とも

下風　おろし　［颪］とも。山から吹き下ろす風

被下　くだされ　手紙用語。「お貸し―たく」

帯下　こしけ　［白帯下］とも。婦人のおりもの

氷下魚　こまい　海魚

下枝　しずえ　下の枝。↕上枝（ほつえ）

下手　へた　↕上手

×［戈］　カ　ほこ

戈壁　ゴビ　「―の砂漠」

［化］　カ・ケ　ば（ける）・ば（かす）

化香樹　のぐるみ　［野胡桃］とも。落葉高木

化野　あだしの　［仇野・徒野］とも。死者を葬る野原

［火］　カ　ひ・ほ

火　ほ　「―影」「―照る」「―口」

火魚　かながしら　［方頭魚］とも。海魚

火燵　こたつ　［炬燵・巨燵］とも

不知火　しらぬい　熊本県八代の海上に見える火影

炬火　たいまつ　［松明・松火・焼松］とも

烽火　のろし　［狼煙］とも。「―を上げる」

小火　ぼや　ちいさな火事

火傷　やけど　［焼処］とも

火酒　ウオツカ　［ウオトカ］とも。ロシアの酒

［加］　カ　くわ（える）・くわ（わる）

加之　しかのみならず　その上に。おまけに

加加阿　カカオ　常緑高木。種子からココア・チョコレートを作る

加須底羅　カステラ　［家主貞良・粕底羅・卵糖］とも

加答児　カタル　「胃―」「腸―」

加特力　カトリック　旧教の一派

加農砲　カノンほう　日本の最も古い大砲

加比丹　カピタン　［甲必丹］とも。船長。商館長

加里　カリ　「青酸―」

阿弗利加　アフリカ　六大州の一

亜米利加　アメリカ　国名

加奈陀　カナダ　［加拿太］とも。国名

嘉無薩加　カムチャツカ　ロシアにある半島名

加州　カリフォルニア　アメリカ西海岸の州名

高加索　コーカサス　黒海東方にある山脈

貝加爾湖　バイカルこ　ロシアにある湖

［可］　カ

可惜　あたら　惜しい。「―命をおとす」

可笑しい　おかしい　こっけい。かわっている

可からず　べからず

［仮］　カ・ケ　かり

仮　け　「―病」

仮眠　うたたね　［転寝］とも

仮声 こわいろ 「声色」とも。
仮令 たとい 「縦令」「たとえ」とも。もしそうなら
仮漆 ニス 塗料の一

［何］ カ なに・なん

何 か 「幾―」「誰(すい)―」
如何 いか 「―さま」「―もの」
如何 いかが 「―でしょうか」
如何 いかん 「奈何」とも。「―ともしがたい」
如何 どう 「―しても」「―も」
如何児 いかなご 「玉筋魚・梭魚子」とも。海魚
幾何 いくばく 「幾許」とも。なにほど
何方 いずかた 方向を示す語。どちら
何方 どちら くだけた言い方で「どっち」とも
何方 どなた 「―様でしょうか」
何処 いずこ 「何所」「どこ」とも
何れ いずれ 「孰れ」とも。どちら。どれ
何時 いつ 「―の日か」「―ものように」
何首烏 つるどくだみ 「かしゅう」とも。多年草
何奴 どいつ 「どやつ・なにやつ」とも
何うも どうも 「―ありがとう」
何の どの 「―くらい」
何れ どれ 「―にしようか」
何故 なぜ 「なにゆえ」とも

△［伽］ カ

伽藍 がらん 「七堂―」「―配置」
伽羅 きゃら 常緑高木。香木の名
伽 とぎ 相手をして退屈を慰めること。「夜―」

［花］ カ はな

紫陽花 あじさい 「八仙花・紫陽草・瑪理花・天麻裏」とも
一枝黄花 あきのきりんそう 「秋麒麟草」とも。
花鶏 あとり 「獦子鳥」とも。小鳥
花鶏 きくいただき 「菊戴」とも。小鳥
紫羅欄花 あらせいとう 多年草
章花魚 いいだこ 「飯蛸・望潮魚」とも。タコの一
無花果 いちじく 「映日果」とも。落葉高木
天仙花 いぬびわ 「犬枇杷」とも。落葉低木
雪花菜 うのはな 「きらず」とも。豆腐のから。おから
花魁 おいらん 遊女。太夫
天女花 おおやまれんげ 「大山蓮花」とも。落葉高木
旋覆花 おぐるま 「小車・金沸草・滴滴金」とも。多年草
男郎花 おとこえし 「茶花・敗醤」とも。多年草
女郎花 おみなえし 多年草。秋の七草の一
花仙 かいどう 「海棠・海紅」とも。落葉高木
梅花皮 かいらぎ 刀の柄を包むサメの皮
花斑鳥 かのこどり 「鹿子鳥」とも。鳥のカワセミの一種

長寿花　きずいせん　[黄水仙]とも。多年草

金花　きびたき　[黄鶲]とも。美しい羽色の小鳥

通条花　きぶし　[旌節花]とも。落葉高木

花車　きゃしゃ　[華奢]とも。ほっそりして上品なこと

供花　くげ　仏前に供える花

胡蝶花　くさあじさい　[草紫陽花]とも。多年草

胡蝶花　しゃが　[胡蝶草・射干]とも。多年草

黄連花　くされだま　[草連玉]とも。多年草

黒桃花毛　くろつきげ　[黒月毛]とも。馬の毛色の一

花瓶　けびょう　仏具

鷺毛玉鳳花　さぎそう　[鷺草]とも。多年草

山茶花　さざんか　[茶梅]とも。常緑高木

青花魚　さば　[鯖・青魚]とも。海魚

花柏　さわら　[椹・弱檜]とも。常緑高木

石南花　しゃくなげ　[石楠花]とも。常緑低木

断腸花　しゅうかいどう　[秋海棠]とも。多年草

洛陽花　せきちく　[石竹]とも。多年草

石花菜　てんぐさ　[心太草・太凝菜][ところてんぐさ]とも

桃花鳥　とき　[朱鷺]とも。水辺の鳥

海桐花　とべら　海辺の常緑低木

一日花　とろろあおい　[黄蜀葵・黄葵・秋葵]とも。一年草

金蓮花　のうぜんはれん　[凌霄葉蓮]とも。一年草

山梅花　ばいかうつぎ　[梅花空木]とも。落葉低木

玉鈴花　はくうんぼく　[白雲木]とも。落葉高木

錦帯花　はこねうつぎ　[箱根空木]とも。落葉低木

玉蟬花　はなしょうぶ　[花菖蒲]とも。多年草

浜旋花　はまひるがお　[浜昼顔]とも。多年草

時花　はやり　[流行]とも

石花　ひとつば　[一葉・石韋]とも。多年草

麗春花　ひなげし　[雛罌粟・美人草・虞美人草・錦被花]とも

鼓子花　ひるがお　[昼顔・旋花]とも。多年草

白花菜　ふうちょうそう　[風鳥草]とも。越年草

側金盞花　ふくじゅそう　[福寿草・献歳菊]とも。多年草

狗花椒　ふゆざんしょう　[冬山椒・竹葉椒]とも。落葉低木

放春花　ぼけ　[木瓜・鉄脚梨]とも。落葉低木

雨久花　みずあおい　[水葵]とも。水生多年草

花鮴　むつ　[鯥]とも。海魚

四照花　やまぼうし　[山帽子]とも。落葉高木

噴雪花　ゆきやなぎ　[雪柳]とも。落葉低木

老虎花　れんげつつじ　[蓮華躑躅・黄杜鵑]とも。落葉低木

番紅花　サフラン　[泊芙蘭]とも。多年草

斑枝花　パンヤ　[木綿]とも。常緑高木。種子の毛を利用

桃花心木　マホガニー　熱帯の常緑高木。器具材

花瑠瑠　ホノルル　ハワイにある都市名

浪花　なにわ　[浪華・浪速・難波]とも。大阪の旧称・地名

[佳] カ

佳い よい 「―香り」「佳き日」

佳 てる 名前の一。柏木佳輝（会社役員）

[果] カ は（たす）・は（てる）・は（て）

無花果 いちじく [映日果]とも。落葉高木

斉墩果 えごのき [売子木]とも。落葉小高木

果せる おおせる [遂せる]とも。しおえる

狸落果 きつねがや [狐萓]とも。多年草

果物 くだもの

果果しい はかばかしい [捗捗しい]とも

果敢無い はかない [儚い]とも。「―夢」

果蜜 シロップ 清涼飲料などに用いる濃い砂糖水

万寿果 パパイア [蕃瓜樹]とも。くだもの

[河] カ かわ

河童 かっぱ [水虎]とも。想像上の動物

河骨 こうほね [川骨]とも。水生多年草

河貝子 にな [かわにな][蜷]とも。淡水巻貝

河豚 ふぐ [海牛・鰒]とも。海魚

面河 おもご 愛媛県にある村名

十河 そごう [そがわ・とがわ]とも。姓氏の一

[架] カ か（ける）・か（かる）

稲架 はさ 刈りとった稲をかけるもの

[科] カ

科 しぐさ [仕種・仕草]とも。身ぶり

科 しな 「―をつくる」

科 とが あやまち。罪。「―人」「罪―」

科白 せりふ [白・台詞]とも

莫斯科 モスクワ ソ連の首都

△**[茄]** カ

茄子 なす 野菜

虎茄 はしりどころ [走野老]とも。多年草

赤茄子 トマト [蕃茄]とも。野菜

×**[苛]** カ いらだ（つ）

苛める いじめる

苛苛 いらいら 「―がつのる」

苛む さいなむ [嘖む]とも。せめる

苛性曹達 かせいソーダ

[夏] カ・ゲ なつ

夏越月 なごしのつき 陰暦六月の異称

[家] カ・ケ いえ・や

家鴨 あひる [鶩]とも。家禽

家 うち 「―に帰る」

家司 けいし 親王や大臣の家事を司った者

家豚 ぶた [豚]とも。家畜

山家 やまが 「―育ち」

氏家　うじえ　［うじけ・うじいえ］とも。姓氏の一

［荷］　カ　に

稲荷　いなり　「—神社」「—ずし」

荷包牡丹　けまんそう　［華鬘草］とも。多年草

昨葉荷草　つめれんげ　［爪蓮華・仏甲草］とも。多年草

荷う　になう　［担う］とも。かつぐ

茗荷　みょうが　多年草。野菜

荷見　はすみ　姓氏の一

［華］　カ・ケ　はな

華　け　「—厳」「法—」「蓮—」「万—鏡」

髻華　うず　むかし髪に花をさして飾りとしたもの

華奢　きゃしゃ　［花車］とも。ほっそりして上品なこと

曇華　だんどく　［檀特］とも。多年草

耶父華　エホバ　神の名

華摂林　ワセリン　石油からつくる整髪料などの原料

華盛頓　ワシントン　［華府］とも。アメリカの首都

浪華　なにわ　［浪花・浪速・難波］とも。大阪の旧称・地名

［蚊］　か

蚊母樹　いすのき　［柞］とも。常緑高木

蚊蜻蛉　うすばかげろう　［薄羽蜉蝣］とも。トンボに似た昆虫

大蚊　ががんぼ　カに似て大きな昆虫

［菓］　カ

氷菓子　アイスクリーム

×**［訛］**　カ　なまる

訛声　だみごえ　［濁声］とも

［過］　カ　す（ぎる）・す（ごす）・あやま（ち）

過る　よぎる　「不安が心を—」

［嫁］　カ　よめ・とつ（ぐ）

許嫁　いいなずけ　［許婚］とも。フィアンセ

嫁く　かたづく　嫁に行くこと

［暇］　カ　ひま

暇　いとま　「—乞い」「お—する」

［禍］　カ

大禍時　おおまがとき　［逢魔が時］とも。たそがれどき

禍事　まがごと　わざわい。凶事

禍　わざわい　［災い］とも

△**［嘉］**　カ　よ（い）

嘉魚　いわな　［岩魚］とも。淡水魚

嘉する　よみする　ほめる

嘉無薩加　カムチャツカ　ロシアにある半島名

新嘉坡　シンガポール　［星港］とも。国名

嘉　よし　名前の一。稲山嘉寛（社長）

［寡］　カ

寡婦　やもめ　［かふ］とも。夫を失った女。↕寡男

［箇］　カ

箇　こ　「個」とも。「荷物が三―」
亜爾箇保児　アルコール　「酒精」とも
箇失密　カシミール　「―高原」
△**［歌］**　カ　うた・うた(う)
嬥歌　かがい　古代の男女の歌や踊りの集まり
連歌　れんが　国文学用語
△**［蝦］**　カ
醬蝦　あみ　「海糠・線蝦・糠蝦」とも。節足動物
蝦夷　えぞ　「えみし」とも。古代の東北地方の人々
蝦　えび　「海老」とも。エビ類の総称
草蝦　てながえび　「手長蝦」とも。淡水産のエビの一種
蝦蟇　がま　ヒキガエルの別名
蝦蛄　しゃこ　「青竜蝦」とも。エビに似た節足動物
蝦虎魚　はぜ　「沙魚・鯊」とも。海魚
△**［樺］**　カ　かば

樺太　からふと　サハリンの日本名
樺　かんば　姓氏の一
△**［牙］**　ガ　きば
葦牙　あしかび　アシの若芽
石竜牙草　いしもちそう　「石持草・茅膏菜」とも。多年草
牙儈　すあい　売買の仲買をすること。さいとり
象牙　ぞうげ　「―彫り」
猪牙船　ちょきぶね　細長い江戸の川舟
牙歯草　ひるむしろ　「蛭蓆・眼子菜」とも。多年草
西班牙　スペイン　国名
海牙　ハーグ　オランダにある都市名
洪牙利　ハンガリー　国名
勃牙利　ブルガリア　国名
葡萄牙　ポルトガル　国名
△**［瓦］**　ガ　かわら

瓦斯　ガス　「プロパン―」
瓦　グラム　重さの単位
△**［臥］**　ガ　ふ(す)
草臥る　くたびれる　体がつかれること
莫臥児　モール　織物。「金―」
臥亜　ゴア　インドの西海岸の地名
×**［訝］**　ガ　いぶか(る)
怪訝　けげん　いぶかしげ。「―な顔」
×**［蛾］**　ガ
白灯蛾　しろひとり　ガの一種。「アメリカ―」
楓蛾　しらがたろう　「白髪太郎」とも。白い毛の大きなケムシ
［雅］　ガ
雅楽頭　うたのかみ　舞楽をつかさどった役所の長官
雅　みやび　「風雅」とも。上品で優雅なこと
雅典　アテネ　ギリシアの首都

雅　まさ　名前の一。永田雅一（社長）

［餓］　ガ

餓える　うえる　「飢える」「かつえる」とも

×［鵞］　ガ

鵞毛玉鳳花　さぎそう　「鷺草」とも。多年草

鵞耳櫪　さわしば　「沢柴」とも。落葉高木

鵞梅　ぶんごうめ　「豊後梅」とも。梅の一品種

天鵞絨　ビロード　織物の一

［介］　カイ

介党鱈　すけとうだら　「スケソウダラ」とも。海魚

［会］　カイ・エ　あ（う）

会　え　「―釈」「―得」「法―」

付会　こじつけ

直会　なおらい　神事のあとの供物による宴会

出会す　でくわす　偶然に出会う

会津　あいず　旧国名。福島県

度会　わたらい　姓氏の一

［回］　カイ・エ　まわ（る）・まわ（す）

回　え　「―向」「―心」

回青橙　だいだい　「橙」とも。常緑高木

回る　めぐる　「廻る・巡る」とも

回回教　フイフイきょう　イスラム教の異称

回紇　ウイグル　中国の自治区の一

［灰］　カイ　はい

灰汁　あく　「―を抜く」「―が強い」

灰酒　あくざけ　酒の一種

［貝］　かい

蕎麦葉貝母　うばゆり　「姥百合」とも。多年草

河貝子　にな　「かわにな」「蜷」とも。淡水巻貝

貝独楽　べいごま　玩具の一

宇柳貝　ウルグアイ　南アメリカにある国名

貝加爾湖　バイカルこ　ロシアにある湖

巴羅貝　パラグアイ　南アメリカにある国名

［快］　カイ　こころよ（い）

快走艇　ヨット

［怪］　カイ　あや（しい）・あや（しむ）

怪士　あやかし　妖怪変化。能面の一

怪我　けが　傷を負う

怪態　けったい　「卦体・希代・稀代」とも。「―な人やねえ」

怪鴟　よたか　「夜鷹」とも。鳥。売春婦

［拐］　カイ

拐かす　かどわかす　「勾引かす」とも

△［芥］　カイ　あくた

土荊芥　ありたそう　一年草。薬用

山芥菜　いぬがらし　「犬芥・犬辛子」とも。多年草

芥子　からし　香辛料
芥子　けし　［罌粟］とも。越年草。実から阿片をとる
芥　ごみ　［塵］とも。「―ため」
塵芥虫　ごみむし　［歩行虫］とも。昆虫
△［廻］　カイ　まわ(る)
廻向　えこう　［回向］とも
廻る　めぐる　［回る・巡る］とも
輪廻　りんね　仏教用語。「―転生」
［悔］　カイ　く(いる)・く(やむ)・く(やしい)
懺悔　ざんげ　罪を悔い改める
［海］　カイ　うみ
海苔菜　あおのり　［青海苔・緑苔・石髪海苔・乾苔］とも。海藻
海豹　あざらし　［水豹］とも。海洋の哺乳動物
海馬　あしか　［葦鹿・海驢］とも。海洋の哺乳動物
海馬　とど　［胡獱］とも。海洋の哺乳動物

海馬　たつのおとしご　［竜落子］とも
海鰻　あなご　［穴子］とも。海魚
海人　あま　［海士・海夫］とも。漁師。［海女］は潜水漁をする女
海糠　あみ　［醤蝦・線蝦・糠蝦］とも。節足動物
海髪　いぎす　［髪菜］とも。海藻。刺身のつま
海髪　おごのり　［於期海苔・頭髪菜］［うご］とも。海藻
海参　いりこ　［熬海鼠］とも。中国料理の材料
海豚　いるか　海洋の哺乳動物
泉海魚　うなぎ　［鰻］とも。魚
海原　うなばら　「大―」
海胆　うに　［海栗］とも。食品は［雲丹］
海鷂魚　えい　［鱝］とも。海魚
海老　えび　［蝦］とも。エビ類の総称
海金砂　かにくさ　［蟹草］とも。多年草。別名ツルシノブ
金海鼠　きんこ　［光参］とも。ナマコの一種。食用

海州常山　くさぎ　［臭木・臭梧桐］とも。落葉低木
海月　くらげ　［水母・海舌］とも。腔腸動物
海鼠腸　このわた　ナマコのわたの塩辛
西海子　さいかち　［皂莢］とも。落葉高木
海象　せいうち　海洋の哺乳動物
海燕　たこのまくら　［蛸枕］とも。ウニの一種
海柘榴市　つばいち　古代市場の一
海石榴　つばき　［椿・山茶］とも。常緑高木
海螺　つぶ　［螺］［つび］とも。ニシ類の総称。巻貝
海桐花　とべら　海辺の常緑低木
海鼠　なまこ　［生海鼠］とも。棘皮動物。食用
海苔　のり　「―巻き」「浅草―」
海螺　ばい　［貝・黄螺］とも。海産巻貝。食用
海星　ひとで　［人手・海盤車］とも。棘皮動物
海牛　ふぐ　［河豚・鰒］とも。海魚

乾海鼠　ほしこ　干したなまこ
海扇　ほたてがい　［帆立貝］とも。二枚貝
老海鼠　ほや　［海鞘］とも。海産動物
海人草　まくり　［海仁草］とも。海藻
海松　みる　［水松・苔菜］とも。海藻
海松貝　みるがい　［水松貝］とも。二枚貝
海布刈　めかり　［和布刈］とも。ワカメなどを刈ること
海雲　もずく　［水雲・海蘊・苔菜］とも。海藻
海獺　らっこ　［猟虎］とも。海洋の哺乳動物
稚海藻　わかめ　［若布・和布・裙帯菜］とも。海藻
海神　わたつみ　［海若］［わだつみ］とも。海の神。海原
海牙　ハーグ　オランダにある都市名
外海　そとめ　長崎県にあった町名
内海　うつみ　［うちみ・うてび］とも。姓氏の一
海野　うんの　［うみの・かいの］とも。姓氏の一

東海林　しょうじ　［しおじ・とうかいりん］とも。姓氏の一

［界］　カイ
界　さかい　［境］とも。境界

△**［晦］**　カイ　みそか
晦ます　くらます　「姿を―」
晦　つごもり　月の末日。「大―（十二月三十一日）」
晦日　みそか　［三十日］とも。月の末日

［械］　カイ
械　かせ　「手―足―」

［開］　カイ　ひら（く）・ひら（ける）・あ（ける）・あ（く）・
新開田　あらきだ　［新墾田］とも。新たにひらいた田
開ける　はだける　「胸を―」

［階］　カイ
階　きざはし　階段。物事の順序
沿階草　じゃのひげ　［蛇鬚］とも。多年草。別名リュウノヒゲ
階子　はしご　［梯子］とも
裳階　もこし　［裳層］とも。建築用語
階上　はしがみ　［はしかみ］とも。姓氏の一
山階　やましな　姓氏の一

［塊］　カイ　かたまり
石塊　いしころ
土塊　つちくれ　土のかたまり
酸塊　すぐり　落葉低木
塊芋　ほど　［土芋］とも。つる性多年草

［解］　カイ・ゲ　と（く）・と（かす）・と（ける）
解　げ　「―熱」「―毒」「―脱」「―せない」
手解　てほどき　初歩から教えること
解す　ほぐす　［ほごす］とも。「もつれた糸を―」
解れる　ほぐれる　「緊張が―」
解れる　ほつれる　「縫い目が―」

解く　ほどく　「紐を―」
解る　わかる　「分る・判る」とも。「意味が―」
×[槐]　カイ　えんじゅ
槐葉蘋　さんしょうも　「山椒藻」とも。水生の一年性シダ類
白槐　ふじき　「藤木」とも。落葉高木
△[魁]　カイ　さきがけ
花魁　おいらん　遊女。大夫
魁　はじめ　名前の一。梅村魁（大学教授）
×[潰]　カイ　つい（える）
潰れる　つぶれる
[壊]　カイ　こわ（す）・こわ（れる）
壊死　えし　生体の一部分が死ぬこと
[懐]　カイ　ふところ・なつ（かしい）・なつ（く）
懐く　いだく　「抱く」とも。「夢を―」
手懐ける　てなずける　「犬を―」

[外]　ガイ・ゲ　そと・ほか・はず（す）・はず（れる）
外郎　ういろう　薬の名。蒸し菓子の名
外障眼　うわひ　「上翳」とも。眼病の一
外連　けれん　「―味がない」
外方　そっぽ　「―を向く」
外様　とざま　「―大名」
外国　とつくに　がいこく
外山　こんぱる　「こんばる・そとやま・とやま」とも。姓氏の一
×[咳]　ガイ　せき
咳　しわぶき　せき。せきばらい
[害]　ガイ
害う　そこなう　「損う」とも
[街]　ガイ・カイ　まち
街　かい　「―道」
八街　やちまた　千葉県にある町名

[概]　ガイ
概ね　おおむね　だいたい。おおよそ
△[蓋]　ガイ　ふた
蓋う　おおう　「覆う・被う・蔽う」とも
蓋し　けだし　おもうに
蓋　きぬがさ　「衣笠」とも。絹を張った長柄の笠
×[骸]　ガイ　むくろ
亡骸　なきがら　「亡軀」とも。死骸
△[楓]　かえで
楓蛾　しらがたろう　「白髪太郎」とも。白い毛の大きなケムシ
×[蛙]　かえる
蛙手　かえで　「楓・鶏冠木」とも。落葉高木
蛙　かわず　カエルの古称
[垣]　かき
垣間見る　かいまみる　ちらりと見る

垣衣　しのぶぐさ　［荵草・忍草］とも。シダの一種

垣内　かいと　［かいとう・かきと・かきつ・かきうち］とも。姓氏の一

［角］　カク　かど・つの

総角　あげまき　［揚巻］とも。むかしの子供の髪型の一

大角草　いささぐさ　ソラマメの異称

角鷹　くまたか　［熊鷹］とも。大型の猛鳥

大角豆　ささげ　［豇豆］［ささぎ］とも。豆類の一

角　すみ　［隅］とも。

角力　すもう　［相撲］とも

三角楓　とうかえで　落葉高木

鹿角菜　ひじき　［鹿尾菜・羊栖菜］とも。海藻

角髪　みずら　［角子］とも。むかしの男子の髪型

角鴟　みみずく　［木菟］とも。夜行性の鳥

八角金盤　やつで　［八手・金剛纂］とも。常緑低木

役小角　えんのおづぬ　［えんのおづの］とも。修験道の開祖。役行者

角田　すのた　［かくた・すみだ・かどた・つのだ…］とも。姓氏の一

三角　みます　［みすみ］とも。姓氏の一

［画］　カク・ガ

画く　えがく　［描く］とも

似顔画　にがおえ

画舫　ゴンドラ　ヴェニスの遊覧・渡船用の舟

［拡］　カク

拡げる　ひろげる　［広げる］とも。「事業を―」

［革］　カク　かわ

革める　あらためる　［改める］とも。「会社の機構を―」

革茸　こうたけ　キノコの一

［格］　カク・コウ

格式　きゃくしき　律令の補助法。「律令―」

格天井　ごうてんじょう　格子形に組んだ天井

更格盧　カンガルー　［袋鼠・長尾驢］とも。けもの

格魯布　クルップ　「―性肺炎」

格魯謨　クロム　金属元素の一、

蘇格蘭　スコットランド　国名

格　いたる　名前の一。新居格（評論家）

［核］　カク

核　さね　［実］とも。果実の種子

［郭］　カク

郭　くるわ　［廓・曲輪］とも。遊郭

郭公　ほととぎす　［杜鵑・子規・時鳥・不如帰…］とも。本来はカッコウ

［殻］　カク　から

枳殻　からたち　［枳・枸橘］とも。落葉低木

紅殻　ベンガラ　［弁柄］とも。顔料の一

［覚］　カク　おぼ（える）・さ（ます）・さ（める）

正覚坊　しょうがくぼう　アオウミガメの別名

覚　さとり　［悟］とも。「―をひらく」

【較】　カク

較量　きょうりょう　［こうりょう］とも。くらべはかること

較べる　くらべる　［比べる］とも

【確】　カク　たし(か)・たし(かめる)

確と　しかと　「―うけたまわりました」

確り　しっかり　たしかな様子。「―とした人」

【獲】　カク　え(る)

獲る　とる　「えものを―」

【楽】　ガク・ラク　たの(しい)・たの(しむ)

雅楽頭　うたのかみ　舞楽などをつかさどった役所の長官

神楽　かぐら　神をまつるための舞楽

楽府　がふ　古代中国の雅楽寮。漢詩の一体

独楽　こま　おもちゃの一

催馬楽　さいばら　雅楽曲の一

紫香楽宮　しがらきのみや　［信楽宮］とも。聖武天皇の離宮

楽車　だし　［檀尻・山車］［だんじり］とも。祭礼にひく車

伯楽　ばくろう　［博労・馬喰］とも。馬を売買する人

管弦楽　オーケストラ　［管絃楽］とも

倶楽部　クラブ　「囲碁―」

甘楽　かんら　群馬県にある郡名

信楽焼　しがらきやき　滋賀県産の陶器

【額】　ガク　ひたい

額突く　ぬかずく　ひたいを地につけて拝む

帽額　もこう　御帳の上部に幕のように張った布

額田　ぬかだ　姓氏の一

【且】　か(つ)

苟且　かりそめ　［仮初］とも

×【刮】　カツ

刮げる　こそげる　表面を削りとる

【括】　カツ

括る　くくる　「荷物を―」「多寡を―」

括れる　くびれる

【活】　カツ

活活　いきいき　［生生］とも。「―としている」

活作り　いけづくり　［生作］とも。「コイの―」

活花　いけばな　［生花］とも

独活　うど　［土当帰］とも。多年草。食用

活計　たつき　［方便］とも。生活の手段

活嘴　カラン　水道の蛇口

【滑】　カツ　すべ(る)・なめ(らか)

滑藻　あらめ　［荒布］とも。海藻

滑稽　こっけい　おもしろおかしいこと

砂滑　すなめり　海洋の哺乳動物

滑り　ぬめり　ぬるぬるしたもの

滑滑　ぬらぬら　ぬるぬる

滑川　なめりかわ　富山県にある市名
△［葛］　カツ　くず
甘葛　あまずら　ツタの古名
葛　かずら　［蔓］とも。つる草の総称
葛　くず　［田葛］とも。つる性多年草。［—粉］
野葛　つたうるし　［蔦漆］とも。常緑低木
葛籠　つづら　つるや竹で編んだ衣服を入れるかご
葛城　かつらぎ　奈良県にある市名
葛西　かさい　［かっさい］とも。姓氏の一
［褐］　カツ
褐衣　かちえ　平安時代の随身の衣服
×［羯］　カツ
羯布羅　カンフル　［—注射］
△［兜］　かぶと
馬兜鈴　うまのすずくさ　［馬鈴草・土青木香］とも。つる性多年草

露兜樹　たこのき　［蛸木］とも。常緑高木。小笠原島の特産
兜櫨樹　のぐるみ　［野胡桃］とも。落葉高木
△［鴨］　オウ　かも
家鴨　あひる　［鶩］とも。家禽
鴨脚樹　いちょう　［銀杏・公孫樹］とも。落葉高木
鴨脚草　ゆきのした　［雪下・虎耳草・金糸荷］とも。多年草
鴨跖草　つゆくさ　［露草］とも。一年草
△［萱］　かや
萱草　かんぞう　［わすれぐさ］とも。多年草
茅萱　ちがや　［茅・白茅・茅針］とも。多年草
金萱　ひめかんぞう　［姫萱草］とも。多年草
△［烏］　ウ　からす
烏賊　いか　［墨魚］とも。軟体動物
烏帽子　えぼし　むかしの男子の冠り物
烏滸がましい　おこがましい

烏竹　くろちく　［黒竹・紫竹］とも。タケの一種
烏樟　くろもじ　［黒文字・鉤樟］とも。落葉低木
烏木　こくたん　［黒檀］とも。常緑高木
烏衣　つばめ　［燕・乙鳥・玄鳥］とも。渡り鳥
何首烏　つるどくだみ　［かしゅう］とも。多年草
草烏頭　とりかぶと　［烏頭］とも。猛毒の多年草
烏臼　なんきんはぜ　［南金櫨］とも。落葉高木
泥烏須　デウス　［天主・天有主・提宇須］とも。天帝・造物主
烏克蘭　ウクライナ　国名
烏拉児　ウラル　［烏拉］とも。ロシアにある山脈名
烏魯木斉　ウルムチ　中国の省都の一
［刈］　か(る)
和布刈　めかり　［海布刈］とも。ワカメを刈ること
刈田　かんだ　［かった・かりた］とも。姓氏の一
［干］　カン　ほ(す)・ひ(る)

干支　えと　十干と十二支

射干　しゃが　[胡蝶花・胡蝶草]とも。多年草

射干　ひおうぎ　[檜扇]とも。扇の一。多年草

若干　そこばく　いくらか。じゃっかん

射干玉　ぬばたま　[烏羽玉][うばたま]とも。ヒオウギの種子

[甘]　カン　あま(い)・あま(える)・あま(やかす)

甘い　うまい　[旨い・美い・美味い]とも

甘煮　うまに　[旨煮]とも。料理の一

甘松　かのこそう　[鹿子草]とも。多年草

甘藍　はぼたん　[葉牡丹]とも。越年草

甘藍　キャベツ　野菜

甘藷　さつまいも　[薩摩芋]とも。野菜

甘蔗　さとうきび　[砂糖黍]とも。作物。砂糖を採る

水甘草　ちょうじそう　[丁子草]とも。多年草

甘蕉　バナナ　くだもの

美甘　みかも　岡山県にある村名

[汗]　カン　あせ

汗衫　かざみ　むかしの汗とりの衣服

成吉思汗　ジンギスカン　[チンギスハン]とも

[缶]　カン

缶　かま　「風呂の—」

缶　ほとぎ　湯水などを入れた瓦器

[完]　カン

完うする　まっとうする　「責任を—」

完　たもつ　名前の一。荒井完(洋画家)

[官]　カン

長官　かみ　むかしの官位の一

判官　じょう　[ほうがん]とも。むかしの官位の一

次官　すけ　むかしの官位の一

官家　みやけ　[屯倉・屯家・三宅]とも。朝廷の直轄領

[冠]　カン　かんむり

鶏冠木　かえで　[楓・蛙手]とも。落葉高木

冠者　かじゃ　元服した若者。「太郎—」

冠木門　かぶきもん　上に横木をわたした門

冠る　かぶる　「帽子を—」

冠付　かむりづけ　国文学用語

鶏冠　けいとう　[鶏頭]とも。一年草。鶏冠状の花が咲く

鶏冠　とさか　[鳥冠]とも。鶏などの頭部にある冠状の突起

[巻]　カン　ま(く)・まき

巻柏　いわひば　[岩檜葉][くさひば]とも。シダの一種

巻耳　おなもみ　一年草

巻丹　おにゆり　[鬼百合]とも。ユリの一種

巻雲　けんうん　[絹雲]とも。高層雲の一

巻繊　けんちん　[巻蒸]とも。「—汁」

△[柑]　カン

藪柑子 やぶこうじ [紫金牛]とも。常緑小低木

[看] カン

看麦娘 すずめのてっぽう [雀鉄砲]とも。多年草

看る みる 「年老いた親を—」

×**[悍]** カン

悍しい おぞましい おそろしい

[乾] カン かわ(く)・かわ(かす)

乾苔 あおのり [青海苔・緑海苔・海苔菜・石髪海苔]とも。海藻

見風乾 あかしで [赤垂柳]とも。落葉高木

乾風 あなし 季語。西北の風

乾 いぬい 北西の方向

乾風 からっかぜ [空風]とも

乾坤 けんこん 「—一擲」

乾分 こぶん [子分]とも。↔親分

乾物 ひもの [干物]とも。「アジの—」

乾草 ほしくさ [干草]とも

乾海鼠 ほしこ 干したなまこ

乾酪 チーズ 乳製品の一

[勘] カン

勘解由使 かげゆし 国司引つぎの監査役

[患] カン

患える うれえる [憂える・愁える]とも。嘆き悲しむ

無患子 むくろじ [無槵子]とも。落葉高木

△**[莞]** カン

莞爾 にこにこ 「—した顔」

[貫] カン つらぬ(く)

刳貫く くりぬく えぐって穴をあける

貫 ぬき 建築用語。「—をわたす」

貫衆 やぶそてつ [藪蘇鉄]とも。シダ植物の一種

貫井 ぬくい 姓氏の一

[喚] カン

喚く わめく [叫く]とも。大声で騒ぎたてる

[堪] カン た(える)

堪える こたえる たえしのぶ。「持ち—」

堪える こらえる がまんする。感情を外に出さずたえる

堪らない たまらない がまんできない

堪り兼ねる たまりかねる

堪能 たんのう 「かんのう」の慣用読み

[寒] カン さむ(い)

寒気立つ そうけだつ さむけがすること

寒蟬 つくつくぼうし セミの一種

寒苺 ふゆいちご [冬苺]とも。常緑の低木状つる草

寒河江 さがえ 山形県にある市名

寒川 さんがわ 香川県にあった町名

寒田 そうだ [そうた]とも。姓氏の一

×［嵌］カン
嵌める　はめる　はめる　はめこむ
［敢］カン
敢えて　あえて　［肯えて］とも。「—て言えば」
果敢無い　はかない　［儚い］とも
［棺］カン
棺　ひつぎ　［柩］とも
［款］カン
岩款冬　いわぶき　［岩蕗］とも。多年草。ユキノシタの別名
款冬　ふき　［蕗］とも。多年草。食用。フキのとう
［間］カン・ケン　あいだ・ま
間服　あいふく　［合服］とも。春秋に着る服
間　あわい　物と物のあいだ
此間　こないだ　このあいだ
幇間　たいこもち　［太鼓持］とも
間部　まかべ　［まなべ］とも。姓氏の一
［閑］カン
閑話休題　それはさておき
等閑　なおざり　注意を払わないこと
長閑　のどか　「—な春の日」
閑　ひま　［暇］とも。「—をつぶす」
閑馬　しずま　姓氏の一
［寛］カン
寛ぐ　くつろぐ　「わが家で—」
寛い　ひろい　「心が—」
寛　ひろし　名前の一。加藤寛（大学教授）
［幹］カン　みき
苧幹　おがら　［苧殻・麻幹］とも。お盆の迎え火に使う
幹竹　からたけ　「—割り」
巴爾幹　バルカン　「—半島」
［漢］カン
羅漢柏　あすなろ　［翌檜・明檜］とも。常緑高木
天漢　あまのがわ　［天川・天河・銀河・銀漢］とも
漢織　あやはとり　中国より渡来した織工氏族
羅漢松　いぬまき　［犬槇］とも。常緑高木
漢竹　からたけ　竹の一種
没分暁漢　わからずや
漢堡　ハンブルク　ドイツにある都市名
［管］カン　くだ
煙管　きせる　［烟管］とも
只管　ひたすら　ひとすじに。ただそれのみに
管弦楽　オーケストラ　［管絃楽］とも
［関］カン　せき
機関　からくり　［絡繰］とも。「—仕掛」
関る　かかわる　［係る・拘る］とも

【歓】 カン

合歓木 ねむのき　落葉亜高木
歓ぶ よろこぶ　「喜ぶ」とも

【緩】 カン　ゆる(い)・ゆる(やか)・ゆる(む)

手緩い てぬるい　ゆるやか。のろい
緩り ゆっくり　「―歩く」

【監】 カン

監物 けんもつ　むかしの出納官

【還】 カン

還る かえる　「帰る・返る」とも
還俗 げんぞく　僧がもとの俗人に戻ること

【館】 カン

館 たち　「たて」とも。貴人の宿泊する官舎
館 やかた　かりの宿。貴人の邸宅
館野 たての　姓氏の一

【環】 カン

環 わ　「花―」「指―」
苧環 おだまき　多年草
玉環菜 ちょろぎ　「草石蚕」とも。多年草。根は食用
環 たまき　名前の一。今井環(病理学者)

△**【韓】** カン

韓紅 からくれない　深紅の色
韓島 からしま　姓氏の一

【簡】 カン

料簡 りょうけん　「了簡」とも。考え。思案

【観】 カン

観る みる　「見る」とも。「映画を―」

【鑑】 カン

鑑 かがみ　「女の―」
鑑みる かんがみる　「先例を―と」

【丸】 ガン　まる・まる(い)・まる(める)

犬睾丸 いぬのふぐり　「婆婆納・犬陰嚢」とも。越年草
丸子 まりこ　「まるこ・わにこ」とも。姓氏の一

【含】 ガン　ふく(む)・ふく(める)

含嗽 うがい　水を含んで口をすすぐこと
含羞草 おじぎそう　「眠草」「ねむりぐさ」とも。一年草

【岸】 ガン　きし

河岸 かし　川の岸。魚市場

△**【玩】** ガン

玩具 おもちゃ
玩ぶ もてあそぶ　「弄ぶ」とも

【眼】 ガン・ゲン　まなこ

眼 げん　「大仏開―」「法―」
蛇眼草 いわがねそう　「岩根草・了鳳草」とも。多年草
外障眼 うわひ　「上翳」とも。眼病の一

内障眼　そこひ　［底翳・内障］とも。眼病の一
胡孫眼　さるのこしかけ　［猿腰掛］とも。キノコの一種
眼子菜　ひるむしろ　［蛭蓆・牙歯草］とも。多年草
眼指　まなざし　［目差］とも。「あつい—」
眼瞼　まぶた　［瞼・目瞼・目蓋］とも
眼医者　めいしゃ　［目医者］とも
眼鏡　めがね
繡眼児　めじろ　［目白］とも。小鳥
鶏眼草　やはずそう　［矢筈草］とも。一年草。牧草
虎眼　トラホーム　伝染性の眼病
△［雁］　ガン　かり
雁来紅　はげいとう　［葉鶏頭］とも。一年草
［頑］　ガン
頑な　かたくな　頑固。へんくつ
頑癬　たむし　［田虫］とも。菌による皮膚病の一

［顔］　ガン　かお
厚顔しい　あつかましい　「—男」
顔　かんばせ　［容］とも。顔つき。面目
△［巌］　ガン　いわお
巌桂　きんもくせい　［金木犀］とも。常緑高木
巌　いわ　名前の一。北原巌男（公務員）

き

［企］　キ　くわだ（てる）
企む　たくらむ　「悪事を—」
［机］　キ　つくえ
羊机子　おおさんざし　［大山査子］とも。落葉低木
［気］　キ・ケ
意気地　いくじ　「—がない」

気質　かたぎ　「職人—」
気触れる　かぶれる　皮膚に発疹ができる。感化される
気風　きっぷ　「—のいい若者」
電気鯰　しびれなまず　［痺鯰］とも。ナイル川のナマズの一
気虫　へっぴりむし　［屁放虫・行夜］とも。異臭をはなつ昆虫
気　のぼる　名前の一。木村気（社長）
［岐］　キ
岐路　えだみち　［枝路］とも。わきみち
八岐大蛇　やまたのおろち　神話にでてくる大蛇
岐阜　ぎふ　県名
檜枝岐　ひのえまた　福島県にある村名
［希］　キ
希有　けう　［稀有］とも。まれにあること
希代　けったい　［卦体・稀代・怪態］とも。「—な人やねえ」
希う　こいねがう　［庶幾う］とも

希　まれ　［稀］とも。めったにないこと
希布来　ヘブライ　「―語」
希臘　ギリシア　国名
希　のぞみ　名前の一。田村希（女）
［忌］　キ　い（む）・い（まわしい）
忌忌しい　いまいましい　しゃくにさわる
忌忌しい　ゆゆしい　［由由しい］とも。容易ならざること
忌嫌う　いみきらう　ひどくきらう
忌瓮　いわいべ　［斎瓮］［いんべ］とも。陶質の土器
忌部　いんべ　［いみべ・きべ］とも。姓氏の一
△［其］　キ　そ（の）・そ（れ）
其奴　そいつ　［そやつ］とも
其所　そこ　［其処］とも。そのところ
其方此方　そちこち　そこら。あちらこちら
其方　そちら　方向や場所、話し相手をさす

其方　そなた　［そち］とも。なんじ。おまえ
其方退け　そっちのけ
其　その　「―日」「―時」
其　それ　「―式」「―処」「―故」
其文字　そもじ　そなた。あなた
応其寺　おうごうじ　和歌山県にある寺名
［奇］　キ
奇しくも　くしくも　不思議にも
［祈］　キ　いの（る）
祈雨　あまごい　［雨乞］とも
祈年祭　としごいまつり　豊年を祈る祭。きねんさい
祈　もとむ　名前の一。武田祈（大学教授）
×［枳］　キ
枳殻　からたち　［枳・枸橘］とも。落葉低木
［帰］　キ　かえ（る）・かえ（す）

土当帰　うど　［独活］とも。多年草。食用
不如帰　ほととぎす　［杜鵑・子規・時鳥・郭公・蜀魂…］とも。鳥
［記］　キ　しる（す）
記月魚　あゆ　［鮎・年魚・香魚］とも。淡水魚
記　ふみ　名前の一。小野記彦（大学教授）
［起］　キ　お（きる）・お（こす）・お（こる）
起居　たちい　「―振舞」
起つ　たつ　「正義のために―」「勇み―」
起　かず　名前の一。矢田起雄（会社役員）
［飢］　キ　う（える）
飢える　かつえる　［餓える］とも。うえる
［鬼］　キ　おに
天邪鬼　あまのじゃく　つむじまがり
鬼頭魚　しいら　［鱰・寄魚・金山・勒魚］とも。海魚
鬼鍼草　せんだんぐさ　［栴檀草］とも。一年草

鬼油麻　ひきよもぎ　［引艾］とも。多年草

鬼灯　ほおずき　［酸漿］とも。多年草

鬼面川　おものがわ　山形県にある川名

鬼岳　おんだけ　西海国立公園にある山名

［基］　キ　もと・もとい

烏魚木基　ウルムチ　中国の省都の一

基督　キリスト

基　はじめ　名前の一。西谷基（公務員）

［寄］　キ　よ（る）・よ（せる）

貝寄風　かいよせ　季語。陰暦二月の西風

寄魚　しいら　［鱰・鬼頭魚・金山・勒魚］とも。海魚

松上寄生　まつぐみ　［松胡頽子］とも。松に寄生する低木

寄居虫　やどかり　甲殻類の一

寄生木　やどりぎ　［宿木］とも。常緑低木

寄席　よせ　「―芸人」

［規］　キ

子規　ほととぎす　［時鳥・杜鵑・杜宇・不如帰・郭公・蜀魂…］とも。鳥

規尼涅　キニーネ　解熱剤

円規　コンパス　製図用具

規　のり　名前の一。緒方規雄（大学教授）

△［亀］　キ　かめ

亀甲文　きっこうもん　カメの甲羅のような模様

金亀子　こがねむし　［黄金虫・金牛児・金亀虫］とも。昆虫

泥亀　すっぽん　［鼈］とも。カメの一種

雪隠金亀子　せんちこがね　昆虫

［喜］　キ　よろこ（ぶ）

喜蛛　てながぐも　［手長蜘蛛］とも。クモの一種

喜　よし　名前の一。古井喜実（政治家）

［幾］　キ　いく

庶幾う　こいねがう　［希う］とも

幾　ほとほと　［殆］とも。「―閉口した」

幾ど　ほとんど　［殆ど］とも

越幾斯　エキス　食物の主成分のみを抽出したもの

越列幾　エレキ　電気

丁幾　チンキ　「ヨード―」

［揮］　キ

揮う　ふるう　「腕を―」「国力が―」

△［稀］　キ　まれ

稀有　けう　［希有］とも

稀代　けったい　［卦体・希代・怪態］とも。「―な人やねえ」

［貴］　キ　たっと（い）・とうと（い）

貴人　あてびと　位の高い人

貴方　あなた　［貴男・貴女］とも

貴　たか　名前の一。佐原貴臣（大学教授）

［棄］　キ

棄る　すてる　「捨る」とも
自棄　やけ　「―をおこす」
【旗】キ　はた
旗魚　かじき　「梶木・羽魚」とも。海魚
【器】キ　うつわ
土器　かわらけ　素焼きの土器
行器　ほかい　「外居」とも。むかし食物を運んだ器
【機】キ　はた
機関　からくり　「絡繰」とも。「―仕掛」
【×妓】ギ
雛妓　おしゃく　京都で舞妓のこと
【宜】ギ
宜　むべ　「うべ」とも。「―なるかな」
宜候　ようそろ　「良候」とも。操船用語
宜しく　よろしく　「―お伝え下さい」

宜　よし　名前の一。友田宜孝（大学教授）
【△祇】ギ
山祇　やまつみ　山の神。山の霊
【義】ギ
左義長　どんど　「さぎちょう」とも。正月十五日の年中行事
白耳義　ベルギー　国名
義　よし　名前の一。堤義明（社長）
【疑】ギ　うたが(う)
疑る　うたぐる　うたがう
【儀】ギ
内儀　おかみ　「ないぎ」とも。奥さん
御内儀さん　おかみさん
【戯】ギ　たわむ(れる)
悪戯　いたずら　「―っ子」
戯ける　おどける　たわむれる

戯作　げさく　江戸時代の俗な文学
戯歌　ざれうた　滑稽な歌。狂歌
戯れる　じゃれる　「ざれる」とも。「猫が―」
戯者　たわけもの　ばかもの
戯言　たわごと　「ざれごと」「狂言」とも。ふざけたことば
巫山戯る　ふざける
【擬】ギ
擬瓢虫　てんとうむしだまし　テントウムシに似た昆虫
擬える　なぞらえる　「準える」とも。似せる。擬する
擬　もどき　「芝居―」
擬　まがい　にせもの。「―物」
【犠】ギ
犠牲　いけにえ　「生贄」とも
【菊】きく
献歳菊　ふくじゅそう　「福寿草・側金盞花」とも。多年草

六月菊　みやまよめな　［深山嫁菜］とも。多年草

×［雉］　きじ

雉子　きじ　［きぎす］［雉］とも。日本特産の鳥

小雉尾草　たちしのぶ　［立葱］とも。多年草

［吉］　キチ・キツ

吉方　えほう　［恵方］とも。吉祥の方位

吉丁虫　たまむし　［玉虫］とも。美しい光沢のある昆虫

吉備団子　きびだんご　岡山名物の菓子

吉詞　よごと　［寿詞］とも。祝いのことば

吉利支丹　キリシタン　［切支丹］とも

成吉思汗　ジンギスカン　［チンギスハン］とも

日吉神社　ひえじんじゃ　［日枝］とも。全国各地にある神社

英吉利　イギリス　国名

吉良　きら　愛知県にある町名

吉川　よかわ　兵庫県にあった町名

吉田　よしだ　姓氏の一

×［乞］　キツ・コツ　こ（う）

乞巧奠　きこうでん　織女・牽牛をまつる行事

乞食　こじき　仏教では［こつじき］

×［吃］　キツ　ども（る）

吃逆　しゃっくり　［噦］とも

吃驚　びっくり　［喫驚］とも。「―仰天」

△［桔］　キツ・ケツ

桔梗　ききょう　多年草。秋の七草の一

［詰］　キツ　つ（める）・つ（まる）・つ（む）

詰る　なじる　「ミスを―」

［喫］　キツ

喫驚　びっくり　［吃驚］とも。「―仰天」

×［狐］　コ　きつね

狐狗狸　こっくり　お盆を用いる占いの一

狐臭　わきが　［腋臭］とも。わきの下が悪臭を発する病

△［茸］　きのこ・たけ

木茸　きくらげ　［木耳］とも。食用キノコの一

王茸　しめじ　［湿地・占地］とも。食用キノコの一

鹿茸　ふくろづの　［袋角］とも。鹿の角の生えはじめのこぶ

×［黍］　きび

玉蜀黍　とうもろこし　一年生作物

［却］　キャク

却って　かえって　［反って］とも

［客］　キャク・カク

食客　いそうろう　［しょっかく］［居候］とも

侠客　おとこだて　［男達・男伊達］とも

客人　まろうど　［賓客］とも。お客の古語

［脚］　キャク・キャ　あし

脚　きゃ　「―絆」「―立」「行―（ぎゃ）」

脚結　あゆい　[足結]とも。はかまを膝の下で結んだ紐

鴨脚樹　いちょう　[銀杏・公孫樹]とも。落葉高木

脚気　かっけ　ビタミン欠乏による病気

独脚蜂　きばち　[樹蜂]とも。ハチの一種

脚巾　はばき　[脛巾・脛衣・行纏]とも。旅のときすねにまくもの

鉄脚梨　ぼけ　[木瓜・放春花]とも。落葉低木

鴨脚草　ゆきのした　[雪下・虎耳草・金糸荷]とも。多年草

[逆]　ギャク　さか・さか(らう)

逆鱗　げきりん　「—にふれる」

吃逆　しゃっくり　[噦]とも

逆上せる　のぼせる　頭に血が上がる

真逆　まさか　[目前]とも。「—のとき」

[九]　キュウ・ク　ここの・ここの(つ)

九十九髪　つくもがみ　[江浦草髪]とも。老女の白髪のこと

九十九折　つづらおり　[葛折]とも。曲りくねった坂道

九月　ながつき　[長月]とも。陰暦九月の異称

九　ちかし　名前の一。足達九(医師)

九　ひさし　名前の一。大島(坂本)九(歌手)

[久]　キュウ・ク　ひさ(しい)

久　く　「—遠(おん)」

永久　とこしえ　[とこ・とわ・とこしなえ][常・長・鎮]とも

雨久花　みずあおい　[水葵]とも。水生多年草

久　なが　名前の一。西口久士(会社役員)

[及]　キュウ　およ(び)・およ(ぶ)・およ(ぼす)

白及　しらん　[紫蘭・朱蘭]とも。ランの一種

及己　ふたりしずか　[二人静]とも。多年草

埃及　エジプト　国名

及川　おいかわ　[いいかわ・およかわ・およがわ]とも。姓氏の一

[弓]　キュウ　ゆみ

弓筈　ゆはず　弓の両端の弦をかけるところ

弓手　ゆんで　[左手]とも。左の手

×**[仇]**　キュウ　あだ

仇気無い　あどけない　無邪気。おさない

仇　かたき　[敵]とも。「親の—」

[丘]　キュウ　おか

比丘尼　びくに　尼僧

[旧]　キュウ

旧事紀　くじき　史書。全十巻

旧い　ふるい　[古い]とも

[休]　キュウ　やす(む)・やす(まる)・やす(める)

閑話休題　それはさておき

△**[臼]**　キュウ　うす

鳥臼　なんきんはぜ　[南京櫨]とも。落葉高木

[求]　キュウ　もと(める)

求肥　ぎゅうひ　[牛皮]とも。菓子の一

欣求　ごんぐ　仏教用語。「—浄土」

△［灸］　キュウ

灸　やいと　おきゅう

△［玖］　キュウ

玖馬　キューバ　国名

［究］　キュウ　きわ(める)

究竟　くきょう　［くっきょう］とも。ものごとの終局

［急］　キュウ　いそ(ぐ)

急度　きっと　［屹度］とも。必ず。たしかに

急須　きびしょ　［きゅうす］とも。茶を入れる道具

急く　せく　「気が—」

急就草　つわぶき　［石蕗・槖吾］とも。多年草

［級］　キュウ

首級　しるし　［しゅきゅう］［首］とも。敵将の首

更級　さらしな　長野県にある地名

［糾］　キュウ

糾う　あざなう　縄などをよる。なう

糾す　ただす　問いただす

［宮］　キュウ・グウ・ク　みや

守宮　やもり　［家守・壁虎］とも。トカゲの類

［救］　キュウ　すく(う)

救世観音　ぐぜかんのん　［くせ］とも。仏像彫刻の一

△［毬］　キュウ　まり

毛毬　いが　「毬・栗毬」とも。「クリの—」

毬栗　いがぐり　［毛毬栗］とも。「—頭」

毬　かさ　「松—」

三毬杖　さぎちょう　［左義長］とも。正月十五日の年中行事

手毬　てまり　［手鞠］とも。玩具の一

松毬　まつぼっくり　［松傘］［まつかさ］とも。松の実

［球］　キュウ　たま

曲球　カーブ　野球用語

籠球　バスケットボール

卓球　ピンポン

蹴球　フットボール

球磨川　くまがわ　熊本県にある川名

［給］　キュウ

給う　たまう　［賜う］とも。「与える」の尊敬語

［牛］　ギュウ　うし

牛膝　いのこずち　多年草

蝸牛　かたつむり　軟体動物

天牛　かみきりむし　［髪切虫］とも。昆虫

牛車　ぎっしゃ　牛が引く貴人の車

牛黄　ごおう　牛の腸・肝・胆にできる一種の玉

金牛児　こがねむし　［黄金虫・金亀虫・金亀子］とも。昆虫

牛尾魚　こち　［鯒］とも。海魚

牛蒡 ごぼう 野菜
牛尾菜 しおで つる性多年草
牛麦 なでしこ 「撫子・瞿麦」とも。多年草
牛酪 バター 乳製品の一
牽牛星 ひこぼし 「彦星」とも。鷲座の首星。↕織女星
海牛 ふぐ 「河豚・鰒」とも。海魚
牛皮凍 へくそかずら 「屁糞葛・女青」とも。つる性多年草
紫金牛 やぶこうじ 「藪柑子」とも。常緑小低木
牛津 オックスフォード イギリスの大学の一。↕剣橋(ケンブリッジ)

［巨］ キョ

巨細 こさい 大きいことと小さいこと
巨頭鯨 ごんどうくじら クジラの一種
巨椋池 おぐらのいけ むかし京都にあった池

［去］ キョ・コ さ(る)

去来 いざ 「—行かん」
去なす いなす 「往なす」とも。軽くあしらう

［居］ キョ い(る)

安居 あんご 僧の修行の一。「夏—」「冬—」
居る おる 「いる」とも
居士 こじ 「一言—」
寄居虫 やどかり 甲殻類の一
棟居 むねすえ 「むなすえ・むない・むねい」とも。姓氏の一

［拠］ キョ・コ

拠 こ 「証—」
拠る よる 「因る・依る」とも
拠所無い よんどころない

×［炬］ キョ

炬燵 こたつ 「巨燵・火燵」とも
炬火 たいまつ 「松明・松火・焼松」とも

［挙］ キョ あ(げる)・あ(がる)

挙って こぞって 「—参加する」
挙尾虫 しりあげむし 昆虫
出挙 すいこ 上代の利子付き貸付制度

［虚］ キョ・コ

虚 こ 「—空」「—無僧」
虚者 うつけもの 「空者」とも。おろか者
虚 うつろ 「空」「うろ・から」とも
虚抜く うろぬく 「疎抜く」とも。間引く
虚しい むなしい 「空しい」とも

［許］ キョ ゆる(す)

許多 あまた 「数多」とも。たくさん
許婚 いいなずけ 「許嫁」とも。フィアンセ
幾許 いくばく 「幾何」とも。なにほど
許り ばかり 「十人—の人」
許 もと 「親—」「国—」「足—」

許斐 このみ 姓氏の一

×**[渠]** キョ

船渠 ドック 船の建造や修理をする所

[距] キョ

距 けづめ [蹴爪]とも。鶏の後足の爪

距る へだたる [隔る]とも。はなれる

[魚] ギョ さかな・うお

青沙魚 あいざめ [藍鮫]とも。海魚

相嘗魚 あいなめ [鮎並・鮎魚女]とも。海魚

紅魚 あかえい [赤鱏]とも。海魚

赤魚鯛 あこうだい [阿候鯛]とも。海魚

天魚 あまご 淡水魚。ヤマメの異称

方頭魚 あまだい [甘鯛]とも。海魚

方頭魚 かながしら [火魚]とも。海魚

香魚 あゆ [鮎・年魚・記月魚]とも。淡水魚

敏魚 あら [鯍]とも。海魚

洗魚 あらい [洗鱠]とも。「コイの―」

章花魚 いいだこ [飯蛸・望潮魚]とも。タコの一

墨魚 いか [烏賊]とも。軟体動物

玉筋魚 いかなご [如何児・梭魚子]とも。海魚

鶏魚 いさき [伊佐木]とも。海魚

勇魚 いさな クジラの古名

石斑魚 いしぶし [石伏・杜父魚]とも。淡水魚のカジカの異称

石斑魚 うぐい [鯎]とも。海魚

石首魚 いしもち 海魚

糸魚 いとよ [棘魚]とも。淡水魚

金線魚 いとよりだい [糸搓鯛・金糸魚・紅魚]とも。海魚

岩魚 いわな [嘉魚]とも。淡水魚

泉海魚 うなぎ [鰻]とも。魚

海鶏魚 えい [鷂]とも。海魚

狗母魚 えそ [鱛]とも。海魚

沖魚汁 おきなじる とりたての魚汁

虎魚 おこぜ [鰧]とも。海魚

寿仙魚 かがみだい [鏡鯛]とも。海魚

杜父魚 かじか [鰍]とも。淡水魚

旗魚 かじき [梶木・羽魚]とも。海魚

堅魚 かつお [鰹・松魚]とも。海魚

火魚 かながしら [方頭魚]とも。海魚

梭魚 かます [梭子魚]とも。海魚

蒲魚 かまとと うぶのように見せかけること

魚狗 かわせみ [川蟬・翡翠]とも。水辺の鳥

鶏魚 きす [鱚・鼠頭魚]とも。海魚

剣魚 ぎんざめ [銀鮫]とも。海魚

魚児牡丹 けまんそう [華鬘草]とも。多年草

牛尾魚 こち [鯒]とも。海魚

氷下魚 こまい 海魚
石桂魚 さけ ［鮭］［しゃけ］とも。海魚
雑魚 ざこ こざかな。「―寝」
青花魚 さば ［鯖・青魚］とも。海魚
針魚 さより ［細魚・水針魚・鱵］とも。海魚
馬鮫魚 さわら ［鰆］とも。海魚
秋刀魚 さんま ［三摩・青串魚］とも。海魚
鬼頭魚 しいら ［鱰・寄魚・金山・勒魚］とも。海魚
柳葉魚 ししゃも 北海道産の海魚
鞋底魚 したびらめ ［舌平目・舌鮃］とも。海魚
麻魚 しびれえい ［痺鱏］とも。海魚。電気を発する
紙魚 しみ ［衣魚・白魚・蠹魚］とも。書籍などを食う虫
犁頭魚 しゅもくざめ ［撞木鮫］とも。サメの一種
松江魚 すずき ［鱸・紫鰓魚］とも。海魚
小蛸魚 するめ ［鯣］とも。イカを乾した食品

柔魚 するめいか ［鯣烏賊］とも。イカの一種
章魚 たこ ［蛸］とも。軟体動物
白帯魚 たちうお ［太刀魚］とも。海魚
大口魚 たら ［鱈］とも。海魚
鱘魚 ちょうざめ 海魚。キャビアをとる
燕魚 とびえい ［鳶鱏］とも。海魚
富魚 とみよ 淡水魚
魚子 ななこ ［斜子］とも。彫金の技法。織物の一
白魚 にごい ［似鯉］とも。コイに似た淡水魚
青魚 にしん ［鯡・鰊］とも。海魚
魚膠 にべ 魚から製したにかわの一
沙魚 はぜ ［鯊・蝦虎魚］とも。海魚
雷魚 はたはた ［鰰・燭魚］とも。海魚
魚虎 はりせんぼん ［針千本］とも。海魚
氷魚 ひお ［ひうお］［銀魚］とも。アユの稚魚

魚籠 びく 釣った魚を入れる物
曹白魚 ひら 海魚
比目魚 ひらめ ［平目・鮃］とも。海魚
酔魚草 ふじうつぎ ［藤空木］とも。有毒の落葉小低木
金鎗魚 まぐろ ［鮪］とも。海魚
翻車魚 まんぼう 大型の海魚
赤目魚 めなだ 海魚
明太魚 めんたい スケトウダラの別名
魚叉 やす ［魚扠］とも。魚を刺してとる道具
槍柔魚 やりいか ［槍烏賊］とも。イカの一種
黄鯝魚 わたか ［腸香］とも。淡水魚
烏魚木基 ウルムチ 中国の省都の一
糸魚川 いといがわ 新潟県にある市名
魚返 おがえり ［うおがえし・うかえり・おかえり］とも。姓氏の一

［御］ ギョ・ゴ おん

御 お 「―礼」「―写真」
御 み 「―仏」「―代」
[漁] ギョ・リョウ
漁る あさる 「買い―」
漁火 いさりび 魚を集めるための火
漁る すなどる [いさる]とも。魚や貝をとること
[凶] キョウ
凶会 くえ 陰陽道で災いの起こること
[叫] キョウ さけ(ぶ)
雄叫び おたけび 勇ましい叫び声
叫天子 ひばり [雲雀・叫天雀・告天子]とも。小鳥
叫く わめく [喚く]とも。さけぶ。騒ぐ
△[杏] キョウ
杏子 あんず [杏]とも。落葉高木。実は食用
銀杏 いちょう [ぎんなん][公孫樹・鴨脚樹]とも。落葉高木

杏葉 ぎょうよう 紋所の一。馬具の飾り
杏 あん 名前の一。小堀杏奴(随筆家)
[狂] キョウ くる(う)・くる(おしい)
狂花 あだばな [徒花]とも。季節はずれに咲く花
色狂 いろきちがい
狂言 たわごと [戯言]とも。「―を言うな」
狂れる ふれる 「気が―」
狂詩曲 ラプソディー [狂想曲]とも
[享] キョウ
享ける うける 「この世に生を―」
享 とおる 名前の一。清水享(社長)
[京] キョウ・ケイ
京 みやこ 「―振り」
南京豆 なんきんまめ 落下生。ピーナッツ
京都 みやこ 福岡県にある郡名

京 たかし 名前の一。佐藤京(医師)
[供] キョウ・ク そな(える)・とも
供奉 ぐぶ 貴人の行列のお供をすること
供養 たむけ [手向]とも。仏に供物をそなえること
人身御供 ひとみごくう いけにえとなる人
×[怯] キョウ
怯える おびえる 「影に―」
怯む ひるむ 「大軍の敵に―」
[況] キョウ
況や いわんや 言うまでもなく
況して まして なおさら
△[侠] キョウ
御侠 おきゃん おてんば。「―な娘」
侠気 おとこぎ 義侠心に富んだ気性
侠客 おとこだて [男達・男伊達]とも

【狭】 キョウ せま(い)・せば(める)・せば(まる)

狭霧 さぎり 霧の雅語

狭匙 せっかい 物をかき落とす道具

狭間 はざま [迫間]とも。物と物の間の狭い所

【恭】 キョウ うやうや(しい)

恭仁京 くにのみやこ 古代の都の一

恭 やす 名前の一。末広恭雄(大学教授)

【恐】 キョウ おそ(れる)・おそ(ろしい)

恐惶 あなかしこ [穴賢]とも。手紙用語

恐い こわい [怖い]とも。「—顔」

【強】 キョウ・ゴウ つよ・つよ(い)・つよ(まる)・し(いる)

強ち あながち 必ずしも。「—悪くない」

強い こわい 「手—相手」

強か したたか [健か]とも。手ごわい

強者 つわもの 勇ましい武人

強請 ゆすり 「—たかり」

強 つよし 名前の一。大谷強(公務員)

【×莢】 キョウ さや

皀莢 さいかち [西海子]とも。落葉高木

【郷】 キョウ・ゴウ

郷 ごう 「近—」「—士」「—社」

郷里 くに きょうり。ふるさと。「—へ帰る」

郷 さと [里]とも。「故—」「—心」

【橋】 キョウ はし

艦橋 ブリッジ [船橋]とも

剣橋 ケンブリッジ イギリスの大学の一。↔牛津

松橋 まつばせ 熊本県にあった町名

【△蕎】 キョウ

蕎麦葉貝母 うばゆり [姥百合]とも。多年草

蕎麦 そば ↔うどん

【鏡】 キョウ かがみ

眼鏡 めがね

【競】 キョウ・ケイ きそ(う)・せ(る)

押競饅頭 おしくらまんじゅう

競う きおう はりあう。きそう

競べる くらべる 力をくらべる。競争する

競 せり 「—にかける」

【響】 キョウ ひび(く)

響尾蛇 がらがらへび 毒ヘビの一

響銅 さはり 銅・鉛・錫の合金。鏡・楽器などを作る

玉響 たまゆら 古語でかすかに。しばし

響動く どよめく 音が鳴りひびく

【驚】 キョウ おどろ(く)・おどろ(かす)

鹿驚 かかし [案山子]とも

驚破 すわ 「—一大事」

吃驚 びっくり ［喫驚］とも。「―仰天」

［仰］ ギョウ・コウ　あお(ぐ)・おお(せ)

仰く あおのく　あおむけになる

仰有る おっしゃる　［仰る］とも。「言う」の尊敬語

仰反る のけぞる　後にそりかえる

仰 のっけ　はなから。「―から」

仰木 おおぎ　［おうぎ・おぎ］とも。姓氏の一

［暁］ ギョウ　あかつき

没分暁漢 わからずや

暁 さとし　名前の一。長谷暁（会社役員）

［業］ ギョウ・ゴウ　わざ

業平竹 なりひらだけ　竹の一種

生業 なりわい　家業。渡世

夜業 よなべ　［夜鍋］とも。夜の仕事

業 つとむ　名前の一。井上業（社長）

［凝］ ギョウ　こ(る)・こ(らす)

凝 しこり　筋肉がこり固まる

凝と じっと　「―見つめる」

太凝菜 てんぐさ　［心太草・石花菜］［ところてんぐさ］とも。海藻

煮凝 にこごり　魚の煮汁が寒気で凍ったもの

混凝土 コンクリート　「鉄筋―」

［曲］ キョク　ま(がる)・ま(げる)

曲尺 かねじゃく　［矩尺］とも。直角に曲がったものさし

曲者 くせもの　怪しい者

曲輪 くるわ　［郭・廓］とも。遊郭

曲水 ごくすい　［きょくすい］とも。「―の宴」

曲見 しゃくみ　能面の一

委曲 つばら　非常にくわしいさま

曲玉 まがたま　［勾玉］とも。古代の装身具

曲球 カーブ　野球用語

小夜曲 セレナーデ

狂詩曲 ラプソディー　［狂想曲］とも

千曲川 ちくまがわ　長野県にある川名

曲垣 まがき　姓氏の一

［局］ キョク

局 つぼね　女官の住む私室。「春日―」

美人局 つつもたせ　なれ合いで姦通した男をゆすること

［極］ キョク・ゴク　きわ(める)・きわ(まる)・きわ(み)

極める きめる　［決める］とも

四極 しわす　［極月・師走］とも。陰暦十二月の異称

極光 オーロラ

極 いたる　名前の一。柿村極（大学講師）

［玉］ ギョク　たま

玉筋魚 いかなご　［如何児・梭魚子］とも。海魚

鷺毛玉鳳花 さぎそう　［鷺草］とも。多年草

玉蘂 さわふじ ［沢藤］とも。常緑高木
玉蕈 しめじ ［湿地・占地］とも。食用キノコの一
洋玉蘭 たいさんぼく ［泰山木］とも。常緑高木
玉珧 たいらぎ 海産二枚貝
玉環菜 ちょろぎ ［草石蚕］とも。多年草。根は食用
玉螺 つめたがい ［乾螺］とも。海産巻貝
玉蜀黍 とうもろこし 一年生の作物
玉鈴花 はくうんぼく ［白雲木］とも。落葉高木
玉蘭 はくもくれん ［白木蓮］とも。落葉高木
玉蟬花 はなしょうぶ ［花菖蒲］とも。多年草
玉燕 ひおうぎ ［檜扇・射干］とも。多年草
玉柏 まんねんすぎ ［万年杉・万年松・千年柏］とも。シダの一種
青玉 サファイア 青色の宝石
紅玉 ルビー 赤い色の宝石

△**［桐］** トウ きり

梧桐子 あおぎり ［青桐・青梧桐・梧桐］とも。落葉高木
臭梧桐 くさぎ ［臭木・海州常山］とも。落葉低木
海桐花 とべら 海辺の常緑低木

△**［巾］** キン はば

黒巾 くろご ［黒子］とも。操り人形づかい
脛巾 はばき ［脛衣・脚巾・行纏］とも。旅のときすねにまくもの
領巾 ひれ むかしの女性の服飾の一
手巾 ハンカチ ［ハンケチ］とも

［斤］ キン

一斤染 いっこんぞめ 染色の一
英斤 ポンド ［封度］とも。貨幣と重さの単位

［均］ キン

均す ならす 「地面を―」
灰均し はいならし 火鉢の灰をかくもの
均しい ひとしい ［等しい・斉しい］とも
均 ひとし 名前の一。芦田均（首相）

［近］ キン ちか（い）

遠近 おちこち 遠い所と近い所。あちらこちら
近衛 このえ 「―府」「―兵」
近江 おうみ 旧国名。滋賀県
近藤 こんどう 姓氏の一

△**［欣］** キン よろこ（ぶ）

欣求 ごんぐ 仏教用語。「―浄土」
欣 よし 名前の一。山本欣子（団体役員）

［金］ キン・コン かね・かな

金糸魚 いとよりだい ［糸撚鯛・金線魚・紅魚］とも。海魚
金雀枝 えにしだ ［金雀児］とも。常緑低木
金沸草 おぐるま ［小車・旋覆花・滴滴金］とも。多年草
金襖子 かじか ［河鹿］とも。カエルの一種
海金砂 かにくさ ［蟹草］とも。多年草。別名ツルシノブ

百両金　からたちばな　〔唐橘〕とも。常緑低木

金花　きびたき　〔黄鶲〕とも。美しい羽色の小鳥

金瘡小草　きらんそう　多年草

金海鼠　きんこ　〔光参〕とも。ナマコの一種。食用

金松　こうやまき　〔高野槇・傘松〕とも。常緑高木

金亀子　こがねむし　〔黄金虫・金牛児・金亀虫〕とも。昆虫

金漆　こしあぶら　落葉高木。うるしの一種

金山　しいら　〔鱰・寄魚・鬼頭魚・勒魚〕とも。海魚

雪隠金亀子　せんちこがね　昆虫

金栗蘭　ちゃらん　〔茶蘭〕とも。常緑低木

桃金孃　てんにんか　〔天人花〕とも。常緑低木

金線蛙　とのさまがえる　〔殿様蛙〕とも。カエルの一種

金蓮花　のうぜんはれん　〔凌霄葉蓮〕とも。一年草

千金藤　はすのはかずら　〔蓮葉葛〕とも。つる性多年草

金英草　はなびしそう　〔花菱草〕とも。一年草

金萱　ひめかんぞう　〔姫萱草〕とも。多年草

金糸桃　びようやなぎ　〔未央柳〕とも。低木

金翅雀　ひわ　小鳥。マヒワの異称

側金盞花　ふくじゅそう　〔福寿草・献歳菊〕とも。多年草

金鎗魚　まぐろ　〔鮪〕とも。海魚

金縷梅　まんさく　〔万作〕とも。落葉低木

金線草　みずひきそう　〔水引草・毛蓼〕とも。多年草

八角金盤　やつで　〔八手・金剛纂〕とも。常緑低木

紫金牛　やぶこうじ　〔藪柑子〕とも。常緑小低木

金糸荷　ゆきのした　〔雪下・鴨脚草・虎耳草〕とも。多年草

金糸雀　カナリア　〔金雀・時戻雀〕とも。小鳥

金剛石　ダイヤモンド

鬱金香　チューリップ　多年草

金字塔　ピラミッド

鍍金　メッキ　〔滅金〕とも

金門峡　ゴールデンゲイト　サンフランシスコ湾にある海峡名

金刀比羅宮　ことひらぐう　〔こんぴら〕とも。神社名

金浦　このうら　秋田県にあった町名

〔菌〕　キン

菌　きのこ　〔茸〕とも

青頭菌　はつたけ　〔初茸〕とも。食用キノコの一

〔勤〕　キン・ゴン　つと(める)・つと(まる)

勤　ごん　「—行」「恪(かく)—」

勤しむ　いそしむ　「家業に—」

〔琴〕　キン　こと

和琴　わごん　日本固有の弦楽器

手風琴　アコーデオン　楽器

自鳴琴　オルゴール

提琴　バイオリン　楽器

口風琴　ハーモニカ　楽器

洋琴　ピアノ　楽器

［筋］　キン　すじ

玉筋魚　いかなご　海魚　［如何児・梭魚子］とも。

狗筋蔓　なんばんはこべ　［南蛮繁縷］とも。多年草

翻筋斗打つ　もんどりうつ　とんぼがえり

［禁］　キン

呪禁　じゅごん　まじないで物の怪をはらうこと

禁厭　まじない　［呪］とも

×［槿］　キン

木槿　むくげ　落葉低木

黄槿　はまぼう　落葉低木

△［錦］　キン　にしき

錦葵　ぜにあおい　［銭葵］とも。越年草

地錦　つた　［蔦］とも。つる性多年草

錦帯花　はこねうつぎ　［箱根空木］とも。落葉低木

錦被花　ひなげし　［雛罌粟・美人草・虞美人草・麗春花］とも

錦　かね　名前の一。加藤錦房（会社役員）

［襟］　キン　えり

高襟　ハイカラ　↔蛮カラ

［銀］　ギン

銀河　あまのがわ　［天河・天川・天漢・銀漢］とも

銀杏　いちょう　［ぎんなん］［公孫樹・鴨脚樹］とも。落葉高木

銀魚　しらうお　［白魚・鱠残魚］とも。体が半透明の魚

銀　しろがね　［白銀］とも。ぎん

く

［区］　ク

区区　まちまち　個々別々

×［狗］　ク・コウ　いぬ

狗母魚　えそ　［鱛］とも。海魚

狗尾草　えのころぐさ　一年草

魚狗　かわせみ　［川蟬・翡翠］とも。水辺の鳥

狗舌草　さわおぐるま　［沢小車］とも。多年草

狗筋蔓　なんばんはこべ　［南蛮繁縷］とも。つる性多年草

狗花椒　ふゆざんしょう　［冬山椒・竹葉椒］とも。落葉低木

［苦］　ク　くる（しい）・くる（しむ）・にが（い）

苦苣苔　いわたばこ　［岩煙草］とも。多年草。別名イワジシャ

苦参　くらら　多年草

苦楝樹　にがき　［苦木］とも。落葉小高木

苦汁　にがり　［苦塩］とも。海水に含まれる苦味のある液

苦菜　のげし　［野芥子］とも。一年草

苦竹　まだけ　［にがたけ］［真竹］とも。タケの一種

苦低草　めはじき　［益母草］とも。多年草。別名ヤクモソウ

△［矩］　ク　のり

矩尺　かねじゃく　［曲尺］とも。直角に曲がったものさし
矩　ただし　名前の一。松浦矩

［具］　グ
玩具　おもちゃ　［がんぐ］とも
鉸具　かこ　バンドのびじょう
具わる　そなわる　［備わる］とも
具に　つぶさに　［備に］とも。こまかに。くわしく
具　つま　［妻］とも。「さしみの—」
香具師　やし　［野四］とも。てきや
具平　ともひら　姓氏の一

△［倶］　グ・ク
倶に　ともに　「—天を戴かず」
倶楽部　クラブ　「囲碁—」

［虞］　グ　おそれ
虞れる　おそれる　うれえる
虞美人草　ひなげし　［雛罌粟・美人草・麗春花・錦被花］
虞利設林　グリセリン

［空］　クウ　そら・あ(く)・あ(ける)・から
空木　うつぎ　［卯木］とも。落葉低木
空者　うつけもの　［虚者］とも。ばか者。ぼんやり者
空穂　うつぼ　［靫・羽壺］とも。矢を盛る用具
空　うろ　［虚］［うつろ］とも。ほらあな
空く　すく　「腹が—」「電車が—」
空しい　むなしい　［虚しい］とも

△［喰］　く(う)・くら(う)
馬喰　ばくろう　［博労・伯楽］とも。馬を売買する人

［偶］　グウ
偶　たまたま　［偶偶・遇］とも。偶然に
偶に　たまに　まれに
木偶の坊　でくのぼう　役にたたない者

［遇］　グウ
遇う　あう　「事故に—」
遇　たまたま　［偶］とも。偶然に

△［串］　くし
青串魚　さんま　［秋刀魚・三摩］とも。海魚

［屈］　クツ
屈む　かがむ　［こごむ］とも
白屈菜　くさのおう　多年草
千屈菜　みそはぎ　多年草

△［熊］　ユウ　くま
熊川　こもがい　陶器用語。高麗茶碗の一
熊野権現　ゆやごんげん　熊野神社
熊猫　パンダ　中国特産のけもの
朝熊山　あさまやま　三重県にある山で頂上に朝熊神社がある

△［栗］　リツ　くり

栗毬　いが　「毛毬・毬」とも
海栗　うに　「海胆」とも。食品は「雲丹」
金栗蘭　ちゃらん　「茶蘭」とも。常緑低木
栗鼠　りす　小型の哺乳動物
栗栖　くるす　姓氏の一

［君］　クン　きみ
浮君　うかれめ　「浮女・遊女」とも。ゆうじょ
君遷子　しなのがき　「信濃柿」「さるがき」とも。柿の一種

［訓］　クン
訓える　おしえる　説き聞かせる
庭訓　ていきん　家庭の教訓
訓む　よむ　漢字を訓読すること
乙訓　おとくに　京都府にある郡名

［薫］　クン　かお(る)
薫く　たく　「香を―」
薫る　くゆる　「燻る」とも
薫　ただ　名前の一。山中薫雄（会社役員）

×**［燻］**　クン
燻す　いぶす　「蚊やりを―」
燻る　くすぶる　「たき火が―」
燻らす　くゆらす　「薫らす」とも。「たばこを―」
燻べる　ふすべる　いぶす

［軍］　グン
軍　いくさ　「戦」とも。たたかい
軍鶏　しゃも　闘鶏用のニワトリ

［郡］　グン
郡　こおり　むかしの行政区画。「―奉行」
郡上　ぐじょう　岐阜県にある市名
郡家　こうげ　鳥取県にあった町名

け

×**［卦］**　ケ
卦体　けったい　「希代・稀代・怪態」とも。「―な人やねえ」

［兄］　ケイ・キョウ　あに
兄ちゃん　あんちゃん
従兄弟　いとこ　「従兄・従弟・従姉妹」とも
兄　せ　「夫・背」とも。古語で女が男を親しんでいう語
兄さん　にいさん
再従兄弟　はとこ　「再従姉妹」とも

［刑］　ケイ
刑部省　ぎょうぶしょう　むかしの役所の一

［形］　ケイ・ギョウ　かたち・かた
女形　おやま　女の役をする男優

形 なり ［態］とも。「―ふりかまわず」

［径］ ケイ

小径 こみち ［小道］とも

径山寺味噌 きんざんじみそ ［金山寺］とも。味噌の一

［茎］ ケイ くき

芋茎 ずいき サトイモの茎。食用にする

茎 なかご 刀の作者銘のある部分

［係］ ケイ かか(る)・かかり

係う かかずらう ［拘う］とも。かかりあう。関係する

係蹄 わな ［罠］とも。「―をかける」

［型］ ケイ かた

型録 カタログ 商品目録

［契］ ケイ ちぎ(る)

印契 いんげい 仏像が指で結ぶ印

契丹 キッタン モンゴルの遊牧民族

［計］ ケイ はか(る)・はか(らう)

計里 けり ［鳧］とも。小鳥

活計 たつき ［方便］とも。生活の手段

計り ばかり ［許り］とも。「すこし―」

加計 かけ 広島県にあった町名

計 かずえ 名前の一。黒沢計(公務員)

△［桂］ ケイ かつら

巖桂 きんもくせい ［金木犀］とも。常緑高木

石桂魚 さけ ［鮭］［しゃけ］とも。海魚

田桂 しこくびえ ［四国稗・竜爪稗］とも。多年草

［啓］ ケイ

啓く ひらく 「心を―」「蒙を―」

啓 さとる 名前の一。藤島啓(会社役員)

啓 ひろし 名前の一。日高啓(社長)

×［脛］ ケイ すね

脛巾 はばき ［脛衣・脚巾・行纏］とも。旅のときすねにまくもの

腓脛 ふくらはぎ すねのうしろ側の部分

×［畦］ ケイ

畦 あぜ ［畔］［うね］とも。「―道」

［経］ ケイ・キョウ へ(る)

経緯 いきさつ ［けいい］とも

看経 かんきん お経を黙読する。↕読経

経つ たつ 「あれから十年―」

経糸 たていと ↕緯糸(よこいと)

経 つね 名前の一。桑原経重(評論家)

［敬］ ケイ うやま(う)

愛敬 あいきょう ［愛嬌］とも。「―をふりまく」

敬 たか 名前の一。滝沢敬夫(大学教授)

［景］ ケイ

景色 けしき 「すばらしい―」

景天　べんけいそう　「弁慶草」とも。多年草
景山　かげやま　姓氏の一
景　あきら　名前の一。赤司景（大学講師）
[軽]　ケイ　かる(い)・かろ(やか)
軽骨　きょうこつ　「軽忽」とも。軽視。軽率
剽軽　ひょうきん　「—者」
軽衫　カルサン　旅装に用いられた袴の一
[傾]　ケイ　かたむ(く)・かたむ(ける)
傾げる　かしげる　「首を—」
傾げる　かたげる　かたむかせる
傾く　かぶく　かたむく。異様な身なりをする
傾れ込む　なだれこむ
[継]　ケイ　つ(ぐ)
継色紙　つぎしきし　古筆切
継母　ままはは　↔継子

[慶]　ケイ
元慶　がんぎょう　年号
慶ぶ　よろこぶ　「結婚を—」
慶　よし　名前の一。七字慶紀（大学教授）
×[頸]　ケイ　くび
頸窩　ぼんのくぼ　「盆窪」とも。うなじの中央のくぼんだ所
[警]　ケイ
警め　いましめ　さとす。注意する
警策　きょうさく　座禅のとき用いる棒状の板
[鶏]　ケイ　にわとり
花鶏　あとり　「獦子鳥」とも。小鳥
花鶏　きくいただき　「菊戴」とも。小鳥
鶏魚　いさき　「伊佐木」とも。海魚
鶏魚　きす　「鱚・鼠頭魚」とも。海魚
尾長鶏　おながどり　ニワトリの一品種

鶏冠木　かえで　「楓・蛙手」とも。落葉高木
黄鶏　かしわ　ニワトリの肉
水鶏　くいな　「秧鶏」とも。水辺の鳥
白露鶏　しちめんちょう　「七面鳥・吐綬鶏」とも。食肉用の鳥
軍鶏　しゃも　闘鶏用のニワトリ
鶏麻　しろやまぶき　「白山吹」とも。落葉小低木
矮鶏　ちゃぼ　ニワトリの一品種
鶏冠　とさか　「鳥冠」とも。鶏などの頭部にある冠状の突起
鶏盲　とりめ　「鳥目・夜盲」とも。眼病の一
鶏腸草　はこべ　「蘩蔞」とも。多年草
珠鶏　ほろほろちょう　ニワトリに似た鳥
鶏眼草　やはずそう　「矢筈草」とも。一年草。牧草
鶏桑　やまぐわ　「山桑」とも。落葉高木。桑の原種
鶏児腸　よめな　「嫁菜」とも。多年草
×[睨]　ゲイ　にら(む)

睨める　ねめる　強くにらむ

[鯨]　ゲイ　くじら

鯨波　とき　[鬨]とも。「—の声」

[劇]　ゲキ

劇しい　はげしい　[激しい・烈しい]とも

[撃]　ゲキ　う(つ)

羽撃く　はばたく　「鳥が—」

[欠]　ケツ　か(ける)・か(く)

欠伸　あくび　[欠]とも

欠片　かけら　[欠]とも

[血]　ケツ　ち

地血　あかね　[茜・茜草・赤根]とも。つる性多年草

血脈　けちみゃく　法灯が受けつがれること

×[抉]　ケツ　えぐ(る)

抉る　こじる　「抉じあける」

[決]　ケツ　き(める)・き(まる)

石決明　あわび　[鮑・鰒]とも。海産巻貝

決る　さくる　掘る。「土を—」

決る　しゃくる　中央がくぼむようにすくいとる

△[頁]　ケツ

頁　ページ　「本の—」

[結]　ケツ　むす(ぶ)・ゆ(う)・ゆ(わえる)

結縁　けちえん　仏道に縁を結ぶこと

結黄　みつまた　[三椏]とも。落葉低木

結納　ゆいのう　「—金」

結麗阿曹篤　クレオソート

結城　ゆうき　姓氏の一

[月]　ゲツ・ガツ　つき

記月魚　あゆ　[鮎・香魚・年魚]とも。淡水魚

五月蝿い　うるさい

五月蝿　さばえ　五月ごろのむらがるハエ

如月　きさらぎ　[二月・更衣・衣更着]とも。陰暦二月の異称

海月　くらげ　[水母・海舌]とも。腔腸動物

月代　さかやき　近世の男子が髪をそった部分

五月雨　さみだれ　陰暦五月ごろの雨

十二月　しわす　[師走・四極・極月]とも。陰暦十二月の異称

六月雪　はくちょうげ　[白蝶花・満天星]とも。常緑小低木

六月菊　みやまよめな　[深山嫁菜]とも。多年草

三月　やよい　[弥生]とも。陰暦三月の異称

夕月夜　ゆうづくよ　「ゆうづきよ」の雅訓

蜜月　ハネムーン

×[欅]　けやき

仙毛欅　いぬぶな　[犬橅]とも。落葉高木

山毛欅　ぶな　[橅]とも。落葉高木

[件]　ケン

件　くだり　文章の一部分
件　くだん　「よって―のごとし」

［見］　ケン　み(る)・み(える)・み(せる)
見風幹　あかしで　[赤垂柳]とも。落葉高木
一見　いちげん　「―の客」
素見　ひやかし　値段を聞きながら買わないこと
見える　まみえる　お目にかかる。「相―」
不見転　みずてん　「―芸者」
風見草　ヒヤシンス　[風信子・風信草]とも。多年草

［建］　ケン・コン　た(てる)・た(つ)
建蘭　するがらん　[駿河蘭]とも。ランの一種
建水　みずこぼし　[けんすい][水翻・水覆]とも。茶道具
建部　たけべ　[たてべ・たけるべ]とも。姓氏の一
建　たける　名前の一。渡辺建(会社員)

［県］　ケン
県　あがた　大和朝廷の直轄領。「―主」
山県　やまがた　姓氏の一

［研］　ケン　と(ぐ)
研く　みがく　「技術を―」
薬研　やげん　薬種を砕くための道具

［倹］　ケン
倹しい　つましい　質素

△［倦］　ケン　う(む)
倦きる　あきる　いやになる
倦む　あぐむ　「攻め―」

［剣］　ケン　つるぎ
剣魚　ぎんざめ　[銀鮫]とも。海魚
洋剣　サーベル　西洋風の刀剣
剣橋　ケンブリッジ　イギリスの大学の一。↕牛津(オックスフォード)

△［拳］　ケン　こぶし
拳骨　げんこつ　握りこぶし
拳銃　ピストル　[短銃]とも

［健］　ケン　すこ(やか)
健気　けなげ　「―な態度」
健児　こんでい　むかし国の警固をした兵士
健か　したたか　[強か]とも。「―な男」
健か　すくよか　すこやか
健駄羅　ガンダーラ　古代インド西北部の地名
健　たける　名前の一。犬養健(大臣)

△［牽］　ケン　ひ(く)
牽牛星　ひこぼし　[彦星]とも。鷲座の首星。↕織女星

△［捲］　ケン　ま(く)
捲る　めくる　「ページを―」

△［喧］　ケン　かまびす(しい)
喧しい　やかましい　うるさい

［堅］ ケン かた(い)

堅磐 **かきわ** 堅固な岩

堅魚 **かつお** ［鰹魚・松魚］とも。海魚

米利堅 **メリケン** アメリカ。アメリカ人。「―粉」

［検］ ケン

検める **あらためる** 検査する。しらべる

検非違使 **けびいし** むかしの警察官・裁判官

不検束 **ふしだら** ［不仕鱈］とも。だらしないこと

［献］ ケン・コン

献げる **ささげる** ［捧げる］とも

献歳菊 **ふくじゅそう** ［福寿草・側金盞花］とも。多年草

［絹］ ケン きぬ

甲斐絹 **かいき** ［海気・改機］とも。甲斐の国の絹布

紅絹 **もみ** ［もみぎぬ］とも。紅で染めた絹布

［遣］ ケン つか(う)・つか(わす)

打遣 **うっちゃり** ［打棄］とも。相撲のきまり手の一

鬼遣 **おにやらい** ［追儺］とも。節分の豆まき

蚊遣 **かやり** 「―火をたく」

小遣 **こづかい** おこづかい

遣繰 **やりくり** 「家計の―」

遣る **やる** 「使いに―」。［行る］とも

遣す **よこす** 「使いの者を―」

［賢］ ケン かしこ(い)

穴賢 **あなかしこ** 手紙用語

小賢しい **こざかしい** 「―口をきく」

賢木 **さかき** ［榊・楊桐］とも。常緑小高木

賢 **さとる** 名前の一。名越賢(公務員)

賢 **たけ** 名前の一。田口賢士(大学教授)

［謙］ ケン

謙る **へりくだる** ［遜る］とも。自分をおさえてゆずる

謙 **ゆずる** 名前の一。小倉謙(大学教授)

×**［瞼］** ケン まぶた

眼瞼 **まぶた** ［目瞼・目蓋］とも

［繭］ ケン まゆ

蚕繭草 **さくらたで** ［桜蓼］とも。多年草

［顕］ ケン

顕す **あらわす** 「才能を―」

顕 **あき** 名前の一。芳川顕正(政治家)

［験］ ケン・ゲン

験 **げん** 「霊―あらたか」「修―道」

験 **しるし** 「薬の―があらわれる」

験 **ためし** 「きも―」

×**［鵑］** ケン

杜鵑 **ほととぎす** ［時鳥・子規・不如帰・蜀魂・郭公・怨鳥…］とも。鳥

黄杜鵑 **れんげつつじ** ［蓮華躑躅・老虎花］とも。落葉低木

【懸】 ケン・ケ　か(ける)・か(かる)

懸鉤子　きいちご　［木苺］とも。落葉小低木

懸魚　げぎょ　建築用語。破風の下の装飾

【鹼】 ケン

石鹼　シャボン　せっけん

【玄】 ゲン

玄人　くろうと　↕素人

玄参　ごまのはぐさ　［胡麻葉草・黒参］とも。多年草

玄鳥　つばめ　［燕・乙鳥・鳥衣］とも。渡り鳥

玄孫　やしゃご　ひまごの子

玄　はる　名前の一。田中清玄（社長）

【言】 ゲン・ゴン　い(う)・こと

無言　しじま　［静寂］とも。ものを言わない状態

言　とき　名前の一。杉谷一言（大学教授）

【限】 ゲン　かぎ(る)

限限　ぎりぎり　「―間に合う」

其限　それきり

【弦】 ゲン　つる

管弦楽　オーケストラ　［管絃楽］とも

【原】 ゲン　はら

河原　かわら　［川原］とも。かわはら

凍原　ツンドラ　「シベリアの―地帯」

西都原　さいとばる　宮崎県にある台地

×【眩】 ゲン　くら(む)

眩く　くるめく　目がまわる。あわて騒ぐ

眩い　まばゆい　［目映い］とも

眩しい　まぶしい　「太陽が―」

眩めく　めくるめく　［目眩めく］とも。目がくらむ

眩暈　めまい　［目眩］とも

【現】 ゲン　あらわ(れる)・あらわ(す)

現津神　あきつかみ　［現神・明津神］とも。天皇の尊称

現人神　あらひとがみ　天皇のこと

現世　うつしよ　この世の中

現人　うつせみ　この世の人

現　うつつ　現実。「夢か―か」

【減】 ゲン　へ(る)・へ(らす)

減込む　めりこむ　「車が砂に―」

減張　めりはり　［乙張］とも。強弱のあること

【厳】 ゲン・ゴン　おごそ(か)・きび(しい)

厳　ごん　「荘―」

厳い　いかつい　「―顔の男」

厳しい　いかめしい　威圧感があり、近づきにくい

厳原　いずはら　長崎県対馬にあった町名

厳島　いつくしま　広島県にある日本三景の一。「―神社」

厳木　きゅうらぎ　佐賀県にあった町名

巌 たかし 名前の一。増田巌(会社役員)

こ

[己] コ・キ おのれ

己惚 うぬぼれ [自惚]とも

己等 おいら [俺等]とも

己 おれ [俺]とも

己 つちのと 十干の第六番

及己 ふたりしずか [二人静]とも。多年草

[戸] コ と

破落戸 ごろつき [無頼]とも。ならず者

神戸 こうべ 兵庫県にある市名

八戸 はちのへ 青森県にある市名

坂戸 かんぜ [さかべ・さかへ・かんや]とも。姓氏の一

[古] コ ふる(い)・ふる(す)

古 いにしえ 往時。昔

反古 ほご [反故][ほぐ]とも。「約束を—にする」

市俄古 シカゴ アメリカにある都市名

通古斯 ツングース 中国東北部の民族

土耳古 トルコ 国名

×**[刳]** コ えぐ(る)

刳い えぐい [蘞い]とも。えがらっぽい

刳舟 くりぶね 丸木舟

[呼] コ よ(ぶ)

嗚呼 ああ 感嘆の声

×**[姑]** コ しゅうとめ

紅姑娘 あけび [通草・山女・丁翁・木通]とも。つる性落葉樹

山慈姑 あまな [甘菜]とも。多年草

山慈姑 かたくり [片栗・車前葉]とも。多年草

慈姑 くわい 水生多年草。球茎を食用

漆姑草 つめくさ [爪草]とも。一年草

[固] コ かた(める)・かた(まる)・かた(い)

固より もとより [素より]とも。以前から

×**[股]** コ もも・また

絞股藍 あまちゃづる [甘茶蔓]とも。多年草

四股名 しこな [醜名]とも。力士の呼び名

洋股 ズボン

[孤] コ

孤児 みなしご 親のない子

[弧] コ

弧光灯 アークとう 電灯の一種

[故] コ ゆえ

何故 なぜ [なにゆえ]とも

故郷 ふるさと [故里]とも

反故　ほご　［反古］［ほぐ］とも。「約束を―にする」

△［胡］　コ　えびす

胡坐　あぐら　［胡床］とも。「―をかく」

胡燕子　あまつばめ　［雨燕］とも。小鳥

胡豆　いわふじ　［岩藤］とも。落葉低木

胡散　うさん　「―くさい男」

胡乱　うろん　「―な目つき」

油胡蘆　えんまこおろぎ　［閻魔蟋蟀］とも。コオロギの一種

胡瓜　きゅうり　［木瓜・黄瓜］とも。野菜

胡蝶花　くさあじさい　［草紫陽花］とも。多年草

胡蜂　くまばち　［熊蜂］とも。ミツバチの一種

胡蜂　すずめばち　［雀蜂］とも。大型のハチ

胡頽子　ぐみ　［茱萸］とも。落葉低木

胡桃　くるみ　落葉高木

胡粉　ごふん　絵画に用いられる白色顔料

胡麻　ごま　一年性作物。食品

胡孫眼　さるのこしかけ　［猿腰掛］とも。キノコの一種

胡蝶草　しゃが　［胡蝶花・射干］とも。多年草

胡黄蓮　せんぶり　［千振・当薬］とも。一年草。薬用

石胡荽　ちどめぐさ　［血止草］とも。多年草

胡獱　とど　［海馬］とも。海洋の哺乳動物

胡蘿蔔　にんじん　［人参］とも。野菜

前胡　のだけ　多年草

胡枝子　はぎ　［萩］とも。多年草

胡簶　やなぐい　［ころく］とも。矢を背に負う道具

胡蝶樹　やぶてまり　［藪手毬］とも。落葉低木

［枯］　コ　か（れる）・か（らす）

擦枯　すれっからし　「―の古手」

［庫］　コ・ク

庫　く　「―裏」

庫　くら　［倉・蔵］とも

［湖］　コ　みずうみ

泥湖菜　きつねあざみ　［狐薊］とも。多年草

×［菰］　コ　まこも

蛇菰　つちとりもち　多年性の寄生植物

野菰　なんばんぎせる　［南蛮煙管］とも。一年草

紅菰　べにたけ　［紅茸］とも。毒キノコの一種

△［瑚］　コ

山珊瑚　つちあけび　［土通草］とも。多年草

［鼓］　コ　つづみ

鼓子花　ひるがお　［昼顔・旋花］とも。多年草

［五］　ゴ　いつ・いつ（つ）

五百　いお　ごひゃく

五十日　いか　ごじゅうにち。「―の祝」

五十集　いさば　漁場。魚市場

五十　いそ　ごじゅう。「—路」
五加　うこぎ　落葉低木
五月　さつき　［皐月・早月］とも。陰暦五月の異称
五月蠅い　うるさい
五月蠅　さばえ　五月ごろのむらがるハエ
五月雨　さみだれ　陰暦五月ごろの雨
南五味子　さねかずら　［美男葛］とも。つる性常緑低木
七五三飾　しめかざり　［注連飾・標飾］とも
五倍子　ふし　［附子・没食子］とも。樹木の虫こぶ
三五月　もちづき　［望月］とも。陰暦の十五夜
五爪籠　やぶからし　［藪枯］とも。つる性多年草
五　あつむ　名前の一。福永五(社長)

［午］　ゴ
午　うま　十二支の第七番
午　ひる　午前十二時

［呉］　ゴ
呉　ご　「—服」「—汁」「—越同舟」
呉れる　くれる　「おこづかいを—」

△［吾］　ゴ　われ
吾妻　あづま　［吾嬬・東］とも。畿内より東の国
槖吾　つわぶき　［石蕗・急就草］とも。多年草
吾輩　わがはい　［我輩］とも。「私」の尊大語
吾妹　わぎも　女性を親しんで呼ぶ語
吾平　あいら　鹿児島県にあった町名
吾妻　あがつま　群馬県にある郡名

［後］　ゴ・コウ　のち・うし(ろ)・あと・おく(れる)
明後日　あさって
明明後日　しあさって
後妻　うわなり　［次妻］とも。のちぞい。ごさい
後朝　きぬぎぬ　［衣衣］とも。「—の別れ」
後輪　しずわ　馬具の一。↕前輪
後　しり　うしろ。あと。「—ごみ」「—め」
後月　しつき　岡山県にあった郡名

△［梧］　ゴ
梧桐　あおぎり　［青桐・青梧桐・梧桐子］とも。落葉高木
臭梧桐　くさぎ　［臭木・海州常山］とも。落葉低木

［語］　ゴ　かた(る)・かた(らう)
私語　ささやき　［耳語・囁］とも

［護］　ゴ
護田鳥　おすめどり　サギ科の鳥のミゾゴイの別名
護る　まもる　［守る］とも
護謨　ゴム　「消し—」「—手袋」

［口］　コウ・ク　くち
大口魚　たら　［鱈］とも。海魚
猪口　ちょこ　さかずき

口風琴　ハーモニカ　楽器

［工］　コウ・ク

工合　ぐあい　［具合］とも

工　たくみ　木工職人。大工

［公］　コウ　おおやけ

公孫樹　いちょう　［銀杏・鴨脚樹］とも。落葉高木

公達　きんだち　親王・摂家・清華など貴族の子息

公家　くげ　朝廷。貴族

蒲公英　たんぽぽ　多年草

郭公　ほととぎす　［杜鵑・子規・時鳥・不如帰…］とも。本来はカッコウ

公魚　わかさぎ　［若鷺］とも。淡水魚

公　きみ　名前の一。天野公義（政治家）

公　ひろし　名前の一。田中公（公務員）

△［勾］　コウ

勾引す　かどわかす　［拐す］とも。誘拐する

勾欄　てすり　［手摺］とも。「階段の—」

勾玉　まがたま　［曲玉］とも。古代の装身具

［孔］　コウ

孔　あな　［穴］とも。「壁に—をあける」

孔雀　くじゃく　大型の美しい鳥

針孔　めど　［みぞ］とも。「針の—」

［功］　コウ・ク

功　く　「—徳」

功　いさお　［勲］［いさおし］とも。手柄。功績

十大功労　ひいらぎなんてん　［柊南天］とも。常緑低木

功刀　くぬぎ　姓氏の一

功　のり　名前の一。桜場久功（公務員）

［巧］　コウ　たく（み）

巧い　うまい　［上手い］とも。「—やり方」「絵が—」

巧婦鳥　みそさざい　［鷦鷯・溝三歳・三十三才］とも。小鳥

△［弘］　コウ　ひろ（い）

弘法　ぐほう　仏の教えを世に広めること

弘徽殿　こきでん　平安京内裏の殿舎の一

弘　ひろし　名前の一。伏見弘（大学教授）

［甲］　コウ・カン

甲　かん　「—板」「—高い」

甲蔵　あぜくら　［校倉・叉庫］とも。古代建築法の一

甲子　かっし　［きのえね］とも

甲冑　かっちゅう　よろいとかぶと

甲必丹　カピタン　［加比丹］とも。商館長。

甲　かぶと　［兜・冑］とも

甲　よろい　［鎧］とも

甲　きのえ　十干の第一番

染指甲　ほうせんか　［鳳仙花・金鳳花］とも。一年草

乙甲　めりかり　［減甲］とも。邦楽用語

甲斐 かい　旧国名。山梨県。「努力の―」
甲武信ヶ岳 こぶしがたけ　山梨・埼玉・長野県境の山
［交］ コウ　まじ(わる)・ま(じる)・か(わす)・か(う)・
交喙 いすか　［鶍］とも。小鳥
交交 こもごも　「悲喜―」
交際 つきあい　［付合］とも
交尾む つるむ　［遊牝む］とも。鳥獣が交尾すること
羽交締め はがいじめ
目交せ めくばせ
交譲木 ゆずりは　［譲葉］とも。常緑高木
交野 かたの　大阪府にある市名
入交 いりあい　［いりまじり・いりまぜ］とも。姓氏の一
［光］ コウ　ひかり・ひか(る)
光螺 きさご　［細螺・扁螺］［きしゃご］とも。海産巻貝
光参 きんこ　［金海鼠］とも。ナマコの一種

寿光木 さわぐるみ　［沢胡桃］とも。落葉高木
竹光 たけみつ　刀身が竹製の刀
光一 ぴかいち　すぐれていること
光岳 てかりだけ　長野・山梨県境にある山名
光 てる　名前の一。秋山光和(美術史家)
光 みつる　名前の一。大金光(大学教授)
［向］ コウ　む(く)・む(ける)・む(かう)・む(こう)
向後 きょうご　こののち
一向に ひたぶるに　［頓に］とも。ひたすらに
日向 ひなた　日のさす方。日のあたる所
日向 ひゅうが　旧国名。宮崎県
向日葵 ひまわり　［日輪草］とも。一年草
向日 むこう　京都府にある市名
向坂 さきさか　［こうさか・むこうさか・むかいざか］とも。姓氏の一
［后］ コウ

后 ご　「後」の俗用。「午―」「食―」
后宮 きさいのみや　后の敬称
后 きさき　皇后
×**［垢］** コウ　あか
水垢離 みずごり　神仏祈願のため冷水を浴びること
頭垢 ふけ　［雲脂］とも
無垢 むく　「金―」「純真―」
［好］ コウ　この(む)・す(く)
好い よい　［良い・善い］［いい］とも
好 よしみ　［誼］とも。親しいまじわり
好田 よしだ　［こうだ・こだ］とも。姓氏の一
好 たか　名前の一。丸山好史(会社役員)
［江］ コウ　え
満江紅 あかうきぐさ　［赤浮草］とも。水生シダ植物の一
松江魚 すずき　［鱸・紫鰓魚］とも。海魚

江浦草　つくも　多年草フトイの異称。「—髪」
近江　おうみ　旧国名。滋賀県
遠江　とおとうみ　旧国名。静岡県

［行］　コウ・ギョウ・アン　い(く)・ゆ(く)・おこな(う)

行　あん　「—宮」「—在所」「—灯(どん)」
宛行　あてがい　［充行］とも。「—扶持」
歩行虫　ごみむし　［塵介虫］とも。昆虫
王不留行　どうかんそう　［道灌草］とも。越年草
行纏　はばき　［脛衣・脛巾・脚巾］とも。旅のときすねにまくもの
流行　はやり　［時花］とも。りゅうこう
行夜　へっぴりむし　［屁放虫・気虫］とも。異臭をはなつ昆虫
行器　ほかい　［外居］とも。むかし食物を運んだ器
三行半　みくだりはん　むかし妻にあたえた離縁状
行幸　みゆき　［御幸］とも。上皇や法皇の外出
行縢　むかばき　むかし狩猟のとき足にまいた毛皮
行る　やる　おこなう。［遣る］とも
行方　なめかた　［なすかた・なみかた］とも。姓氏の一
行　つら　名前の一。森田武行(会社役員)

［坑］　コウ

竪坑　たてあな　［縦穴］とも

［抗］　コウ

抗う　あらがう　［争う］とも。あらそう

［更］　コウ　さら・ふ(ける)・ふ(かす)

更める　あらためる　「契約を—」
更える　かえる　「衣服を—」
更衣　きさらぎ　［如月・衣更着］とも。陰暦二月の異称
更衣　ころもがえ　［衣更］とも。春秋に衣服を着替えること
衣更着　きさらぎ　［如月・更衣］とも。陰暦二月の異称
知更鳥　こまどり　［駒鳥］とも。鳥
更待月　ふけまちづき　［深待月］とも。陰暦二十日の夜の月
更格廬　カンガルー　［袋鼠・長尾驢］とも。けもの
更紗　サラサ　染織の一

［幸］　コウ　さいわ(い)・さち・しあわ(せ)

幸先　さいさき　「—が良い」
幸魂　さきたま　［さきみたま］とも。幸せを与える霊魂
幸手　さって　埼玉県にある市名
幸　ゆき　名前の一。中川幸一(社長)

［拘］　コウ

拘う　かかずらう　［係う］とも。かかわりを持つ。こだわる
拘る　かかわる　［係る・関る］とも
拘る　こだわる　「体面に—」

［肯］　コウ

肯えて　あえて　［敢えて］とも。「—言えば」
肯う　うけがう　［首肯う］［うべなう］とも。承知する
首肯く　うなずく　［頷く・項突く］とも

肯ずる　がえんずる　承知する

［厚］　コウ　あつ(い)

厚朴　ほおのき　「朴・朴樹・厚木」とも。落葉高木

厚皮香　もっこく　「木斛」とも。常緑高木

厚狭　あさ　山口県にあった郡名

厚　あつし　名前の一。稲葉厚(検事)

△［恰］　コウ　あたか(も)

恰好　かっこう　「格好」とも。「―いい」

恰度　ちょうど　「丁度」とも。「―いい」

×［恍］　コウ

恍ける　とぼける　ぼける。しらばくれる

［洪］　コウ

洪牙利　ハンガリー　国名

洪　ひろし　名前の一。横川洪(公務員)

×［狡］　コウ　ずる(い)

狡い　こすい　わるがしこい

［皇］　コウ・オウ

皇神　すめがみ　「すべがみ」とも。皇祖の敬称

天皇　すめらみこと　「すべらみこと・すめらぎ・すべらぎ」とも

皇子　みこ　「皇女」とも。天皇の子

皇海山　すかいさん　栃木県にある山名

［紅］　コウ・ク　べに・くれない

紅い　あかい　「赤い」とも

紅魚　あかえい　「赤鱏」とも。海魚

満江紅　あかうきぐさ　「赤浮草」とも。水生シダ植物の一

紅姑娘　あけび　「通草・山女・丁翁・木通」とも。つる性落葉樹

落霜紅　うめもどき　「梅擬」とも。落葉低木

海紅　かいどう　「海棠・花杣」とも。落葉高木

紅南瓜　きんとうが　「金冬瓜」とも。一年草

紅蓮　ぐれん　「―の炎」

百日紅　さるすべり　「猿滑・紫薇」とも。落葉高木

映山紅　つつじ　「躑躅」とも。常緑低木

紅菜　とさかのり　「鶏冠海苔・鶏冠菜・赤菜」とも。海藻

雁来紅　はげいとう　「葉鶏頭」とも。一年草

紅谷樹　ひいらぎ　「柊・枸骨」とも。常緑高木

紅型　びんがた　沖縄産の模様染めの一

紅藍花　べにばな　「紅花」とも。一年草

紅絹　もみ　紅で染めた絹布

紅葉　もみじ　「黄葉」とも。「―狩」

紅蜀葵　もみじあおい　「紅葉葵」とも。多年草

番紅花　サフラン　「泊芙蘭」とも。多年草

紅殻　ベンガラ　「弁柄」とも。赤色顔料の一

紅玉　ルビー　赤い色の宝石

紅林　くればやし　姓氏の一

紅　あけ　名前の一。岡崎紅美

×［苟］ コウ いやしく(も)
苟且 かりそめ ［仮初］とも

［荒］ コウ あ(らい)・あ(れる)・あ(らす)
荒屋 あばらや 荒れはてた家
荒磯 ありそ 古語であらいそ
荒鮎 さびあゆ ［錆鮎・渋鮎］とも。秋季の鮎。落鮎
荒む すさむ 「―んだ生活」
益荒男 ますらお ［益丈夫］とも。強く勇気のある男

［香］ コウ・キョウ か・かお(り)・かお(る)
香 きょう 「―車(将棋の駒)」
天香山 あまのかぐやま ［天香具山］とも。高天原にあった山
香魚 あゆ ［鮎・年魚・記月魚］とも。淡水魚
土青木香 うまのすずくさ ［馬鈴草・馬兜鈴］とも。多年草
香しい かぐわしい ［かんばしい・こうばしい］とも
香蒲 がま ［蒲］とも。水生多年草
香橙 くねんぼ ［九年母・香橘］とも。常緑低木
紫香楽宮 しがらきのみや ［信楽宮］とも。聖武天皇の離宮
新香 しんこ おしんこ
瑞香 じんちょうげ ［沈丁花］とも。常緑低木
丁香 ちょうじ ［丁子］とも。常緑高木
香螺 ながにし ［長辛螺］とも。巻貝
香う におう よい匂い
化香樹 のぐるみ ［野胡桃］とも。落葉高木
檀香 びゃくだん ［白檀］とも。常緑低木
香具師 やし ［野四］とも。てきや
大茴香 アニス アニス油をとる植物
香欒 ザボン ［朱欒］とも。熱帯の常緑低木
香椿 チャンチン 落葉高木。家具材
鬱金香 チューリップ 多年草
晩香坡 バンクーバー カナダにある都市名
香 よし 名前の一。平野香彦(会社役員)

［候］ コウ そうろう
節季候 せきぞろ 門付芸の一

［校］ コウ
校倉 あぜくら ［甲蔵・叉倉］とも。古代の建築法の一
検校 けんぎょう 盲人の最高位

×［豇］ コウ
豇豆 ささげ ［豇・大角豆］とも。豆類の一

［貢］ コウ・ク みつ(ぐ)
貢 く 「年貢(ぐ)」
西貢 サイゴン インドシナにある都市名
蘭貢 ラングーン ミャンマー(ビルマ)の首都
貢 みつぎ 名前の一。上田貢(公務員)

［降］ コウ お(りる)・お(ろす)・ふ(る)
降る くだる ［下る］とも。「天命が―」

降魔 ごうま 悪魔を降服させる

［高］ コウ たか・たか(い)・たか(まる)

高粱 コーリャン モロコシの中国名

高襟 ハイカラ 洋風を気どり流行を追うこと。↕蛮カラ

高加索 コーカサス 黒海東方にある山脈名

△［梗］ コウ

桔梗 ききょう 多年草。秋の七草の一

山梗葉 さわぎきょう ［沢桔梗］とも。多年草

［黄］ コウ・オウ き・こ

一枝黄花 あきのきりんそう ［秋麒麟草］とも。多年草

黄茅 あぶらがや ［油萱］とも。多年草

黄牛 あめうし ［飴牛］とも。あめ色の牛

黄麻 いちび ［莔麻］とも。一年草

黄心樹 おがたまのき ［小賀玉木］とも。常緑高木

黄鶏 かしわ ニワトリの肉の一

黄草 かりやす ［刈安・青茅］とも。多年草

黄粉 きなこ ［—餅］

十二黄雀 きれんじゃく ［黄蓮雀］とも。小鳥

黄連花 くされだま ［草連玉］とも。多年草

黄金 こがね ［—色］

胡黄蓮 せんぶり ［千振］とも。一年草

黄昏 たそがれ 夕暮れどき

黄楊 つげ ［柘植］とも。常緑高木

黄麻 つなそ ［綱麻］とも。一年草。繊維を用いる

黄独 ところ ［野老］とも。ヤマイモの一種

黄蜀葵 とろろあおい ［秋葵・黄葵・一日花］とも。一年草

黄精 なるこゆり ［鳴子百合］とも。多年草

黄瓜菜 にがな ［苦菜］とも。越年草

黄雀 にゅうないすずめ ［入内雀］とも。小鳥

黄櫨 はぜのき ［櫨］とも。落葉高木

黄槿 はまぼう 落葉低木

青黄剛樹 ひめゆずりは ［姫譲葉・姫交譲木］とも。常緑高木

結黄 みつまた ［三椏］とも。落葉低木

黄葉 もみじ ［紅葉］とも

黄泉 よみ ［こうせん］とも。［—の国］

黄杜鵑 れんげつつじ ［蓮華躑躅・老虎花］とも。落葉低木

黄鯝魚 わたか ［腸香］とも。淡水魚

［港］ コウ みなと

桑港 サンフランシスコ アメリカにある都市名

星港 シンガポール ［新嘉坡］とも。国名

香港 ホンコン 中国にある都市名

［絞］ コウ しぼ(る)・し(める)・し(まる)

絞股藍 あまちゃづる ［甘茶蔓］とも。多年草

［項］ コウ

項 うなじ 首筋

項垂れる　うなだれる
項突く　うなずく　［頷く・首肯く］とも。承諾する
［溝］　コウ　みぞ
溝貝　からすがい　［烏貝］とも。淡水産二枚貝
溝鼠　どぶねずみ　ネズミの一種
溝三歳　みそさざい　［鷦鷯・三十三才・巧婦鳥］とも。小鳥
×［鉤］　コウ　かぎ
懸鉤子　きいちご　［木苺］とも。落葉小低木
鉤樟　くろもじ　［黒文字・烏樟］とも。落葉高木
小鉤　こはぜ　「足袋（たび）の—」
鉤　はり　「釣—」「—素（す）」
△［膏］　コウ
茅膏菜　いしもちそう　［石持草・石竜牙草］とも。多年草
［構］　コウ　かま（える）・かま（う）
構の木　かじのき　［梶の木・楮の木・穀の木］とも。落葉高木

×［鉸］　コウ
鉸具　かこ　バンドのびじょう
×［膠］　コウ　にかわ
魚膠　にべ　魚から製したにかわの一
膠もない　にべもない　そっけない
白膠木　ぬるで　［塩膚木・勝軍木］とも。落葉高木
［衡］　コウ
杜衡　かんあおい　［寒葵・常磐草］とも。多年草
大衡　おおひら　宮城県にある村名
［購］　コウ
購う　あがなう　買う
［号］　ゴウ
口号む　くちずさむ　［口遊む］とも
［合］　ゴウ・ガッ・カッ　あ（う）・あ（わす）・あ（わせる）
合　かっ　「—戦」

合点　がてん　［がってん］とも。「—がいく」
合器蔓　ごきづる　［合子草］とも。つる性一年草
二合半　こなから　［小半］とも。四分の一
合歓木　ねむのき　落葉小高木
催合　もやい　共同で行う作業
百合　ゆり　多年草
混合酒　カクテル
掛合　かけや　島根県にあった町名
六合　くに　群馬県にある村名
合志　こうし　熊本県にある市名
合田　あんだ　［あんた・あいだ・ごうた・ごうだ］とも。姓氏の一
河合　かわい　［かわあい・たたす］とも。姓氏の一
△［劫］　ゴウ
億劫　おっくう　めんどう
［剛］　ゴウ

青剛樹　うばめがし　［姥女樫・姥女柏］とも。常緑高木
金剛纂　やつで　［八手・八角金盤］とも。常緑低木
金剛石　ダイヤモンド
剛　たけし　名前の一。岩崎剛（会社役員）
剛　つよし　名前の一。上垣内剛（会社役員）
［豪］　ゴウ
豪い　えらい　［偉い］とも
豪猪　やまあらし　［山荒］とも。背にとげのあるけもの
豪州　オーストラリア　［濠太剌利・墺太剌利亜］とも。国名
豪　つよし　名前の一。近藤豪（医師）
豪　ひで　名前の一。村上豪礼（会社役員）
×［麹］　こうじ
鼠麹草　ははこぐさ　［母子草］とも。越年草。春の七草の一
［克］　コク
克つ　かつ　「おのれに―」

哥薩克　コサック　「―・ダンス」
散斯克　サンスクリット　梵語の汎称
馬克　マルク　ドイツの貨幣の単位
烏克蘭　ウクライナ　国名
捷克　チェコ　国名
克　まさる　名前の一。倉橋克（大学教授）
［告］　コク　つ（げる）
名告　なのり　［名乗］とも。名前を言うこと
勿告藻　なのりそ　［莫告藻・神馬藻・名乗藻］とも。海藻
告天子　ひばり　［雲雀・叫天子・叫天雀］とも。小鳥
［谷］　コク　たに
谷まる　きわまる　「進退―」
紅谷樹　ひいらぎ　［柊・枸骨］とも。常緑高木
谷地　やち　谷や沢などの湿地
谷　やつ　「たに」の関東方言。鎌倉の地名で扇ヶ谷

盤谷　バンコク　タイの首都
熊谷　くまがい　［くまがや・くまや］とも。姓氏の一
長谷部　はせべ　姓氏の一
［国］　コク　くに
国府　こう　「こくふ」の略。国司のある土地
［黒］　コク　くろ
黒参　ごまのはぐさ　［胡麻葉草・玄参］とも。多年草
山黒豆　のささげ　［野豇豆］とも。多年草
黒子　ほくろ　皮膚にできる斑点
黒三稜　みくり　［三稜草］とも。多年草
黒死病　ペスト　伝染病の一
［穀］　コク
穀潰し　ごくつぶし　人をののしっていう語
沙穀椰子　サゴやし　ヤシの一種。でんぷんを採る
［酷］　コク

酷い ひどい ［非道い］とも

酷い むごい ［惨い］とも。ひどい。残酷

△**［苔］** タイ こけ

乾苔 あおのり ［青海苔・緑苔・海苔菜・石髪海苔］とも。海藻

苦苣苔 いわたばこ ［岩煙草］とも。多年草。別名イワジシャ

海苔 のり 「―巻き」「浅草―」

苔菜 みる ［海松・水松］とも。海藻

苔菜 もずく ［水雲・海雲・海蘊］とも。海藻

△**［忽］** コツ たちま(ち)

忽せ ゆるがせ おろそか。「―にしない」

忽忘草 わすれなぐさ 多年草。別名ルリソウ

忽布 ホップ つる草。ビールの原料

忽那 くつな ［くつま・ふつな・こうな・こつな］とも。姓氏の一

［骨］ コツ ほね

骨頂 おおばん ［大鷭］とも。水辺の鳥

水竜骨 うらぼし ［裏星］とも。シダの一種

扇骨木 かなめもち ［金目黐］とも。常緑低木

竜骨 かわら ［まぎりがわら］とも。船全体を支える材木

接骨木 にわとこ ［庭常］とも。落葉低木

枸骨 ひいらぎ ［柊・紅谷樹］とも。常緑高木

骨牌 カルタ ［歌留多］とも

△**［惚］** コツ ほ(れる)

活惚 かっぽれ 「甘茶で―」

惚気 のろけ 「―ばなし」

惚茄子 ぼけなす ぼんやりした奴

惚ける ぼける ［呆ける］［ほうける］とも。もうろくする

惚惚 ほれぼれ 「―とする」

見惚れる みとれる ［見蕩れる］とも

△**［頃］** ケイ ころ

頃日 このごろ ［頃者］とも。ちかごろ

［今］ コン・キン いま

今 きん 「古―集」「―上陸下」

今日 きょう

今朝 けさ

今年 ことし

今宵 こよい 今晩

△**［昏］** コン

黄昏 たそがれ 夕暮れどき

［昆］ コン

昆布 こぶ ［こんぶ］とも。海藻

昆欄樹 やまぐるま ［山車］とも。常緑高木

［根］ コン ね

百脈根 みやこぐさ ［都草］とも。多年草

［婚］ コン

許婚 いいなずけ ［許嫁］とも。フィアンセ

婚 よばい 「夜這」とも

[混] コン ま(じる)・ま(ぜる)・ま(ざる)

混む こむ 「込む」とも。「電車が—」

混合酒 カクテル

混凝土 コンクリート 「鉄筋—」

[紺] コン

紺屋 こうや 「こんや」の音便。染物屋

×[渾] コン

渾名 あだな 「綽名」とも

[魂] コン たましい

魂消る たまげる びっくりする

鎮魂 たましずめ 祭事の一。「—の祭」

蜀魂 ほととぎす 「杜鵑・子規・時鳥・不如帰・郭公・杜宇…」とも。鳥

[墾] コン

新墾田 あらきだ 「新開田」とも。新たにひらいた田

新墾 にいはり 「新治」とも。新たに開墾した土地

さ

△[叉] サ・シャ また

叉倉 あぜくら 「校倉・甲蔵」とも。古代建築法の一

魚叉 やす 「魚扠」とも。魚を刺してとる道具

[左] サ ひだり

左官 しゃかん 「さかん」とも。壁を塗る職人

左右 とかく 「兎角」とも。ともすれば

左義長 どんど 「さぎちょう」とも。正月十五日の年中行事

左手 ゆんで 「弓手」とも。左の手

△[沙] サ・シャ

青沙魚 あいざめ 「藍鮫」とも。海魚

沙 いさご 「砂・砂子」とも。砂の古語

沙蚕 ごかい 「砂蚕」とも。釣りのえさにする環形動物

沙魚 はぜ 「鯊・蝦虎魚」とも。海魚

沙穀 サゴ サゴ椰子から採ったでんぷん

沙市 シアトル アメリカにある都市名

沙室 シャム 「暹羅」とも。タイの旧称

沙翁 シェークスピア イギリスの詩人・劇作家

沙 いさ 名前の一。佐伯沙子(大学助手)

△[些] サ いささか

些と ちっと 「ちと」とも。わずか。いささか

[砂] サ・シャ すな

砂 いさご 「沙・砂子」とも。砂の古語

海金砂 かにくさ 「蟹草」とも。多年草。別名ツルシノブ

砂蚕 ごかい 「沙蚕」とも。釣餌にする環形動物

真砂 まさご こまかい砂

砂川 いさかわ 「いさがわ・すながわ」とも。姓氏の一

[差] サ さ(す)
参差 しんし 高さ・長さが不ぞろいなさま
×[梭] サ ひ
梭魚子 いかなご [玉筋魚・如何児]とも。海魚
梭魚 かます [魳・梭子魚]とも。海魚
梭尾螺 ほらがい [法螺貝・宝螺貝]とも。海産巻貝
[詐] サ
詐る いつわる [偽る]とも
×[莎] サ
莎草 かやつりぐさ [蚊帳釣草]とも。多年草
莎草 はますげ [浜菅]とも。海辺の多年草
[鎖] サ くさり
手鎖 てじょう [手錠]とも
鎖す とざす [閉ざす]とも。「門を—」「口を—」
△[坐] ザ すわ(る)

胡坐 あぐら [趺坐]とも。「—をかく」
坐す まします [在す]とも。いらっしゃる
[座] ザ すわ(る)
磐座 いわくら [岩座・石位]とも。神のいる所
御出座 おでまし 「—になる」
御座す おわす 「いる」の尊敬語
高御座 たかみくら 天皇の玉座
典座 てんぞ 禅宗で雑事をつとめる僧
[才] サイ
才 ざえ 古語で学問のこと
才 はじめ 名前の一。水野才(社長)
[再] サイ・サ ふたた(び)
再 さ 「—来年」
再従兄弟 はとこ [再従姉妹]とも
[妻] サイ つま

後妻 うわなり [次妻]とも。のちぞい。ごさい
側妻 そばめ [妾]とも。めかけ
妻せる めあわせる [娶せる]とも。結婚させる
妻敵 めがたき 妻と通じた男
△[采] サイ と(る)
采女 うねめ 宮中の女官
△[哉] サイ
善哉 ぜんざい お汁粉
善哉 よいかな ほめ喜び祝う言葉
誰哉行灯 たそやあんどん 江戸吉原の往来の灯籠
哉 や 名前の一。福島竜哉(会社役員)
△[晒] サイ さら(す)
晒布 さらし 白い麻布か綿布。「—の腹巻き」
[彩] サイ いろど(る)
彩絵 だみえ [濃絵]とも。濃い色つけの絵

[済] サイ す(む)・す(ます)
済う すくう [救う]とも
多士済済 たしせいせい 人材が多くあること
済す なす 責任を果たす
済崩し なしくずし 「—に使いはたす」
百済 くだら 古代朝鮮の国名の一
済 なり 名前の一。菅原通済(社長)
△**[砦]** サイ とりで
鹿砦 さかもぎ [逆茂木]とも。敵の侵入を防ぐ垣
[細] サイ ほそ(い)・ほそ(る)・こま(か)
細螺 きさご [扁螺・光螺][きしゃご]とも。巻貝
細波 さざなみ [小波・漣]とも
細雪 ささめゆき 細かに降る雪
細やか ささやか 「—な贈り物」
細石 さざれいし 小さい石

細魚 さより [針魚・水針魚・鱵]とも。海魚
細枝 しもと 木の細い枝
細流 せせらぎ 「谷川の—」
亜細亜 アジア
[菜] サイ な
海苔菜 あおのり [青海苔・緑苔・石髪海苔・乾苔]とも。海藻
荇菜 あさざ 多年草
紫菜 あまのり [甘海苔・神仙菜]とも。海藻
淡菜 いがい [貽貝]とも。海産二枚貝
髪菜 いぎす [海髪]とも。海藻
茅膏菜 いしもちそう [石持草・石竜牙草]とも。多年草
山芥菜 いぬがらし [犬芥・犬辛子]とも。多年草
御菜 おかず [御数]とも
頭髪菜 おごのり [於期海苔・海髪][うご]とも。海藻
蓬子菜 かわらまつば [川原松葉]とも。多年草

羊蹄菜 ぎしぎし [羊蹄]とも。多年草
泥湖菜 きつねあざみ [狐薊]とも。多年草
雪花菜 きらず [うのはな]とも。豆腐のから。おから
白屈菜 くさのおう 多年草
牛尾菜 しおで つる性多年草
春菜 しらきくな ハクサイの一種
東風菜 しらやまぎく [白山菊]とも。多年草
筆頭菜 すぎな [杉菜・接続草・門荊]とも。多年草
玉環菜 ちょろぎ [草石蚕]とも。多年草。根は食用
石花菜 てんぐさ [心太草・太凝菜][ところてんぐさ]とも。海藻
赤菜 とさかのり [鶏冠海苔・鶏冠菜・紅菜]とも。海藻
珍珠菜 とらのお [虎尾]とも。多年草
宿星菜 ぬまとらのお [沼虎尾]とも。多年草
苦菜 のげし [野芥子]とも。一年草
和尚菜 のぶき [野蕗]とも。多年草

鹿尾菜　ひじき　「鹿角菜・羊栖菜」とも。海藻
眼子菜　ひるむしろ　「蛭蓆・牙歯草」とも。多年草
白花菜　ふうちょうそう　「風鳥草」とも。越年草
千屈菜　みそはぎ　多年草
睡菜　みつがしわ　「三槲」とも。水生多年草
苔菜　みる　「海松」とも。海藻
苔菜　もずく　「水雲・海雲・海蘊」とも。海藻
裙帯菜　わかめ　「若布・和布・稚海藻」とも。海藻
竜髭菜　アスパラガス　「石刁柏」とも。多年草

【斎】　サイ

斎宮　いつきのみや　「さいぐう」とも。伊勢神宮の神殿。未婚の内親王
斎　いみ　「忌」とも。身をつつしむこと
斎瓮　いわいべ　「忌瓮」「いんべ」とも。陶質の土器
斎む　いむ　身をきよめて慎しむ
斎　いもい　ものいみ。斎戒
斎食　とき　「斎」とも。寺院の食事
斎場　ゆにわ　「斎庭」とも。神を祭るきよめた場所
斎木　いつき　「さいき」とも。姓氏の一
斎部　いんべ　「いみべ・ものいべ」とも。姓氏の一

【最】　サイ　もっと(も)

最も　いとも　「—簡単に」
最前　いやさき　もっとも先
最中　さなか　最高潮のとき
最中　もなか　まんなか。和菓子の一
最早　もはや　もうすでに
最寄　もより　「—の駅」

【催】　サイ　もよお(す)

雨催　あまもよい　雨が降りそうな気配
催合　もやい　共同で行う作業

【歳】　サイ・セイ

歳　とし　「年」とも。「—の市」「—の瀬」
千歳　ちとせ　「千年」とも。「—飴」
二十歳　はたち
溝三歳　みそさざい　「鷦鷯・三十三才・巧婦鳥」とも。小鳥

【際】　サイ　きわ

今際の際　いまわのきわ　死にぎわ。臨終
交際　つきあい　「付合」とも

【在】　ザイ　あ(る)

在処　ありか　「在所」とも。物のある所
在す　います　「おわす」とも。いらっしゃる
在す　まします　「坐す」とも。「ある」の尊敬語

△【鷺】　さぎ

朱鷺　とき　「鴇・桃花鳥」とも。水辺の鳥

【作】　サク・サ　つく(る)

田作　ごまめ　「たづくり」とも。カタクチイワシの煮物

【削】 サク けずる(る)
削 きさげ 仕上げに削る工具
削ぐ そぐ 切る。削る。「髪を―」
弓削 ゆげ 姓氏の一
【昨】 サク
昨日 きのう
一昨日 おととい ［おとつい］とも
一昨昨日 さきおととい ［さきおとつい］とも
一昨年 おととし
一昨昨年 さきおととし
昨葉荷草 つめれんげ ［爪蓮華・仏甲草］とも。多年草
昨夜 ゆうべ さくや
△【柵】 サク
柵 しがらみ 「人情の―」
【咲】 さ(く)
早花咲月 さはなさづき 陰暦三月の異称
△【朔】 サク
朔 ついたち ［一日・朔日］とも。月のはじめ。月の第一日
朔 はじめ 名前の一。田口朔(公務員)
△【窄】 サク
尻窄 しりすぼみ しりすぼまり
窄める すぼめる ［つぼめる］とも。「肩を―」
【索】 サク
索麺 そうめん ［素麺］とも
高加索 コーカサス 黒海東方にある山脈名
【酢】 サク す
酢漿草 かたばみ ［酸漿草・鳩酸草］とも。一年草
【搾】 サク しぼ(る)
搾滓 しめかす ［〆粕］とも
×【匙】 シ さじ
飯匙倩 はぶ ［波布］とも。猛毒のヘビ
【冊】 サツ・サク
冊子 そうし ［草紙・草子・双紙］とも。昔のとじ本
【札】 サツ ふだ
小札 こざね よろいの表面の板状のもの
【刷】 サツ す(る)
刷く はく 「金粉を―」
刷毛 はけ 「ペンキを塗る―」
刷子 ブラシ 「歯―」
【殺】 サツ・サイ・セツ ころ(す)
殺める あやめる 殺傷する
殺ぐ そぐ 「勢いを―」
殺陣 たて 斬り合いの演技の型
【察】 サツ
按察使 あぜち むかしの官職名の一

[撮] サツ と(る)
撮 つまみ 「摘」とも。とって
撮む つまむ 「摘む」とも。「はしで―」

[擦] サツ す(る)・す(れる)
擦る かする 「弾が―」
擦る こする 「手を―」
擦る なする 「責任を―」
擦枯らし すれっからし 「―の古手」

△**[薩]** サツ
嘉無薩加 カムチャツカ ロシアにある半島名
哥薩克 コサック 「―・ダンス」
薩哈剌 サハラ 「―砂漠」
拉薩 ラサ 中国チベットにある都市名

[雑] ザツ・ゾウ
雑魚 ざこ こざかな。「―寝」
雑ぜる まぜる 「混ぜる・交ぜる」とも
雑賀 さいが 「さいがん」とも。姓氏の一

×**[捌]** さば(く)
捌口 はけぐち 「怒りの―」

×**[鮫]** さめ
馬鮫魚 さわら 「鰆」とも。海魚

[皿] さら
皿鉢料理 さはちりょうり 「さわち」とも。土佐の郷土料理

[三] サン み・み(つ)・みっ(つ)
三毬杖 さぎちょう 「左義長」とも。正月十五日の年中行事
七五三飾 しめかざり 「注連飾・標飾」とも
三味線 しゃみせん 「さみせん」とも。和楽器
三和土 たたき 土砂で固めた土間
三角楓 とうかえで 落葉高木
三白草 はんげしょう 「かたしろぐさ」「半夏生」とも。多年草
一二三 ひいふうみい いち・に・さん
黒三稜 みくり 「三稜草」とも。多年草
溝三歳 みそさざい 「鷦鷯・三十三才・巧婦鳥」とも。小鳥
三五月 もちづき 「望月」とも。陰暦十五夜の月
三月 やよい 「弥生」とも。陰暦三月の異称
三鞭酒 シャンペン 「シャンパン」とも。フランス産の酒
三水 さみず 長野県にあった村名
三枝 さえぐさ 「さいぐさ・さえだ・みえ・さぐさ」とも。姓氏の一
三 さぶ 名前の一。家永三郎(大学教授)
三 ぞう 名前の一。出光佐三(社長)

[山] サン やま
山女 あけび 「通草・木通・丁翁・紅姑娘」とも。つる性落葉樹
土常山 あまちゃ 「甘茶」とも。落葉低木
山慈姑 あまな 「甘菜」とも。多年草
山慈姑 かたくり 「片栗・車前葉」とも。多年草

板山葵　いたわさ　わさびを添えたかまぼこ
山芥菜　いぬがらし　［犬芥・犬辛子］とも。多年草
山胡桃　おにぐるみ　［鬼胡桃］とも。落葉高木
案山子　かかし　［鹿驚］とも
海州常山　くさぎ　［臭木・臭梧桐］とも。落葉低木
山梔　くちなし　［山梔子・梔子］とも。常緑低木
山白竹　くまざさ　［熊笹・箬竹］とも。ササの一種
山藤　くまやなぎ　［熊柳］とも。落葉低木
枯山水　こせんずい　［かれさんすい］とも
山茶花　さざんか　［茶梅］とも。常緑高木
山梗葉　さわぎきょう　［沢桔梗］とも。多年草
金山　しいら　［鱰・寄魚・鬼頭魚・勒魚］とも。海魚
山車　だし　［楽車・檀尻］［だんじり］とも。祭礼にひく車
山珊瑚　つちあけび　［土通草］とも。多年草
映山紅　つつじ　［躑躅］とも。常緑低木

山茶　つばき　［椿］とも。常緑高木
中山道　なかせんどう　［中仙道］とも。五街道の一
山芹菜　なべな　［続断］とも。越年草
山黒豆　のささげ　［野豇豆］とも。多年草
山蒜　のびる　［野蒜］とも。多年草
山石榴　のぼたん　［野牡丹］とも。常緑低木
山梅花　ばいかうつぎ　［梅花空木］とも。落葉低木
山桜桃　ひざくら　［緋桜］とも。サクラの一種
山桜桃　ゆすらうめ　［梅桃］とも。落葉低木
山丹　ひめゆり　［姫百合］とも。ユリの一種
山蘭　ひよどりばな　［鵯花］とも。多年草
巫山戯る　ふざける
山毛欅　ぶな　［橅］とも。落葉高木
山竹　めだけ　［女竹］とも。タケの一種
山羊　やぎ　［野羊］とも。家畜

野山薬　やまのいも　［山芋・薯蕷］とも。つる性多年草
山葵　わさび　多年草。食品
外山　こんぱる　［こんぱる・そとやま・とやま］とも。姓氏の一
山田　ようだ　［やまだ］とも。姓氏の一
小山内　おさない　姓氏の一

［参］　サン　まい(る)

海参　いりこ　［熬海鼠］とも。中国料理の材料
光参　きんこ　［金海鼠］とも。ナマコの一種
苦参　くらら　多年草
玄参　ごまのはぐさ　［胡麻葉草・黒参］とも。多年草
参差　しんし　高さ・長さが不ぞろいなさま
人参　にんじん　［胡蘿蔔］とも。野菜
紫参　はるとらのお　［春虎尾］とも。多年草
参　サンチーム　フランスの貨幣の単位
周参見　すさみ　和歌山県にある地名

参　すすむ　名前の一。友枝参（社長）

△［珊］　サン

山珊瑚　つちあけび　［土通草］とも。多年草

［桟］　サン

桟敷　さじき　「—席」「天井—」

［蚕］　サン　かいこ

石蚕　いさごむし　［砂虫］とも。トビケラの幼虫

野蚕　くわご　［桑蚕］とも。カイコに似た昆虫

毛蚕　けご　卵からかえったばかりの蚕

沙蚕　ごかい　［砂蚕］とも。釣りのえさにする環形動物

蚕繭草　さくらたで　［桜蓼］とも。多年草

草石蚕　ちょろぎ　多年草。地下茎を食用

天蚕糸　てぐす　［天蚕］とも。釣糸

石蚕　とびけら　水辺の昆虫

蚕豆　そらまめ　［空豆］とも。野菜

蚕簿　まぶし　成長した蚕にまゆを作らせるもの

天蚕　やままゆ　［山繭］とも。大型のガ。絹糸がとれる

［産］　サン　う（む）・う（まれる）・うぶ

産　うぶ　「—湯」「—着」

土産　みやげ　「—話」

御土産　おみや　おみやげ

産霊神　むすびのかみ　天地万物を産む神

［傘］　サン　かさ

紫羅傘　いちはつ　［一八・鳶尾・鴟尾草］とも。多年草

洋傘　こうもり　かさ。「—がさ」

［散］　サン　ち（る）・ち（らす）・ち（らかす）

散散　ちりぢり　［ばらばら］とも

散蒔く　ばらまく　「金を—」

散楽　さるがく　［猿楽・申楽］とも。芸能の一

散斯克　サンスクリット　梵語の汎称

［算］　サン

算える　かぞえる　［数える］とも

算盤　そろばん　［十露盤・珠盤］とも

心算　つもり　考え。胸算用

［酸］　サン　す（い）

酸漿草　かたばみ　［鳩酸草・酢漿草］とも。一年草

酸模　すかんぽ　多年草。スイバの別名

酸漿　ほおずき　［鬼灯］とも。多年草

虫酸　むしず　「—が走る」

△［撒］　サン　ま（く）

弥撒　ミサ　カトリック教会の祭式

△［纂］　サン

金剛纂　やつで　［八手・八角金盤］とも。常緑低木

［残］　ザン　のこ（る）・のこ（す）

名残　なごり　「—惜しい」

鱠残魚　しらうお　「白魚・銀魚」とも。体が半透明の魚

【惨】　ザン・サン　みじ(め)

惨い　むごい　「酷い」とも。ひどい。残酷

【暫】　ザン

暫　しばし　「—のあいだ」

暫く　しばらく　「暫時」とも

し

△【之】　シ

之　これ　「此・是」とも。

加之　しかのみならず　その上に。おまけに

之　の　名前の一。福島秀之助(会社役員)

之　ゆき　名前の一。加賀山之雄(国鉄総裁)

【士】　シ

海士　あま　「海人・海夫」とも。漁師。「海女」は潜水漁をする女

怪士　あやかし　妖怪変化。能面の一

徒士　かち　徒歩で行列の先導をつとめた侍

博士　はかせ　「はくし」とも

武士　もののふ　武人

士　お　名前の一。西村英士(会社役員)

士　つかさ　名前の一。小田士(大学教授)

【子】　シ・ス　こ

子　す　「様—」「扇—」「金—」

獦子鳥　あとり　「花鶏」とも。小鳥

胡燕子　あまつばめ　「雨燕」とも。小鳥

杏子　あんず　落葉高木。実は食用

梭魚子　いかなご　「玉筋魚・如何児」とも。海魚

石子　いしなご　「石投子」とも。むかしの女の子の遊び

岩棠子　いわなし　「岩梨」とも。常緑低木

浮子　うき　「浮」とも。釣糸につける木片

浮塵子　うんか　小昆虫の総称

売子木　えごのき　「斉墩果」とも。落葉高木

蛭子　えびす　「恵比須」とも。七福神の一

女子　おなご　女の子。女の人

御虎子　おまる　持ち運びできる便器

案山子　かかし　「鹿驚」とも

燕子花　かきつばた　「杜若」とも。多年草

金襖子　かじか　「河鹿」とも。カエルの一種

帷子　かたびら　几帳の垂れ布。夏着のひとえ

梭子魚　かます　「梭魚」とも。海魚

蓬子菜　かわらまつば　「川原松葉」とも。多年草

懸鉤子　きいちご　「木苺」とも。落葉小低木

餃子　ぎょうざ　中華料理の一

梔子　くちなし　「山梔子・山梔」とも。常緑低木

胡頽子 ぐみ ［茱萸］とも。落葉低木
金亀子 こがねむし ［黄金虫・金牛児・金亀虫］とも。昆虫
合子草 ごきづる ［合器蔓］とも。つる性一年草
西海子 さいかち ［皀莢］とも。落葉高木
賽子 さいころ ［骰子・投子］とも
栄螺子 さざえ ［栄螺・巻螺］とも。巻貝
南五味子 さねかずら ［美男葛］とも。つる性常緑低木
売子木 さんたんか ［三丹花］とも。常緑低木
君遷子 しなのがき ［信濃柿］［さるがき］とも。柿の一種
芹子 せり ［芹・水芹］とも。多年草。食用
種子 たね ［種］とも
石竜子 とかげ ［蜥蜴］とも。爬虫類の一
撫子 なでしこ ［瞿麦・牛麦］とも。多年草
河貝子 にな ［かわにな］［蜷］とも。淡水巻貝
子 ね 十二支の第一番

捻子 ねじ ［螺子・捩子］とも
胡枝子 はぎ ［萩］とも。多年草
告天子 ひばり ［雲雀・叫天子・叫天雀］とも。小鳥
提子 ひさげ ［提］とも。むかしの酒器の一
鼓子花 ひるがお ［昼顔・旋花］とも。多年草
眼子菜 ひるむしろ ［蛭蓆・牙歯草］とも。多年草
没食子 ふし ［もっしょくし］［五倍子・附子］とも。樹木の虫こぶ
黒子 ほくろ 皮膚にできる斑点
子規 ほととぎす ［時鳥・杜鵑・不如帰・郭公・蜀魂・杜宇…］とも。鳥
角子 みずら ［角髪］とも。古代の男子の髪型
零余子 むかご ［ぬかご］とも。ヤマイモの珠芽
七星子 むかごにんじん ［零余子人参］とも。多年草
郁子 むべ ［野木瓜］とも。つる性常緑低木
氷菓子 アイスクリーム
硝子 ガラス

卓子 テーブル
赤茄子 トマト ［蕃茄子］とも。野菜
風信子 ヒヤシンス ［風信草・風見草］とも。多年草
尼子 あまに ［あまこ・あまね］とも。姓氏の一
子 たね 名前の一。小池嘉子（市長）

［支］ シ ささ（える）
干支 えと 十干と十二支
支う かう 「つっかい棒を―」
差支える さしつかえる
吉利支丹 キリシタン ［切支丹］とも
支倉 はせくら ［あぜくら・はしくら］とも。姓氏の一

［止］ シ と（まる）・と（める）
止める とどめる ［留める］とも
止処 とめど ［留処］とも。「―がない」
止む やむ ［已む］とも

止事無い　やんごとない　よんどころない。高貴である
止す　よす　やめる
［仕］　シ　つか（える）
仕る　つかまつる　「お供を―」
［史］　シ
史　さかん　むかしの官位の一
史　ふびと　古代の姓の一
史　ふみ　名前の一。鬼頭史城（大学教授）
［司］　シ
司　つかさ　政治をつかさどる所。役所
司る　つかさどる　［掌る］とも
下司　げす　身分の低い役人
司　おさむ　名前の一。島岡司（社長）
［四］　シ　よ・よ（つ）・よっ（つ）・よん
四阿　あずまや　［東屋］とも。庭園などにある壁のない休息所

四辺　あたり　［辺］とも。その辺一帯
四月　うづき　［卯月］とも。陰暦四月の異称
四照花　やまぼうし　［山帽子］とも。落葉高木
四人　よったり　よにん
四　よし　名前の一。白土四男（会社員）
［市］　シ　いち
海石榴市　つばいち　古代市場の一
沙市　シアトル　アメリカにある都市名
市俄古　シカゴ　アメリカにある都市名
武市　たけち　［たけいち］とも。姓氏の一
市　かず　名前の一。新井市彦（会社役員）
△［弛］　シ　ゆる（む）
弛む　たるむ　「ロープが―」「気分が―」
［旨］　シ　むね
旨い　うまい　［美い・甘い・美味い］とも

旨　よし　名前の一。浜崎旨男（団体役員）
△［此］　シ　ここ
彼方此方　あちこち　［あなたこなた・あちらこちら］とも
此奴　こいつ　［こやつ・このやつ］とも
此所　ここ　［此処・此］とも
此辺　ここら　このへん
此度　こたび　［このたび］とも
此間　こないだ　このあいだ
此方　こなた　［こち・こっち・こちら］とも
此の　この　［斯の］とも
此　これ　［是・之］とも
此様　こんな　「―もの」
［死］　シ　し（ぬ）
死神　しにがみ
黒死病　ペスト　伝染病の一

〔糸〕 シ いと

糸葱 あさつき 〔浅葱〕とも。野菜

金糸魚 いとよりだい 〔糸搓鯛・金線魚・紅魚〕とも。海魚

糸遊 かげろう 〔蜻蛉・蜉蝣〕とも。寿命の短い昆虫

七糸緞 しゅちん 〔繻珍・朱珍〕とも。織物の一

天蚕糸 てぐす 〔天蚕〕とも。釣糸

金糸桃 びようやなぎ 〔未央柳〕とも。低木

糸瓜 へちま 〔天糸瓜〕とも。一年生作物

金糸荷 ゆきのした 〔雪下・鴨脚草・虎耳草〕とも。多年草

金糸雀 カナリア 〔金雀・時戻雀〕とも。小鳥

〔至〕 シ いた(る)

冬至 とうじ 二十四節気の一

至 とおる 名前の一。長谷川至(会社役員)

〔志〕 シ こころざ(す)・こころざし

志 シリング イギリスの貨幣の単位

志 ゆき 名前の一。樋口禎志(検事)

〔私〕 シ わたくし

私 あたし 〔あたくし・わたし・わたい〕とも

私語 ささやき 〔耳語・囁〕とも

私か ひそか 〔密か・窃か〕とも

〔使〕 シ つか(う)

按察使 あぜち むかしの官職名

御勅使川 みだいがわ 山梨県にある川名

〔刺〕 シ さ(す)・さ(さる)

虎刺 ありどおし 常緑小低木

刺蛾 いらが ガの一種。害虫

刺草 いらくさ 〔蕁草〕とも。多年草

刺青 いれずみ 〔しせい〕〔文身・入墨・天墨〕とも

刺身 さしみ 「マグロの—」

刺股 さすまた 〔刺叉〕とも。武器の一

刺客 せっかく 〔しかく〕とも。暗殺者

刺桐 はりぎり 〔針桐〕とも。落葉高木

刺 とげ 〔棘〕とも。「—がささる」

刺繡 ぬいとり ししゅう

肉刺 まめ 「手に—ができた」

〔姉〕 シ あね

従姉妹 いとこ 〔従兄弟・従姉・従妹〕とも

姉妹 きょうだい 〔しまい〕とも。↔兄弟

姉さん ねえさん

〔枝〕 シ えだ

一枝黄花 あきのきりんそう 〔秋麒麟草〕とも。多年草

連枝草 うまごやし 〔馬肥〕とも。越年草

金雀枝 えにしだ 〔金雀児〕とも。常緑低木

細枝 しもと 細い枝

胡枝子 はぎ 〔萩〕とも。多年草

瑞枝　みずえ　みずみずしい若い枝
楊枝　ようじ　「武士くわねど高—」
斑枝花　パンヤ　［木綿］とも。常緑高木。種子の毛を利用
三枝　さえぐさ　［さいぐさ・さえだ・みえ・さぐさ…］とも。姓氏の一

［思］　シ　おも(う)
思召し　おぼしめし　お考え。お気持
思惟る　おもんみる　［惟る］とも。よく考えてみる
成吉思汗　ジンギスカン　［チンギスハン］とも

［指］　シ　ゆび・さ(す)
染指甲　ほうせんか　［鳳仙花・金鳳花］とも。一年草
指宿　いぶすき　鹿児島県にある市名

［師］　シ
経師屋　きょうじや　書画の表装をする職業
一人法師　ひとりぼっち　［独法師］とも
香具師　やし　［野四］とも。てきや
師岡　もろおか　姓氏の一
師　みつ　名前の一。大矢武師（大学教授）

［脂］　シ　あぶら
臙脂　えんじ　「—色」
雲脂　ふけ　［頭垢］とも。「頭の—」
脂　やに　「目—」「松—」「—さがる」

［紙］　シ　かみ
紙鳶　いか　関西で凧(たこ)のことをいう
紙袋　かんぶくろ　紙の袋
紙屋紙　こうやがみ　［かみやがみ］とも。京都紙屋院ですいた紙
紙捻　こより　［紙撚・紙縒］とも
紙魚　しみ　［衣魚・蠹魚］とも。書籍などを食う虫

×［翅］　シ
金翅雀　ひわ　小鳥。マヒワの異称

△［梓］　シ　あずさ
玉梓　たまずさ　［玉章］とも。手紙。消息
鼠梓木　ねずみもち　［女貞］とも。常緑低木

×［梔］　シ
梔子　くちなし　［山梔子・山梔］とも。常緑低木
千葉梔子　こくちなし　［小梔子］とも。クチナシの一種

×［笥］　シ
櫛笥　くしげ　櫛を入れる飾り箱
笥籠　けご　食物を盛る器
簞笥　たんす　「桐の—」

［視］　シ
斜視　やぶにらみ　［藪睨］とも

△［斯］　シ
斯る　かかる　「—重大な事故」
斯く　かく　［是く］とも。「—のごとく」
如斯　かくのごとし　［如之・如此］とも

斯様に　かように　このように
蠡斯　きりぎりす　昆虫
斯う　こう「—して」
斯の　この［此の］とも
越幾斯　エキス　食物の主成分のみを抽出したもの
瓦斯　ガス「プロパン—」
散斯克　サンスクリット　梵語の汎称
窒扶斯　チフス　伝染病の一
毛斯綸　モスリン　毛織物。メリンス
莫爾斯　モールス「—符号」
僂麻質斯　リューマチス　関節などが痛む病気。リューマチ
浦塩斯徳　ウラジオストク　ロシアにある都市名
通古斯　ツングース　中国東北部の民族
波斯　ペルシア　イランの旧称
莫斯科　モスクワ　ロシアの首都

［紫］　シ　むらさき

紫陽花　あじさい［紫陽草・八仙花・天麻裏］とも。落葉低木
紫菜　あまのり［甘海苔・神仙菜］とも。海藻
紫羅欄花　あらせいとう　多年草
紫松　いちい［一位・水松樹・朱樹］とも。常緑高木
紫羅傘　いちはつ［一八・鳶尾・鴟尾草］とも。多年草
紫茉莉　おしろいそう［白粉草］とも。一年草
紫羅蘭　かきつばた［杜若・燕子花］とも。水辺の多年草
紫萼　ぎぼし［擬宝珠］とも。多年草
黄紫茸　きむらたけ　寄生植物の一種
紫竹　くろちく［黒竹・烏竹］とも。竹の一種
紫雲英　げんげ　多年草。別名レンゲソウ
紫薇　さるすべり［猿滑・百日紅］とも。落葉高木
紫鰓魚　すずき［鱸・松江魚］とも。海魚
紫雲草　すずむしそう［鈴虫草］とも。多年草
紫蘇　ちそ［しそ］とも。一年草。食用
紫荊　はなずおう［花蘇枋］とも。落葉高木
紫参　はるとらのお［春虎尾］とも。多年草
紫金牛　やぶこうじ［藪柑子］とも。常緑小低木

［詞］　シ

詞　ことば［言葉・辞］とも
台詞　せりふ［白・科白］とも
祝詞　のりと「神主が—を上げる」
寿詞　よごと［吉詞］とも。祝いのことば
詞　ふみ　名前の一。小出詞子（大学教授）

［歯］　シ　は

羊歯　しだ［歯朶］とも。シダ植物の総称
馬歯莧　すべりひゆ［滑莧］とも。一年草
牙歯草　ひるむしろ［蛭蓆・眼子菜］とも。多年草

［詩］　シ

狂詩曲　ラプソディ　[狂想曲]とも

[試]　シ　こころ(みる)・ため(す)

試馬　あてうま　[当馬]とも。「—候補」

[誌]　シ

誌す　しるす　[記す]とも

[雌]　シ　め・めす

雌鳥　めんどり　↕雄鳥(おんどり)

[賜]　シ　たまわ(る)

賜う　たまう　いただく

賜　たまもの　[賜物]とも。「努力の—」

×[嘴]　シ　くちばし

鴨嘴獣　かものはし　河川の哺乳動物

嘴太鴉　はしぶとからす　カラスの一種

活嘴　カラン　水道の蛇口

×[鴟]　シ

鴟尾草　いちはつ　[一八・鳶尾・紫羅傘]とも。多年草

[字]　ジ　あざ

字　あざな　別名。通称

真字　まな　[真名]とも。本字。漢字。↕仮名

品字梅　やつぶさうめ　[八房梅]とも。別名ザロンウメ

金字塔　ピラミッド

[次]　ジ・シ　つぎ・つ(ぐ)

次　し　「—第」

次妻　うわなり　[後妻]とも。のちぞい。ごさい

次官　すけ　むかしの官位の一

月次　つきなみ　[月並]とも。月ごと。毎月

道次　みちすがら　[途次]とも

三次　みよし　広島県にある市名

木次　きすぎ　[きすき・きつぎ・こつぐ]とも。姓氏の一

△[而]　ジ

似而非　えせ　[にてひ][似非]とも。にせもの。「—学問」

追而書　おってがき　手紙用語。追伸

而して　しかして　[しこうして][然して]とも

而も　しかも　[然も]とも。そのように。その上

[耳]　ジ　みみ

巻耳　おなもみ　一年草

巻耳　みみなぐさ　[耳菜草]とも。越年草

木耳　きくらげ　[木茸]とも。キノコの一

耳語　ささやき　[私語・囁]とも。耳もとで小声で話すこと

鵞耳櫪　さわしば　[沢柴]とも。落葉高木

虎耳草　ゆきのした　[雪下・鴨脚草・金糸草]とも。多年草

土耳古　トルコ　国名

白耳義　ベルギー　国名

馬耳塞　マルセイユ　フランスにある都市名

[自]　ジ・シ　みずか(ら)

自　し　「―然」
自惚　うぬぼれ　「己惚」とも
自ら　おのずから
自棄　やけ　「―をおこす」
自　より　「―一日、至十日」
自鳴琴　オルゴール

【似】　ジ　に(る)

似而非　えせ　「にてひ」「似非」とも。にせもの。「―学問」
真似　まね　「人―」

【児】　ジ・ニ

天児　あまがつ　「天倪・尼児」とも。木偶(でく)人形
如何児　いかなご　「玉筋魚・梭魚子」とも。海魚
金雀児　えにしだ　「金雀枝」とも。常緑低木
魚児牡丹　けまんそう　「華鬘草」とも。多年草
金牛児　こがねむし　「黄金虫・金亀虫・金亀子」とも。昆虫
健児　こんでい　上代に国の警固をした兵士
兵児帯　へこおび　しごき帯
嬰児　みどりご　幼い子
繡眼児　めじろ　「目白」とも。小鳥
鶏児腸　よめな　「嫁菜」とも。多年草
亜爾箇保児　アルコール　「酒精」とも
依的児　エーテル　揮発性・燃焼性の強い液体
加答児　カタル　「胃―」「腸―」
莫臥児　モール　織物の一。「金―」
老頭児　ロートル　中国語読み。老人
烏拉児　ウラル　「烏拉」とも。ロシアにある山脈名

【事】　ジ・ズ　こと

事　ず　「好―家」
勿事　ことなかれ　「―主義」
事える　つかえる　「仕える」とも。「神仏に―」
事　つとむ　名前の一。岡林事(会社役員)

【侍】　ジ　さむらい

侍る　はべる　目上の人のそばにつき従う
典侍　すけ　むかしの官位の一

【持】　ジ　も(つ)

強持　こわもて　「強面」とも。恐ろしい顔つき
扶持　ふち　俸禄として与える米。「―米」
持余す　もてあます　「時間を―」

【時】　ジ　とき

何時　いつ　「―の日か」「―ものように」
時化　しけ　強風で海が荒れること
時雨　しぐれ　晩秋から初冬に降るにわか雨
暫時　しばらく　「暫く」とも。少しのあいだ
時計　とけい
時花　はやり　「流行」とも

時鳥　ほととぎす　［杜鵑・子規・杜宇・不如帰・郭公・蜀魂…］とも。鳥

時戻雀　カナリア　［金糸雀・金雀］とも。小鳥

［慈］　ジ　いつく(しむ)

山慈姑　あまな　［甘菜］とも。多年草

山慈姑　かたくり　［片栗・車前葉］とも。多年草

慈姑　くわい　水生多年草。球茎を食用

慈　めぐみ　名前の一。安間慈

［辞］　ジ　や(める)

辞　ことば　［言葉・詞］とも

△［爾］　ジ

爾　なんじ　［汝］とも。お前

云爾　しかいう　文章の末尾に用い「上述のごとく」の意

莞爾　にこにこ　「―顔」

瓶爾小草　はなやすり　［花鑢］とも。シダの一種

亜爾加里　アルカリ　「―性の食品」

莫爾斯　モールス　「―符号」

亜爾然丁　アルゼンチン　国名

貝加爾湖　バイカルこ　ロシアにある湖

巴爾幹　バルカン　「―半島」

伯剌西爾　ブラジル　［巴西］とも。国名

爾　みつる　名前の一。中島爾(会社役員)

△［鹿］　ロク　しか

鹿蹄草　いちやくそう　［一薬草］とも。多年草

鹿驚　かかし　［案山子］とも

鹿の子　かのこ　「―まだら」

鹿獣　かのしし　古語で鹿のこと

鹿砦　さかもぎ　［逆茂木］とも。敵の侵入を防ぐ垣

鹿垣　ししがき　鹿や猪を防ぐための垣

鹿葱　なつずいせん　［夏水仙］とも。多年草

鹿尾菜　ひじき　［鹿角菜・羊栖菜］とも。海藻

鹿茸　ふくろづの　［袋角］とも。鹿の角の生えはじめのこぶ

鹿薬　ゆきざさ　［雪笹］とも。多年草

馴鹿　トナカイ　シカの一種

小鹿田焼　おんだやき　大分県産の陶器

［識］　シキ

不知不識　しらずしらず　考えもせず。偶然に

識る　しる　［知る］とも

識す　しるす　［記す］とも。書きつける

△［竺］　ジク

天竺牡丹　ダリヤ　多年草

［七］　シチ　なな・なな(つ)・なの

七五三飾　しめかざり　［注連飾・標飾］とも

七糸緞　しゅちん　［繻珍・朱珍］とも。織物の一

七夕　たなばた　［棚機］とも

七葉樹　とちのき　［栃］とも。落葉高木

七日 なぬか 「なのか」とも
七月 ふみづき 「ふづき」「文月」とも。陰暦七月の異称
七星子 むかごにんじん 「零余子人参」とも。多年草

【失】 シツ うしな(う)

失物 うせもの 紛失物
失せる うせる なくなる
箇失密 カシミール 「―高原」

【室】 シツ むろ

庵室 あぜち 寺院。寺小屋

【疾】 シツ

疾うに とうに 以前から。前から
疾くに とっくに 「―知っている」
疾疾と とっとと 「―失せろ」
疾風 はやて 「―のように」
疾しい やましい うしろめたい。気がひける

【湿】 シツ しめ(る)・しめ(す)

湿気る しける
湿る しとる しめる
湿湿 じめじめ 「―とした季節」

×**【蛭】** シツ ひる

蛭子 えびす 「恵比須・恵比寿・戎・夷」とも。七福神の一

【漆】 シツ うるし

金漆 こしあぶら 落葉高木。ウルシの一種
漆姑草 つめくさ 「爪草」とも。一年草
沢漆 とうだいぐさ 「灯台草」とも。有毒の越年草
仮漆 ニス 塗料の一
漆島 ぬるしま 「うるしま・うりしま・ぬりしま」とも。姓氏の一

【質】 シツ・シチ・チ

質 ち 「言―(げんち)」(「げんしつ」は誤読による慣用読み)
気質 かたぎ 「職人―」
質す ただす 「問い―」
質 たち 「性」とも。性質。「―が悪い」
僂麻質斯 リューマチス 関節などが痛む病気。リューマチ
安質母 アンチモン 金属元素の一

×**【膝】** シツ ひざ

牛膝 いのこづち 多年草

【実】 ジツ み・みの(る)

実に げに なるほど。本当に
実 さね 「核」とも。果実の種子
手実 てまめ 「手忠実」とも
実に まことに 「誠に・真に・洵に」とも
忠実 まめ 「―に働く」
実布的利亜 ジフテリア 伝染病の一
実 すみ 名前の一。河辺実男(社長)
実 みつ 名前の一。高橋実子(大学教授)

△［篠］ しの

篠懸 すずかけ 落葉高木

篠山 ささやま 兵庫県にある市名

篠原 しではら ［しのはら］とも。姓氏の一

［芝］ しば

野芝麻 おどりこそう ［踊子草・続断］とも。多年草

芝蘭 しらん シバとラン

柴芝 まんねんたけ ［万年茸］とも。キノコの一種

白芝 よろいぐさ ［鎧草］とも。多年草

△［柴］ しば

柴染 ふしぞめ クロモジノキの染料で染めた色

柴芝 まんねんたけ ［万年茸］とも。キノコの一種

［写］ シャ うつ(す)・うつ(る)

女写 うるぎぼし 二十八宿の一

［車］ シャ くるま

車前草 おおばこ ［大葉子］とも。多年草

車前葉 かたくり ［片栗・山慈姑］とも。多年草

香車 きょうす ［きょうしゃ］とも。将棋の駒の一

山車 だし ［楽車・檀尻］［だんじり］とも。祭礼にひく車

海盤車 ひとで ［人手・海星］とも。棘皮動物

翻車魚 まんぼう 大型の海魚

停車場 ステーション ［ステンショ］とも

［舎］ シャ

田舎 いなか

内舎人 うどねり むかしの官職名の一

淑景舎 しげいさ ［しげいしゃ］とも。内裏の殿舎の一

舎人 とねり 天皇・皇族に近侍した者

学舎 まなびや 学校

［者］ シャ もの

彼者誰時 かわたれどき 夕方のうす暗いとき

頃者 このごろ ［頃日］とも。ちかごろ

猛者 もさ 勇敢で強い男

△［柘］ シャ

柘榴 ざくろ ［石榴］とも。落葉高木

柘植 つげ ［黄楊］とも。常緑高木

海柘榴市 つばいち 古代市場の一

［射］ シャ い(る)

射つ うつ ［撃つ］とも。「ピストルを―」

歩射 かちゆみ ［徒弓］とも。徒歩で矢を射ること

射干 しゃが ［胡蝶花・胡蝶草］とも。多年草

射干 ひおうぎ ［檜扇］とも。扇の一。多年草

射礼 じゃらい 宮中で行われた射術の行事

射干玉 ぬばたま 多年草ヒオウギの黒い実。うばたま

陽射 ひざし ［日差］とも

［斜］ シャ なな(め)

斜 はす 「—かい」
斜視 やぶにらみ [藪睨]とも
[赦] シャ
赦す ゆるす [許す]とも
△[這] シャ は(う)
這這 はいはい 幼児語ではうこと
這柏槇 はいびゃくしん 地をはう常緑低木
這入る はいる 「部屋に—」
這這の体 ほうほうのてい 「—で逃げ出す」
[煮] シャ に(る)・に(える)・に(やす)
関東煮 かんとうだき [関東焚]とも。関西で煮込みおでんのこと
[遮] シャ さえぎ(る)
遮莫 さもあらばあれ それはそれでよいが
[邪] ジャ
風邪 かぜ 感冒。「—をひく」

邪馬台国 やまたいこく [耶馬台国]とも。弥生時代の国名
邪 よこしま 正しくないこと
[蛇] ジャ・ダ へび
蛇 だ 「—行」「—足」「長—」
蛇眼草 いわがねそう [岩根草・了鳳草]とも。多年草
巴蛇 うわばみ [蟒蛇]とも。巨大なヘビ。おろち
大蛇 おろち 極めて大きなヘビ
蛇舅母 かなへび [金蛇]とも。ヘビの一種
蛇麻 からはなそう [唐花草]とも。つる性多年草
蛇菰 つちとりもち 多年生の寄生植物
蛇葡萄 のぶどう [野葡萄]とも。つる性多年草
蛇滅草 はぶそう [波布草]とも。一年草
蛇牀木 はまぜり [浜芹]とも。越年草
山棟蛇 やまかがし [赤棟蛇]とも。ヘビの一種
[尺] シャク

尺蠖 おぎむし シャクトリムシの異称
尺寸 せきすん 小さく狭い土地
短尺 たんざく [短冊]とも。字を書き結ぶ細い紙
八尺瓊曲玉 やさかにのまがたま 三種の神器の一
×[杓] シャク
杓文字 しゃもじ 「ごはん—」
△[灼] シャク
灼 あらたか 「霊験—」
灼く やく 「体を陽に—」
[借] シャク か(りる)
借上 かしあげ 鎌倉時代の高利貸
[釈] シャク
釈迦 しゃか おしゃかさま
釈奠 せきてん 孔子をまつる典礼
×[綽] シャク

綽名　あだな　［渾名］とも

［若］　ジャク・ニャク　わか（い）・も（しくは）

若　にゃく　「老—男女」

杜若　かきつばた　［燕子花・紫羅蘭］とも。多年草

若し　ごとし　［如し］とも。「かくの—」

若く　しく　［如く］とも。「…に—はない」

若草　せきしょうも　［石菖藻］とも。水中の多年草

若干　そこばく　いくらか。じゃっかん

若気　にやけ　「—た男」。にやける

般若　はんにゃ　「—の面」「—心経」

若人　わこうど　わかもの

海若　わたつみ　［海神］［わだつみ］とも。海の神。海原

［弱］　ジャク　よわ（い）・よわ（まる）・よ（わる）

弱檜　さわら　［椹・花柏］とも。常緑高木

手弱女　たおやめ　たおやかな女性

弱火　とろび　勢いの弱い火

弱竹　なよたけ　細くしなやかな竹

弱法師　よろぼうし　よろよろとした乞食坊主

［寂］　ジャク・セキ　さび・さび（しい）・さび（れる）

静寂　しじま　「夜の—」。［無言］とも

△［雀］　ジャク　すずめ

金雀枝　えにしだ　［金雀児］とも。常緑低木

雀躍　こおどり　［小躍］とも。喜ぶさま

小雀　こがら　［小陵鳥］とも。小鳥

四十雀　しじゅうから　小鳥

朱雀　すざく　［しゅじゃく］とも。「—大路」「—門」

雀斑　そばかす　顔にできる斑点

黄雀　にゅうないすずめ　［入内雀］とも。小鳥

雲雀　ひばり　［告天子・叫天子・叫天雀］とも。小鳥

金翅雀　ひわ　小鳥。マヒワの異称

葦雀　よしきり　［葦切］とも。水辺の鳥

金糸雀　カナリア　［金雀・時戻雀］とも。小鳥

雀部　ささべ　［さかべ・ささいべ・そうべ・ささきべ］とも。姓氏の一

［手］　シュ　て・た

上手い　うまい　［巧い］とも。↕下手（へた）

上手　じょうず　↕下手（へた）

手水　ちょうず　手や顔を洗う水。「—鉢」

手斧　ちょうな　大工道具の一

手数入　でずいり　土俵入り

手甲　てっこう　「—脚絆」

下手　へた　↕上手

全手葉椎　まてばしい　［馬刀葉椎］とも。常緑高木

御手洗　みたらし　社前の手を洗う所

手風琴　アコーデオン　楽器

手巾　ハンカチ　［ハンケチ］とも

把手 ハンドル 「自転車の―」

[主] シュ・ス ぬし・おも

主 す 「座―」「法（ほっ）―」「坊―（ず）」
主人 あるじ [主]とも
主計頭 かずえのかみ 主計寮の長官
主典 さかん むかしの官位の一
主筋 しゅうすじ 主君・主人の家筋
主税 ちから 主税頭（主税寮長官）の略
主殿 とのも [とのもり]とも。むかしの役所。その職員
主水 もんど むかしの役所で主水司の略。その職員
天有主 デウス [天主・泥烏須・提宇須]とも。天帝・造物主

[守] シュ・ス まも（る）・もり

瓜守 うりばえ [瓜蝿]とも。害虫
守 かみ むかしの官職名の一。「薩摩―」
守宮 やもり [家守・壁虎]とも。トカゲの類

[朱] シュ

朱 あけ [緋]とも。「―に染まる」
朱樹 いちい [一位・紫松・水松樹]とも。常緑高木
朱蘭 しらん [紫蘭・白及]とも。ランの一種
朱雀 すざく [しゅじゃく]とも。「―大路」「―門」
朱竹 せんねんぼく [千年木・朱蕉・鉄樹]とも。多年草
朱鷺 とき [鴇・桃花鳥]とも。水辺の鳥
朱欒 ザボン [香欒]とも。熱帯の常緑低木

[取] シュ と（る）

疣取木 いぼたのき [水蠟樹]とも。落葉低木

[首] シュ くび

匕首 あいくち つばのない小刀。短剣
石首魚 いしもち 海魚
首 おびと 古代の姓の一
首 こうべ 首から上の部分。「―をたれる」
首途 かどで [門出]とも。旅立ち。「―を祝う」
貫首 かんず [かんじゅ][貫主]とも。寺院の管長の称
叉首 さす 建築用語
首級 しるし [首]とも。敵将の首
何首烏 つるどくだみ [かしゅう]とも。多年草
首藤 すどう [すとう]とも。姓氏の一

[珠] シュ

雲珠 うず 馬具の一
擬宝珠 ぎぼし [ぎぼうし]とも。多年草。宝珠の飾り
珍珠花 こごめばな [小米花]とも。ユキヤナギの別名
数珠 じゅず [ずず]とも。仏具
珠盤 そろばん [算盤・十露盤・十呂盤]とも
珍珠菜 とらのお [虎尾]とも。多年草
文珠蘭 はまゆう [浜木綿][はまおもと]とも。多年草
珠鶏 ほろほろちょう ニワトリに似た鳥

真珠湾　パールハーバー　ハワイの軍港

珠洲　すず　石川県にある市名

珠　たま　名前の一。公平珠躬（大学助教授）

［酒］　シュ　さけ・さか

酒　ささ　酒の古称

濁酒　どぶろく　［にごりざけ］とも

神酒　みき　［御酒］とも。神前に供える酒。おみき

酒精　アルコール　［亜爾箇保児］とも

火酒　ウオツカ　［ウオトカ］とも。ロシアの酒

混合酒　カクテル

三鞭酒　シャンパン　［シャンペン］とも。フランス産の酒

酒場　バー　さかば

麦酒　ビール

糖酒　ラム　蒸溜酒の一

酒酒井　しすい　千葉県にある町名

×［腫］　シュ

腫れる　はれる　［脹れる］とも。「顔が―」

浮腫　むくみ　「足に―がでる」

［種］　シュ　たね

種種　いろいろ　［しゅじゅ］［色色］とも

種　くさ　「七―」「千―」「―種」

下種　げす　［下衆］とも。心のいやしいこと

種姓　すじょう　［素姓・素性］とも

種子　たね　［しゅし］とも

種田　おいだ　［おいた・たねだ］とも。姓氏の一

［寿］　ジュ　ことぶき

寿仙魚　かがみだい　［鏡鯛］とも。海魚

長寿花　きずいせん　［黄水仙］とも。多年草

寿ぐ　ことほぐ　［言祝ぐ］とも。祝福すること

寿光木　さわぐるみ　［沢胡桃］とも。落葉高木

寿司　すし　［鮨］とも

寿詞　よごと　［吉詞］とも。祝いのことば

万寿果　パパイア　［蕃瓜樹］とも。くだもの

寿府　ジュネーブ　スイスにある都市名

寿　とし　名前の一。松下正寿（大学総長）

寿　ひさ　名前の一。氏家寿子（大学教授）

［受］　ジュ　う（ける）・う（かる）

受領　ずりょう　［ずろう］とも。むかし諸国の長官の称

×［呪］　ジュ　のろ（う）

呪い　まじない　「お―をとなえる」

×［綬］　ジュ

吐綬鶏　しちめんちょう　［七面鳥・白露鳥］とも。食肉用の家禽

［樹］　ジュ

白辛樹　あさがら　落葉高木

水松樹　いちい　［一位・紫松・朱樹］とも。常緑高木

蚊母樹 いすのき [柞]とも。常緑高木

公孫樹 いちょう [銀杏・鴨脚樹]とも。落葉高木

青剛樹 うばめがし [姥女樫・姥女柏]とも。常緑高木

鉄樹 そてつ [蘇鉄・鉄蕉]とも。常緑樹

樹てる たてる 樹立する

化香樹 のぐるみ [野胡桃・兜櫨樹]とも。落葉高木

樹懶 なまけもの サルに似たけもの

紅谷樹 ひいらぎ [柊・枸骨]とも。常緑高木

青黄剛樹 ひめゆずりは [姫譲葉・姫交譲木]とも。常緑高木

胡蝶樹 やぶてまり [藪手毬]とも。落葉低木

昆欄樹 やまぐるま [山車]とも。常緑高木

榕樹 ガジマル [ガジュマル]とも。熱帯の常緑高木

覇王樹 サボテン [仙人掌]とも。常緑多年草

蕃瓜樹 パパイア [万寿果]とも。くだもの

樹 たつ 名前の一。畠山樹郎(公務員)

[囚] シュウ

囚れる とらわれる つかまる。とらえられる

囚人 めしゅうど 捕われて獄にある者

[州] シュウ す

海州常山 くさぎ [臭木・臭梧桐]とも。落葉低木

氷州 アイスランド 北極圏の大きな島

豪州 オーストラリア [濠太剌利・墺太剌利亜]とも。国名

加州 カリフォルニア アメリカ西海岸の州名

[秀] シュウ ひい(でる)

片秀 かたほ [偏]とも。不十分。不完全

秀枝 ほつえ [上枝・末枝]とも。木の上枝。枝の先

秀 すぐる 名前の一。宮川秀(会社役員)

秀 ひで 名前の一。湯川秀樹(物理学者)

[周] シュウ まわ(り)

周章しい あわただしい 忙しく落ちつかない

周章る あわてる [狼狽る・慌てる]とも

周囲 ぐるり [周]とも。まわり

周防 すおう 旧国名。山口県

周東 しゅとう [すとう・すどう]とも。姓氏の一

周 ちかし 名前の一。伊藤周(大学助教授)

周 ひろし 名前の一。伊藤周(会社役員)

[宗] シュウ・ソウ

宗 むね 「正直を―とする」

宗 とき 名前の一。海後宗臣(大学教授)

[秋] シュウ あき

秋沙鴨 あいさ カモの一種

秋刀魚 さんま [三摩・青串魚]とも。海魚

剪秋羅 せんのう [仙翁]とも。多年草

千秋万歳 せんずまんざい 中世の歌舞

秋 とき 「実りの―」

秋葵　とろろあおい　［黄蜀葵・黄葵・一日花］とも。多年草
秋波　ながしめ　流し目。色目
秋桜　コスモス　一年草
秋　みのる　名前の一。宮川秋（医師）

［臭］　シュウ　くさ（い）

臭橙　かぶす　ダイダイの一種。皮が苦い
臭梧桐　くさぎ　［臭木・海州常山］とも。落葉低木
臭う　におう　［匂う］とも
臭椿　にわうるし　［庭漆］とも。落葉高木
狐臭　わきが　［腋臭］とも。わきの下から悪臭を発する病気

［修］　シュウ・シュ　おさ（める）・おさ（まる）

修　しゅ　「―行」「―験道」「―羅場」
修法　ずほう　［しゅほう］とも。加持祈禱の法
修羅　すら　［しゅら］とも。常に争いのつづく世界
修　のぶ　名前の一。大田修生（公務員）
修　よしみ　名前の一。石黒修（国語学者）

［終］　シュウ　お（わる）・お（える）

終う　しまう　［仕舞う・了う］とも
初中終　しょっちゅう　つねに。いつも
終に　ついに　［遂に］とも。「―に終わった」
終の栖　ついのすみか　一生住むところ
終日　ひねもす　［ひもすがら］とも。一日中
終夜　よもすがら　一晩中

×**［羞］**　シュウ

含羞草　おじぎそう　［眠草］［ねむりぐさ］とも。一年草

［習］　シュウ　なら（う）

復習う　さらう　「今日の授業を―」

［就］　シュウ・ジュ　つ（く）・つ（ける）

就　じゅ　「成（じょう）―」
急就草　つわぶき　［石蕗・槖吾］とも。多年草
就中　なかんずく　とりわけ
就　なり　名前の一。山田久就（外交官）

［衆］　シュウ・シュ

衆　しゅ　「若い―」「―生（じょう）」
下衆　げす　［下種］とも。心のいやしいこと
貫衆　やぶそてつ　［藪蘇鉄］とも。シダ植物の一
衆樹　もろき　姓氏の一

［集］　シュウ　あつ（まる）・あつ（める）・つど（う）

五十集　いさば　漁場。魚市場
集く　すだく　［多集く］とも。群がり集まること
集る　たかる　「虫が―」
神集島　かしわじま　佐賀県の唐津湾にある島
物集　もずめ　［物集女］［もずみめ］とも。姓氏の一

［酬］　シュウ

手酬　たむけ　［手向］とも。神仏に供物をそなえること

酬いる　むくいる　[報いる]とも

[醜]　シュウ　みにく(い)

醜名　しこな　[四股名]とも。力士の名前

醜男　ぶおとこ　↕醜女

△[繡]　シュウ　ぬ(う)

繡眼児　めじろ　[目白]とも。小鳥

[襲]　シュウ　おそ(う)

襲　かさね　むかしの衣服で上下がそろったもの

熊襲　くまそ　古代九州にいたとされる種族

[十]　ジュウ・ジッ　とお・と

十　と　「十人—色」「—重二十重(はたえ)」

五十日　いか　ごじゅうにち。「—の祝」

五十集　いさば　漁場。魚市場

十六夜　いざよい　陰暦で十六日の夜

五十　いそ　ごじゅう。「—路」

十八番　おはこ　得意の芸

十月　かみなづき　[神無月]とも。陰暦十月の異称

十二黄雀　きれんじゃく　[黄蓮雀]とも。小鳥

九十　ここのそじ　九十歳の年齢

十一月　しもつき　[霜月]とも。陰暦十一月の異称

十二月　しわす　[師走・四極・極月]とも。陰暦十二月の異称

十露盤　そろばん　[算盤・十呂盤・珠盤]とも

九十九髪　つくもがみ　[江浦草髪]とも。老女の白髪のこと

九十九折　つづらおり　[葛折]とも。曲りくねった坂道

二十重　はたえ　「十重(とえ)—」

二十　はたち　[二十歳]とも

二十日　はつか

十大功労　ひいらぎなんてん　[柊南天]とも。常緑低木

十寸鏡　ますかがみ　[真澄鏡]とも。よく澄んで明らかな鏡

三十日　みそか　[晦日]とも

八十　やそ　[やそじ]とも。はちじゅう

五十嵐　いがらし　[いそあらし]とも。姓氏の一

五十川　いさがわ　[いそがわ・いかがわ・いらかわ…]。姓氏の一

十　みつる　名前の一。太田十(社長)

[汁]　ジュウ　しる

灰汁　あく　「—を抜く」「—が強い」

御汁　おつけ　[御付]とも。みそ汁

塩汁鍋　しょっつるなべ　秋田の郷土料理

出汁　だし　煮出し汁

汁　つゆ　「そばの—」

苦汁　にがり　[苦塩]とも。海水に含まれる苦味のある液

肉汁　スープ　「野菜—」

[充]　ジュウ　あ(てる)

充行　あてがい　[宛行]とも。「—扶持」

充ちる　みちる　[満ちる]とも。いっぱいになる

充　みつる　名前の一。牛山充(音楽評論家)
[住]　ジュウ　す(む)・す(まう)
住居　すまい
[柔]　ジュウ・ニュウ　やわ(らか)・やわ(らかい)
柔魚　するめいか　[鯣烏賊]とも。イカの一種
槍柔魚　やりいか　[槍烏賊]とも。イカの一種
柔術　やわら　[柔]とも。柔道
[重]　ジュウ・チョウ　え・おも(い)・かさ(ねる)・かさ(なる)
重　え　「一—」「八—桜」
重籐　しげどう　[滋籐]とも。弓の一
重菰　まいたけ　[舞茸]とも。キノコの一
重葉梅　やつぶさうめ　[八房梅]とも。梅の一品種。別名ザロンウメ
重　しげる　名前の一。玉木重(大学教授)
[従]　ジュウ・ショウ・ジュ　したが(う)・したが(える)
従　じゅ　「—三位(さんみ)」

従　しょう　「—容」「合—連衡」
従兄弟　いとこ　[従姉妹・従兄・従弟]とも
従祖母　おおおば　祖父母の姉妹。↕従祖父
再従兄弟　はとこ　[再従姉妹]とも
×[絨]　ジュウ
天鵞絨　ビロード　織物の一
[銃]　ジュウ
銃　つつ　「捧(ささげ)—」
拳銃　ピストル　[短銃]とも
[縦]　ジュウ　たて
縦令　たとい　[仮令][たとえ]とも
縦　ほしいまま　[恣]とも
縦んば　よしんば　たとえ。かりに
[獣]　ジュウ　けもの
食蟻獣　ありくい　けもの

鴨嘴獣　かものはし　河川にすむ哺乳動物
獣　けだもの　けもの
獣　しし　[猪・鹿]とも。イノシシやシカのこと
×[夙]　シュク
夙に　つとに　早くから
夙　まだき　「朝—」
[叔]　シュク
叔母　おば　[伯母]とも。↕叔父
[祝]　シュク・シュウ　いわ(う)
言祝ぐ　ことほぐ　[寿ぐ]とも。祝福すること
祝詞　のりと　「—を上げる」
祝　はふり　神に仕える者
祝　ほがい　ことほぎ。いわい
坂祝　さかほぎ　岐阜県にある町名
祝　はじめ　名前の一。深田祝(大学教授)

［宿］ シュク　やど・やど(る)・やど(す)

宿直 とのい　宮中勤務で宿泊すること

宿星菜 ぬまとらのお　［沼虎尾］とも。多年草

宿酔 ふつかよい　［二日酔］とも

指宿 いぶすき　鹿児島県にある市名

宿毛 すくも　高知県にある市名

［淑］ シュク

淑景舎 しげいしゃ　［しげいさ］とも。内裏の殿舎の一

淑やか しとやか　「―な女性」

淑 とし　名前の一。古沢淑子(大学教授)

［縮］ シュク　ちぢ(む)・ちぢ(める)・ちぢ(らす)

縮緬 ちりめん　絹織物の一

［熟］ ジュク　う(れる)

熟寝 うまい　気持のよい眠り

熟す こなす　食物を消化する。「仕事を―」

熟 つらつら　［つくづく］とも。「―考えるに」

熟鮨 なれずし　すしの一

［出］ シュツ・スイ　で(る)・だ(す)

出 すい　「―納」「―挙」

出立 いでたち　旅立ち

出湯 いでゆ　温泉

出石焼 いずしやき　兵庫県出石町産の焼物

出水 いずみ　鹿児島県にある市名

出雲 いずも　旧国名。島根県

出石 いついし　［いずし・でいし］とも。姓氏の一

出光 いでみつ　姓氏の一

［術］ ジュツ

術 すべ　「なす―がない」

柔術 やわら　［柔］とも。柔道

［春］ シュン　はる

春日 かすが　「―神社」「―山」

春菜 しらきくな　ハクサイの一種

春宮 とうぐう　［はるのみや］［東宮］とも。皇太子

麗春花 ひなげし　［雛罌粟・虞美人草・錦被花・美人草］とも

放春花 ぼけ　［木瓜・鉄脚梨］とも。落葉低木

香春 かわら　福岡県にある町名

春原 すはら　［はるはら］とも。姓氏の一

［瞬］ シュン　またた(く)

瞬ぐ まじろぐ　まばたきをする

瞬 まばたき

［巡］ ジュン　めぐ(る)

巡る まわる　「お巡りさん」

［旬］ ジュン

旬 しゅん　「―の魚」

［准］ ジュン

准える なぞらえる 「準える・擬える」とも

△**［隼］** ジュン はやぶさ

隼人 はやと 「薩摩―」

隼 はやし 名前の一。伊藤隼（登山家）

［順］ ジュン

順う したがう 「従う」とも

順 すなお 名前の一。兼子順（大学助教授）

［準］ ジュン

準える なぞらえる 「准える・擬える」とも

準 より 名前の一。小島準子（大学教授）

△**［馴］** ジュン な（れる）

馴染 なじみ 「―の店」

馴鹿 トナカイ シカの一種

［潤］ ジュン うるお（う）・うるお（す）・うる（む）

潤ける ふやける 水をふくんでふくれる

潤 しげる 名前の一。加藤潤（会社役員）

潤 ひろし 名前の一。沢野潤（会社役員）

△**［諄］** ジュン

諄い くどい しつこい

諄 あつし 名前の一。酒井諄（大学教授）

［遵］ ジュン

遵う したがう 「従う」とも。規則にしたがう

［処］ ショ

彼処 あそこ 「彼所」「あすこ・かしこ」とも

在処 ありか 「在所」とも。物のある所

何処 いずこ 「何所」「どこ」とも

処女 おとめ 「少女・乙女」とも。未婚の女性

此処 ここ 「此所」とも

住処 すみか 「栖」とも。すまい

其処端処 そこはか 「―となく」

高処 たかみ 「―の見物」

処 ところ 「所」とも。空間。場所

留処 とめど 「止処」とも。「―がない」

目処 めど 「目所」とも。「―がつく」

焼処 やけど 「火傷」とも

［初］ ショ はじ（め）・はつ・うい・そ（める）

初 うい 「―産」「―陣」「初初しい」

初 そ 「見―める」「咲き―める」

初心 うぶ 「初」とも。「―な娘」

仮初 かりそめ 「苟且」とも。「―にも」

夏初月 なつはづき 「夏端月」とも。陰暦四月の異称

［所］ ショ ところ

彼所 あそこ 「彼処」「あすこ・かしこ」とも

所有 あらゆる 「凡」とも。「ありと―」

在所 ありか 「在処」とも。物のある所

所謂 いわゆる 世に言われる
此所 ここ [此処]とも
所為 せい 「気の—か」
其所 そこ [其処]とも。そのところ
寝所 ねどこ [寝床]とも。寝るところ
臥所 ふしど [臥床]とも。ねどこ
所以 ゆえん 理由。わけ
所縁 ゆかり [縁]とも。「縁も—もない」
他所 よそ [余所]とも
膳所焼 ぜぜやき 滋賀県大津産の陶器
御所 ごせ 奈良県にある市名

[庶] ショ
庶幾う こいねがう [希う]とも

[緒] ショ・チョ お
緒 いとぐち [糸口]とも。「話の—」

[諸] ショ
諸諸 もろもろ 多くの。いろいろの

×**[薯]** ショ いも
馬鈴薯 じゃがいも 野菜
薯蕷 とろろ ヤマイモなどをすった食べ物
麦薯蕷 むぎとろ とろろ汁をかけた麦飯

×**[藷]** ショ いも
甘藷 さつまいも [薩摩芋]とも。野菜

[女] ジョ・ニョ・ニョウ おんな・め
山女 あけび [通草・木通・丁翁・紅姑娘]とも。つる性落葉樹
貴女 あなた [貴方・貴下・貴男]とも
海女 あま 潜水漁を行う女性。[海人・海士]は漁師
萎女王 あまどころ [甘野老]とも。多年草
郎女 いらつめ 古語で若い女。↔郎子
不生女 うまずめ [石女]とも。子を生めない女性
女写 うるぎぼし 二十八宿の一
老女 おうな [嫗・媼]とも。老いた女
天女花 おおやまれんげ [大山蓮花]とも。落葉高木
女将 おかみ 旅館や料理屋の女主人
女子 おなご 女の子。女の人
未通女 おぼこ 若い女
女郎花 おみなえし 多年草。秋の七草の一
女形 おやま 女の役をする男優
女真 くまのみずき [熊野水木]とも。落葉高木
小女子 こうなご 海魚。イカナゴの別名
瞽女 ごぜ 盲目の旅芸人
女蘿 さるおがせ [松蘿・普賢線]とも。地衣類
女衒 ぜげん 遊女の口入れを業とした者。人買い
女貞 ねずみもち [鼠梓木]とも。常緑低木
売女 ばいた 売春婦

女　ひと　歌謡曲などで用いられる

女　むすめ　「菅原孝標の―」

女菀　ひめじおん　［姫紫菀］とも。多年草

女青　へくそかずら　［屁糞葛・牛皮凍］とも。つる草

巫女　みこ　［神子・御子・巫］とも。神に仕える少女

女夫　みょうと　［めおと］［妻夫・夫婦］とも

美女桜　バーベナ　一年草。和名ビジョザクラ

女川湾　おながわわん　宮城県にある湾

女川　ひめかわ　［おながわ・めかわ］とも。姓氏の一

［如］　ジョ・ニョ

如　にょ　「―実」「阿弥陀―来」

如何　いか　「―さま」「―もの」

如何　いかが　「―でしょうか」

如何　いかん　［奈何］とも。「―ともしがたい」

如何　どう　「―しても」「―も」

如何児　いかなご　［玉筋魚・梭魚子］とも。海魚

如斯　かくのごとし　［如之・如此］とも

如月　きさらぎ　［二月・衣更月・更衣］とも。陰暦二月の異称

件如　くだんのごとし　むかし証文などに用いられた語

如し　ごとし　［若し］とも。「かくの―」

如かず　しかず　［若かず］とも。およばない

如く　しく　［若く］とも。「…に―はない」

不如帰　ほととぎす　［杜鵑・子規・時鳥・郭公・蜀魂…］とも。鳥

△［汝］　ジョ　なんじ

汝　うぬ　［なれ・なんじ］とも。おまえ。きさま

［序］　ジョ

序に　ついでに

［叙］　ジョ

叙べる　のべる　［述べる］とも。「意見を―」

［徐］　ジョ

徐に　おもむろに　「―に話し出す」

徐徐　そろそろ　「―行こうか」

［除］　ジョ・ジ　のぞ（く）

除　じ　「掃―」「―目」

除者　のけもの　仲間はずれ

除ける　よける　［のける・どける］とも

［小］　ショウ　ちい（さい）・こ・お

小豆　あずき　［赤小豆・紅小豆］とも。豆類の一

小連翹　おとぎりそう　［弟切草］とも。多年草

金瘡小草　きらんそう　多年草

小女子　こうなご　海魚。イカナゴの別名

小啄木　こげら　キツツキ科の鳥

小人　こども　↕大人

小波　さざなみ　［細波・漣］とも

小石　さざれいし　［細石］とも。小さく細かい石

小百合　さゆり　ユリ。「さ」は接頭語

小竜仙　しらびそ　[白檜曽・白檜]とも。常緑高木

小巣鳥　すずめのえんどう　[雀豌豆]とも。越年草

小蛸魚　するめ　[鰑]とも。イカを乾した食品

小雉尾草　たちしのぶ　[立葱]とも。多年草

瓶爾小草　はなやすり　[花鑢]とも。シダの一種

小火　ぼや　小さな火事

小蘗　めぎ　落葉低木

小夜曲　セレナーデ

莫大小　メリヤス　「―のシャツ」

小栗　ささぐり　[おぐり]とも。姓氏の一

小竹　しの　[しぬ・しのう・おたけ・こたけ]とも。姓氏の一

[少]　ショウ　すく(ない)・すこ(し)

少女　おとめ　[乙女・処女]とも

少輔　しょう　むかしの官位の一

少彦名神　すくなひこなのかみ　神話上の神

[匠]　ショウ

匠　たくみ　[工]大工。技術のすぐれた職人

内匠　たくみ　宮廷の工匠。「―頭(かみ)」

[抄]　ショウ

抄く　すく　「紙を―」

[床]　ショウ　とこ・ゆか

臥床　ふしど　[臥所]とも。ねどこ

[肖]　ショウ

肖る　あやかる

×**[妾]**　ショウ　めかけ

妾　そばめ　[側妻]とも

洋妾　らしゃめん　西洋人のめかけ

妾　わらわ　女性が自分をいう語

[尚]　ショウ

尚ぶ　とうとぶ　[尊ぶ・貴ぶ][たっとぶ]とも

尚侍　ないしのかみ　[しょうじ]とも。むかしの官位の一

尚　なお　[猶]とも。「―かつ」「―さら」

和尚菜　のぶき　[野蕗]とも。多年草

尚しい　ひさしい　[久しい]とも

尚　たかし　名前の一。新田尚(気象学者)

[承]　ショウ　うけたまわ(る)

承ける　うける　[受ける]とも。あとをうけつぐ

承和　じょうわ　[しょうわ]とも。年号。「承保・承暦・承久」も同じ

[松]　ショウ　まつ

水松樹　いちい　[一位・紫松・朱樹]とも。常緑高木

羅漢松　いぬまき　[犬槇]とも。常緑高木

松魚　かつお　[鰹・堅魚]とも。海魚

甘松　かのこそう　[鹿子草]とも。多年草

金松　こうやまき　[高野槇・傘松]とも。常緑高木

松蘿　さるおがせ　コケの一種
松江魚　すずき　[鱸・紫鰓魚]とも。海魚
鳳尾松　そてつ　[蘇鉄・鉄蕉・鉄樹]とも。常緑樹
松明　たいまつ　[焼松・炬火・松火]とも
松楊　ちしゃ　[ちしゃのき]とも。落葉高木
杜松　ねず　常緑高木
石松　ひかげのかずら　[日陰葛]とも。多年草
松上寄生　まつぐみ　[松胡頽子]とも。松に寄生する低木
海松　みる　[水松・苔菜]とも。海藻
松前　まさき　愛媛県にある町名

×[炒]　ショウ　い(る)
炒める　いためる　「野菜を―」

[省]　ショウ・セイ　かえり(みる)・はぶ(く)
省沽油　みつばうつぎ　[三葉空木]とも。落葉低木
省　あきら　名前の一。成瀬省(大学教授)

[宵]　ショウ　よい
宵宮　よみや　[夜宮]とも。よいまつり

×[悄]　ショウ
悄悄　しおしお　[萎萎]とも。気落ちしたさま
悄悄　すごすご　「―と引きさがる」
悄れる　しおれる　気落ちする
悄気る　しょげる　気落ちする
悄然　しょんぼり　気落ちしたさま

[消]　ショウ　き(える)・け(す)
魂消る　たまげる　びっくりする
雪消　ゆきげ　雪どけ

[将]　ショウ
女将　おかみ　旅館や料理屋の女主人
将又　はたまた　あるいはまた
将に　まさに　[正に]とも
将　すすむ　名前の一。雀部将(医師)

[祥]　ショウ
祥瑞　しょんずい　染付磁器の一
祥　さち　名前の一。衣笠祥雄(野球選手)

[称]　ショウ
称える　たたえる　ほめる
称える　となえる　名づけて呼ぶ。称する

[笑]　ショウ　わら(う)・え(む)
可笑しい　おかしい　こっけい。かわっている

[商]　ショウ　あきな(う)
商人　あきんど　しょうにん
商陸　やまごぼう　[山牛蒡]とも。多年草

×[娼]　ショウ
男娼　かげま　[陰間]とも。男色を売る男

[渉]　ショウ

一渉　ひとわたり　［一渡］とも。「―ながめる」
渉る　わたる　「浅瀬を―」
△【捷】　ショウ
敏捷い　はしこい　動作・判断がすばやい
捷克　チェコ　国名
捷　とし　名前の一。植田捷雄（歴史学者）
【章】　ショウ
章花魚　いいだこ　［飯蛸・望潮魚］とも。タコの一種
周章しい　あわただしい　［慌しい］とも
周章る　あわてる　［狼狽る・慌てる］とも
章断　しとだち　しめなわのこと
章魚　たこ　［蛸］とも。軟体動物
玉章　たまずさ　［玉梓］とも。手紙。消息
章　あきら　名前の一。岩井章（労働運動家）
【勝】　ショウ　か（つ）・まさ（る）

勝れる　すぐれる　［優れる］とも
勝　すぐろ　［かち・かつ・すぐる・すぐり］とも。姓氏の一
勝　つよし　名前の一。及川勝（会社役員）
【掌】　ショウ
虎掌　うらしまそう　［浦島草］とも。多年草
掌る　つかさどる　［司る］とも
仏掌薯　つくねいも　［捏芋］とも。ヤマイモの一種
掌　てのひら　［たなごころ］とも
仙人掌　サボテン　［覇王樹］とも。サボテン科の植物の総称
【焼】　ショウ　や（く）・や（ける）
焼べる　くべる　「まきを―」
焼松　たいまつ　［松明・松火・炬火］とも
【焦】　ショウ　こ（げる）・こ（がれる）・あせ（る）
焦臭い　きなくさい　「―におい」
焦らす　じらす

【硝】　ショウ
硝子　ガラス
【粧】　ショウ
御粧　おめかし　「―して出かける」
粧う　よそおう　かざる。つくろう
△【菖】　ショウ
菖蒲　あやめ　［しょうぶ］［白菖］とも。水辺の多年草
【証】　ショウ
証　あかし　「無実の―」
内証　ないしょ　［内緒］とも。「―の話」
【象】　ショウ・ゾウ
椿象　かめむし　悪臭を放つ昆虫
象る　かたどる　物の形を写しとる
海象　せいうち　海洋の哺乳動物
象潟　きさかた　秋田県にあった町名

［傷］ ショウ きず・いた(む)・いた(める)
凍傷 しもやけ ［霜焼］とも
深傷 ふかで おもい傷。↕浅傷
火傷 やけど
［奨］ ショウ
奨める すすめる ［勧める］とも
［照］ ショウ て(る)・て(らす)・て(れる)
四照花 やまぼうし ［山帽子］とも。落葉高木
照 ひかる 名前の一。岡照(外交官)
［詳］ ショウ くわ(しい)
詳らか つまびらか 「原因が―でない」
△［嘗］ ショウ な(める)
相嘗魚 あいなめ ［鮎魚女・鮎並］とも。海魚
嘗て かつて ［曽て］とも。「いまだ―」
［障］ ショウ さわ(る)

障泥 あおり ［泥障］とも。馬具の一
外障眼 うわひ ［上翳］とも。眼病の一
気障 きざ 「―な男」
障神 さえのかみ ［塞神・道祖神］［さいのかみ］とも
白内障 しろそこひ 眼病の一
軟障 ぜじょう 寝殿造りにつるすとばり
内障眼 そこひ ［底翳・内障］とも。眼病の一
△［樟］ ショウ くす
樟蚕 くすさん 大型のガ
烏樟 くろもじ ［黒文字・鉤樟］とも。落葉低木
樟田 くぬぎだ 姓氏の一
［衝］ ショウ
衝立 ついたて 仕切りや目隠しをする家具
衝く つく 「弱点を―」
衝羽根 つくばね 落葉低木。羽つきの羽

×［聳］ ショウ そび(える)
聳立つ そそりたつ 高くそびえ立つ
聳つ そばだつ そびえたつ
△［蕉］ ショウ
朱蕉 せんねんぼく ［千年木・朱竹・鉄蕉］とも。多年草
鉄蕉 そてつ ［蘇鉄・鉄樹］とも。常緑樹
甘蕉 バナナ くだもの
△［鞘］ ショウ さや
海鞘 ほや ［老海鼠］とも。海産動物
△［醬］ ショウ
醬蝦 あみ ［海糠・線蝦・糠蝦］とも。節足動物
敗醬 おとこえし ［男郎花］とも。多年草
醬 ひしお なめ味噌の一
［鐘］ ショウ かね
鐘 つりがね ［釣鐘］とも

[上]　ジョウ・ショウ　のぼ(る)・うえ・うわ・かみ・あ(げる)・

上手い　うまい　[巧い]とも。↕下手(へた)

上達部　かんだちめ　[かんだちべ]とも。公卿の異称

上枝　ほつえ　[秀枝・末枝]とも。うわえだ。↕下枝(しずえ)

松上寄生　まつぐみ　[松胡頽子]とも。松に寄生する低木

上野焼　あがのやき　福岡県産の陶器

上総　かずさ　旧国名。千葉県

上野　こうずけ　旧国名。群馬県

井上　いなえ　[いない・いねい・いのえ・いのうえ]とも。姓氏の一

上林　かんばやし　[うえばやし・かみばやし]とも。姓氏の一

[丈]　ジョウ　たけ

丈　だけ　「ただそれ―」

丈夫　ますらお　[益荒夫・大士]とも。強い男子

丈　たかし　名前の一。榎原丈(社長)

△**[杖]**　ジョウ　つえ

虎杖　いたどり　多年草

三毬杖　さぎちょう　[左義長]とも。正月十五日の年中行事

斑杖　まむしぐさ　[蝮草]とも。毒のある多年草

[条]　ジョウ

仙人条　いわひも　[岩紐]とも。多年草

通条花　きぶし　[旌節花]とも。落葉高木

条　くだり　[行]とも。「…の―を読む」

条虫　さなだむし　[じょうちゅう]とも。絛虫の誤用。寄生虫

条黒白蝶　すじぐろしろちょう　チョウの一種

発条　ぜんまい　[撥条][ばね]とも。うずまき状の鋼鉄のばね

△**[帖]**　ジョウ・チョウ

帖紙　たとうがみ　[畳紙][たとう]とも。和服の包み紙

[城]　ジョウ　しろ

奥津城　おくつき　墓。墓場

傾城　けいせい　美人。遊女

平城　へいぜい　第五十一代の天皇

平城　なら　[奈良・寧楽・名良・乃楽]とも。奈良の古字

城　くに　名前の一。杉山吉城(会社役員)

[浄]　ジョウ

浄める　きよめる　[清める]とも

[剰]　ジョウ

剰る　あまる　[余る]とも

剰え　あまつさえ　その上に

[常]　ジョウ　つね・とこ

土常山　あまちゃ　[甘茶]とも。落葉低木

常磐草　かんあおい　[寒葵・杜衡]とも。多年草

海州常山　くさぎ　[臭木・臭梧桐]とも。落葉低木

常ならぬ　ただならぬ　普通ではない。「―様子」

常磐　ときわ　いつまでも変わらぬこと

常　とこしえ　[長・鎮・永久][とこ・とこしなえ・とわ]とも

常陸 ひたち　旧国名。茨城県
常田 ときた　［ときだ・とこた・つねた］とも。姓氏の一
常 ひさ　名前の一。筑波常治（大学教授）
［情］ ジョウ・セイ　なさ（け）
情 せい　「風情（ふぜい）」
情人 いろ　［情夫・情婦］とも。情事の相手。愛人
情事 いろごと　［色事］とも。「―師」
［場］ ジョウ　ば
斎場 ゆにわ　［斎庭］とも。神を祭るきよめた場所
停車場 ステーション　［ステンショ］とも
酒場 バー　さかば
的場 いくはば　［まとば］とも。姓氏の一
［畳］ ジョウ　たたみ・たた（む）
畳紙 たとうがみ　［帖紙］［たとう］とも。和服の包み紙
畳 もたい　姓氏の一

［蒸］ ジョウ　む（す）・む（れる）・む（らす）
蒸熱 いきれ　［熱］とも。むれる
巻蒸 けんちん　［巻繊］とも。「―汁」
蒸籠 せいろ　［せいろう］とも。食物を蒸す道具
蒸す ふかす　「いもを―」
［嬢］ ジョウ
桃金嬢 てんにんか　［天人花］とも。常緑低木
［譲］ ジョウ　ゆず（る）
交譲木 ゆずりは　［譲葉］とも。常緑高木
譲 よし　名前の一。中住譲秀（社長）
×**［饒］** ジョウ
饒舌 おしゃべり　よくしゃべること
［色］ ショク・シキ　いろ
色丹草 しこたんそう　多年草
秘色 ひそく　中国の青磁。色名

色麻 しかま　宮城県にある町名
△**［拭］** ショク　ぬぐ（う）
拭く ふく　「テーブルを―」
［食］ ショク・ジキ　く（う）・く（らう）・た（べる）
食 じき　「断―」「乞―」「―堂」
朝食 あさげ　［朝飯・朝餉］とも。朝の食事。↕夕食
食蟻獣 ありくい　けもの
食客 いそうろう　［しょっかく］［居候］とも
不食嫌 くわずぎらい
知ろし食す しろしめす　お治めになる
食単 すごも　神膳の下にしく敷物
斎食 とき　［斎］とも。寺院の食事
食出る はみでる　「枠から―」
食む はむ　「禄を―」「虫食（ば）む」
没食子 ふし　［もっしょくし］［五倍子・附子］とも。樹木の虫こぶ

御食 みけ　天子の御食事

△**【埴】** ショク　はに

埴猪口 へなちょこ　下手くそ。未熟者

埴原 はいばら　「はにはら・はにわら」とも。姓氏の一

【植】 ショク　う(える)・う(わる)

植字 ちょくじ　印刷用語

柘植 つげ　「黄楊」とも。常緑高木

麻植 おえ　徳島県にあった郡名

×**【嗇】** ショク

吝嗇 けち　「—な男」

【触】 ショク　ふ(れる)・さわ(る)

気触 かぶれ　肌がかぶれること。感化されること

触 さわり　聞かせどころ

×**【蜀】** ショク

蜀椒 さんしょう　「山椒」とも。落葉低木。香辛料

蜀葵 たちあおい　「立葵」とも。越年草

玉蜀黍 とうもろこし　一年生作物

黄蜀葵 とろろあおい　「秋葵・一日花・黄葵」とも。一年草

蜀魂 ほととぎす　「杜鵑・子規・時鳥・不如帰・郭公・怨鳥…」とも。鳥

野蜀葵 みつば　「三葉」とも。多年草

紅蜀葵 もみじあおい　「紅葉葵」とも。多年草

【飾】 ショク　かざ(る)

葛飾 かつしか　東京都にある区名

飾磨 しかま　兵庫県にある郡名

△**【燭】** ショク

紙燭 しそく　「脂燭」とも。むかしの照明具

南天燭 なんてん　「南天・南天竹」とも。常緑低木

燭魚 はたはた　「鰰・雷魚」とも。海魚

蠟燭 ろうそく　「—をともす」

【織】 ショク・シキ・お(る)

漢織 あやはとり　中国より渡来した織工氏族

金毛織 きんモール　織物の一

織田 おだ　姓氏の一

【職】 ショク

修理職 しゅりしき　「すりしき」とも。平安時代の役所

有職 ゆうそく　その道にあかるい人。「—故実」

×**【尻】** しり

尻尾 しっぽ　「犬の—」

長尻 ながっちり　ながいをする

×**【皺】** しわ

皺 しぼ　織物の表面の凹凸

【心】 シン　こころ

初心 うぶ　「初」とも。「—な娘」

心 うら　裏の意。「—淋しい」「—悲しい」「—若い」

黄心樹 おがたまのき　「小賀玉木」とも。常緑高木

心地　ここち　気分。こころもち
心算　つもり　考え。胸算用
心太草　てんぐさ　［太凝草・石花菜］［ところてんぐさ］とも。海藻
心太　ところてん　清涼食品
桃花心木　マホガニー　熱帯の常緑高木。器具材
安心院　あじむ　大分県にあった町名

［申］　シン　もう(す)
申　さる　十二支の第九番

［伸］　シン　の(びる)・の(ばす)
欠伸　あくび　［欠］とも
伸　のぶる　名前の一。大類伸(大学教授)

［臣］　シン・ジン
朝臣　あそん　［あそみ］とも。高位者の尊称
大臣　おとど　だいじん
臣　おみ　臣下。朝廷に仕える人

［身］　シン　み
油身魚　いたちうお　［鼬魚］とも。海魚
文身　いれずみ　［入墨・天墨・刺青］とも
身体　からだ　［体・躰］とも
身柱　ちりけ　［天柱］とも。灸のツボで盆の窪
身屋　もや　［母屋］とも。住居に用いる家

［辛］　シン　から(い)
白辛樹　あさがら　落葉高木
辛　かのと　十干の第八番
辛辛　からがら　「命——」
辛うじて　かろうじて　ようやくに
辛夷　こぶし　落葉高木
辛い　つらい　苦しいこと

［信］　シン
信天翁　あほうどり　［阿房鳥］とも。大型の海鳥
風信子　ヒヤシンス　［風信草・風見草］とも。多年草
信楽焼　しがらきやき　滋賀県産の陶器
信貴山　しぎさん　奈良県にある山名。「—縁起」
信濃　しなの　旧国名。長野県
大信田　おおしだ　［おおしのだ］とも。姓氏の一
信太　しのだ　［しだ・しぬだ・しんだ］とも。姓氏の一
信　のぶ　名前の一。岸信介(首相)
信　まこと　名前の一。大岡信(詩人)

［津］　シン　つ
牛津　オックスフォード　イギリスの大学の一。↕剣橋

［神］　シン・ジン　かみ・かん・こう
神仙菜　あまのり　［甘海苔］とも。海藻
神楽　かぐら　神をまつるための舞楽
随神　かんながら　［惟神］とも。「—の道」
石神　しゃくじ　神体として祭った石

神籬　ひもろぎ　神が宿る所
神馬藻　ほんだわら　[馬尾藻]とも。海藻
神酒　みき　[御酒]とも。神前に供える酒
神子　みこ　[巫女・御子]とも。神に仕える女性
海神　わたつみ　[海若][わだつみ]とも。海の神。海原
大神神社　おおみわじんじゃ　奈良県にある神社
神戸　ごうど　岐阜県にある町名
神代　くましろ　[かみしろ・こうじろ・くまみよ…]とも。姓氏の一
神山　みわやま　[かみやま・こうやま・ごうやま]とも。姓氏の一

[振]　シン　ふ(る)・ふ(るう)
山振　やまぶき　[山吹・款冬]とも。落葉低木
揺振　ゆさぶる　ゆり動かす

[浸]　シン　ひた(す)・ひた(る)
浸みる　しみる　[染みる]とも
浸かる　つかる　「湯に―」
浸る　ひたる　[漬る]とも

×**[疹]**　シン
汗疹　あせも　汗のため皮膚に生じる発疹
麻疹　はしか　伝染病の一

[真]　シン　ま
女真　くまのみずき　[熊野水木]とも。落葉低木
真葛　さねかずら　つる性低木
真に　まことに　[誠に・実に・洵に]とも
真暗　まっくら
真中　まんなか
真珠湾　パールハーバー　ハワイの軍港
真鶴　まなづる　神奈川県にある町名
真岡　もおか　栃木県にある市名
真田　さなだ　姓氏の一
真　すなお　名前の一。土本真(会社役員)
真　まさ　名前の一。丸山真男(大学教授)

△**[秦]**　シン
秦皮　とねりこ　落葉小高木
太秦寺　うずまさでら　京都にある寺名。広隆寺
秦　はた　[しん]とも。姓氏の一

[針]　シン　はり
針魚　さより　[鱵・細魚・水針魚]とも。海魚
茅針　ちがや　[茅・白茅・茅萱]とも。多年草
針孔　めど　[みぞ]とも。「針の―」

[深]　シン　ふか(い)・ふか(まる)・ふか(める)
深ける　ふける　[更ける]とも。「夜が―」
深雪　みゆき　深く降りつもった雪
御深井焼　おふけやき　尾張徳川家で焼かれた陶器

[進]　シン　すす(む)・すす(める)
二進も三進も　にっちもさっちも

精進湖　しょうじこ　山梨県の富士五湖の一

［寝］　シン　ね(る)・ね(かす)

寝穢い　いぎたない　ねむたがり

熟寝　うまい　気持のよい眠り

寝刃　ねたば　切れ味のにぶい刀の刃

お寝み　おやすみ　「―なさい」

［慎］　シン　つつし(む)

慎しい　つつましい　ひかえめ。遠慮深い

［新］　シン　あたら(しい)・あら(た)・にい

落新婦　あわゆきそう　［淡雪草］とも

新地　さらち　［更地］とも。空き地

絡新婦　じょろうぐも　［女郎蜘蛛・斑蛛］とも。クモの一種

新羅　しらぎ　古代朝鮮の国名の一

新婦　はなよめ　［花嫁］とも。↕新郎

新嘉坡　シンガポール　［星港］とも。国名

新西蘭　ニュージーランド　国名

新発田　しばた　新潟県にある市名

新居浜　にいはま　愛媛県にある市名

新田　にった　姓氏の一

新渡戸　にとべ　［にいとべ］とも。姓氏の一

新　すすむ　名前の一。高野新(会社役員)

△［榛］　シン

榛　はしばみ　落葉低木

榛木　はんのき　落葉高木

榛原　はいばら　静岡県にある郡名

榛名山　はるなさん　群馬県にある山名

［薪］　シン　たきぎ

薪　まき　「―割り」

［親］　シン　おや・した(しい)・した(しむ)

親族　うから　一族。しんぞく

親しい　ちかしい　「―間柄」

正親町　おおぎまち　第百六代天皇

親　み　名前の一。餅原正親(会社役員)

［人］　ジン・ニン　ひと

商人　あきんど　しょうにん

海人　あま　［海士・海夫］とも。漁師。［海女］は潜水漁をする女

主人　あるじ　［主］とも

幾人　いくたり　いくにん

情人　いろ　［情夫・情婦］とも。情事の相手。愛人

仙人条　いわひも　［岩紐］とも。多年草

現人　うつせみ　この世の人

内舎人　うどねり　むかしの官職名の一

良人　おっと　［夫］とも。↕妻

大人　おとな　↕小人

仙人帽　きぬがさたけ　［絹傘茸］とも。有毒キノコ

此方人等　こちとら　われわれ
小人　こども　↔大人
防人　さきもり　古代、九州地方の警備の兵士
素人　しろうと　↔玄人
美人局　つつもたせ　なれ合いで姦通した男をゆすること
舎人　とねり　天皇・皇族に近侍した者
仲人　なこうど　[媒]とも。結婚の媒妁人
他人事　ひとごと
為人　ひととなり　生まれつき。もちまえ
一人　ひとり
美人草　ひなげし　[雛罌粟・麗春花・錦被花・虞美人草]とも
人面竹　ほていちく　[布袋竹]とも。竹の一種
海人草　まくり　[海仁草]とも。海藻
四人　よったり　よにん
仙人掌　サボテン　[覇王樹]とも。サボテン科植物の総称

和人　シャモ　アイヌが本土の人を指す語
人　と　名前の一。岡本義人(政治家)

[刃]　ジン　は
刃　やいば　「―を交える」

[仁]　ジン・ニ
仁　に　「―王」
親仁　おやじ　[親父・親爺]とも。父親
仁侠　にんきょう　「―道」
海仁草　まくり　[海人草]とも。海藻
眼仁奈　めじな　海魚
仁　ひとし　名前の一。内山仁(医師)
仁　めぐむ　名前の一。武知仁(会社役員)

△[壬]　ジン
壬　みずのえ　十干の第九番
壬生　みぶ　平安京の南北に通る大路の名

[尽]　ジン　つ(くす)・つ(きる)・つ(かす)
尽く　ことごとく　[悉く]とも

[甚]　ジン　はなは(だ)・はなは(だしい)
甚振る　いたぶる　金銭をせびりとる
甚目寺　じもくじ　愛知県にある寺名

△[訊]　ジン
訊く　きく　問いただす
訊ねる　たずねる　[尋ねる]とも

[陣]　ジン
殺陣　たて　斬り合いの演技の型

[尋]　ジン　たず(ねる)
尋　ひろ　長さ・深さの単位

×[靭]　ジン
靭　うつぼ　[靫]の誤用。矢を入れる道具
靭　ゆぎ　[靫]の誤用。矢を入れる道具

靭負 ゆげい ［靫負］の誤用。禁裏守護の武士

×［塵］ ジン ちり

浮塵子 うんか 小昆虫の総称

塵 ごみ ［芥］とも

塵介虫 ごみむし ［歩行虫］とも。昆虫

す

△［須］ ス・シュ

急須 きびしょ ［きゅうす］とも。茶を入れる道具

須く すべからく 「―努力すべし」

加須底羅 カステラ ［家須底羅・粕底羅・卵糖］とも

泥烏須 デウス ［提宇須・天有主・天主］とも。天帝・造物主

加須 かぞ 埼玉県にある市名

須 もとむ 名前の一。瓜生須（社長）

［図］ ズ・ト はか(る)

図図しい ずうずうしい

［水］ スイ みず

水綿 あおみどろ ［青味泥］とも。淡水緑藻

水豹 あざらし ［海豹］とも。海洋の哺乳動物

水黽 あめんぼ ［水馬］とも。水生昆虫

水亀 いしがめ ［石亀］とも。カメの一種

水松樹 いちい ［一位・紫松・朱樹］とも。常緑高木

水蠟樹 いぼたのき ［疣取木］とも。落葉低木

水竜骨 うらぼし ［裏星］とも。シダの一種

水夫 かこ ［舟手・舟夫・舟子］とも。舟をこぐ人

水虎 かっぱ ［河童］とも。想像上の動物

水獺 かわうそ ［獺・川獺］とも。淡水の哺乳動物

水蓼 かわたで ［川蓼］とも。一年草

水楊 かわやなぎ ［楊柳］とも。落葉低木

水鶏 くいな ［秧鶏］とも。水辺の鳥

水母 くらげ ［海月・海舌］とも。腔腸動物

水針魚 さより ［細魚・針魚］とも。海魚

水芹 せり ［芹・芹子］とも。多年草

水爬虫 たがめ ［田鼈］とも。水生昆虫

水甘草 ちょうじそう ［丁子草］とも。多年草

手水 ちょうず 手や顔を洗う水。「―鉢」

水鼈 とちかがみ 多年生水草

水蔓青 ひめとらのお ［姫虎尾］とも。多年草

大水萍 ほていあおい ［布袋葵］とも。一年草

水脈 みお ［澪］とも。船の通る深い水路

水分 みくまり 山から出る水の分岐する所

水蚤 みじんこ ［微塵子］とも。微小の節足動物

建水 みずこぼし ［けんすい］［水翻・水覆］とも。茶道具

水底 みなそこ 水の底

水無月　みなづき　陰暦六月の異称
水泡　みなわ　［水沫］とも。水面にたつあわ
水面　みのも　［みなも］とも。すいめん
水松　みる　［海松・苔菜］とも。海藻
水雲　もずく　［海雲・海蘊・苔菜］とも。海藻
主水　もんど　昔の役所主水司の略。その職員
水蠆　やご　トンボの幼虫
水窪　みさくぼ　静岡県にあった町名
水海道　みつかいどう　茨城県にあった市名
米水津　よのうづ　大分県にあった村名
水口　みぞぐち　［みぐち・みずぐち・みなぐち…］とも。姓氏の一

【吹】　スイ　ふ(く)
吹聴　ふいちょう　言いふらす
吹雪　ふぶき

【垂】　スイ　た(れる)・た(らす)
赤垂柳　あかしで　［見風乾］とも。落葉高木
大垂髪　おすべらかし　婦人の髪型の一
垂　しで　［四手］とも。玉串に垂らす紙
垂乳根　たらちね　［足乳根］とも。母親
垂帯　だらり　「―の帯」
垂領　たりくび　直垂などの襟が方形のもの
垂木　たるき　屋根を支える角材
垂れる　だれる　［怠れる］とも。しまりがなくなる。気がゆるむ
垂んとする　なんなんとする
垂井　たるい　姓氏の一

【炊】　スイ　た(く)
大炊寮　おおいりょう　むかしの役所の一

【粋】　スイ
粋　いき　「小―」「―な人」

【酔】　スイ　よ(う)
馬酔木　あせび　［あしび・あせぼ］とも。常緑低木
生酔　なまえい　ほろよい
酔魚草　ふじうつぎ　［藤空木］とも。有毒の落葉小低木
宿酔　ふつかよい　［二日酔］とも

【遂】　スイ　と(げる)
遂に　ついに　［終に］とも。「―終わった」

【睡】　スイ
居睡　いねむり　［居眠］とも
仮睡　うたたね　［転寝］とも
睡る　ねむる　［眠る］とも
微睡む　まどろむ　とろとろと眠る
睡菜　みつがしわ　［三槲］とも。水生多年草

△【翠】　スイ　みどり
翡翠　かわせみ　［川蟬・魚狗］とも。水辺の鳥
赤翡翠　あかしょうびん　鳥のカワセミの一種

山翡翠　やませみ　大型のカワセミ

[随]　ズイ

随神　かんながら　[惟神]とも。「—の道」

随う　したがう　[従う・順う]とも

随ら　ながら　「歩き—」「食べ—」

随に　まにまに　「波の—」

△[瑞]　ズイ

瑞香　じんちょうげ　[沈丁花]とも。常緑低木

瑞瑞しい　みずみずしい

瑞西　スイス　国名

瑞典　スウェーデン　国名

瑞　まこと　名前の一。滑川瑞(会社役員)

[髄]　ズイ

長髄彦　ながすねひこ　神話上の人物

[崇]　スウ

崇める　あがめる　「神を—」

崇神　すじん　第十代の天皇

崇　たかし　名前の一。早川崇(政治家)

[数]　スウ・ス　かず・かぞ(える)

数　す　「—寄屋造り」「人数(ず)」

数多　あまた　[許多]とも。たくさん

数数　しばしば　[屢屢]とも

数珠　じゅず　[ずず]とも。仏具

手数入　でずいり　土俵入り

[杉]　すぎ

杉原紙　すいばら　[すぎはらがみ]とも。和紙の一

[寸]　スン

当寸法　あてずっぽう

寸　き　古代の尺度の単位

寸莎　すさ　壁土の材料

寸寸　ずたずた　[寸断寸断]とも。細かく切れたさま

寸胴　ずんどう　[ずんど]とも

一寸　ちょっと　[鳥渡]とも。少しのあいだ

燐寸　マッチ

寸又峡　すまたきょう　静岡県にある峡谷

せ

[是]　ゼ

是く　かく　[斯く]とも。「—して」

是に　ここに　[此に・爰に・茲に]とも。「—おいて」

是　これ　[此・之]とも。「—から」

[井]　セイ・ショウ　い

井　しょう　「天—(じょう)」

御深井焼　おふけやき　尾張徳川家で焼かれた陶器

[正] セイ・ショウ ただ(しい)・ただ(す)・まさ

正 かみ 律令制の長官

正面 まとも 「―に見られない」

正親町 おおぎまち 第百六代天皇

正 あきら 名前の一。山根正(会社役員)

正 まさる 名前の一。小松正(社長)

[生] セイ・ショウ は(える)・き い(きる)・う(まれる)・お(う)

生憎 あいにく 折わるく

生霊 いきすだま [精霊]とも。生きている人間の怨霊

生作 いけづくり [活作]とも。「コイの―」

生花 いけばな [活花]とも

生 うぶ [産]とも。生まれたまま

不生女 うまずめ [石女]とも。子を生めない女性

晩生 おくて [晩稲・奥手]とも。おそく熟す稲。↕早生(わせ)

飛生虫 かぶとむし [兜虫・甲虫]とも。昆虫

生 き 「―娘」「―糸」「―一本」

生粋 きっすい 「―の江戸っ子」

草生す くさむす 「山行かば―屍」

小草生月 こぐさおうつき 陰暦二月の異称

芝生 しばふ

生絹 すずし 練らぬ生糸の織物

生さぬ仲 なさぬなか 肉親でない親子の仲

生海鼠 なまこ [海鼠]とも。棘皮動物

生節 なまりぶし カツオの半干し

生業 なりわい 家業。渡世

生る なる 「柿の実が―」

石長生 はこねそう [箱根草・鳳尾草]とも。多年草

初生 はつなり その年初めてできた果実・野菜

埴生 はにゅう 「―の宿」

平生 へいぜい ふだん

松上寄生 まつぐみ [松胡頽子]とも。松に寄生する低木

寄生木 やどりぎ [宿木]とも。常緑低木

弥生 やよい 陰暦三月の異称

早生 わせ [早稲]とも。早く熟す稲。↕晩生(おくて)

越生 おごせ 埼玉県にある町名

福生 ふっさ 東京都にある市名

生方 うぶかた [おうかた・なめかた]とも。姓氏の一

羽生 はぶ [はふ・はにゅう]とも。姓氏の一

生 すすむ 名前の一。井出生(大学教授)

生 のり 名前の一。内野裕生(会社役員)

[成] セイ・ジョウ な(る)・な(す)

老成 ませ 早熟。「お―な子」

成吉思汗 ジンギスカン [チンギスハン]とも

成 おさむ 名前の一。前田成(銀行員)

成 しげ 名前の一。平野成子(政治家)

[西] セイ・サイ にし

西瓜 すいか [水瓜]とも。一年生作物

西比利亜 シベリア ロシアの東部地域

瑞西 スイス 国名

蘇西 スエズ 「―運河」

西班牙 スペイン 国名

西蔵 チベット 中印国境付近の地域

新西蘭 ニュージーランド 国名

伯剌西爾 ブラジル [巴西]とも。国名

仏蘭西 フランス 国名

普魯西 プロシア プロセインの英語名

墨西哥 メキシコ 国名

露西亜 ロシア 国名

[声] セイ・ショウ こえ・こわ

声 しょう 「―明」「大音―(じょう)」

声色 こわいろ [仮色]とも。「―づかい」

[姓] セイ・ショウ

姓 しょう 「百―」

姓 かばね 古代豪族の称号

[征] セイ

征 しちょう [翅鳥・止長]とも。囲碁用語

征矢 そや 戦で使う矢

征く ゆく 「いざ征かん」

征 すすむ 名前の一。黒川征(公務員)

[性] セイ・ショウ

性 さが [相]とも。うまれつき。くせ

性 たち [質]とも。「―が悪い」

[青] セイ・ショウ あお

青 しょう 「緑―」「紺―(じょう)」

青沙魚 あいざめ [藍鮫]とも。海魚

青梧桐 あおぎり [青桐・梧桐・梧桐子]とも。落葉高木

刺青 いれずみ [入墨・文身・天墨]とも

青剛樹 うばめがし [姥女樫・姥女柏]とも。常緑高木

土青木香 うまのすずくさ [馬鈴草・馬兜鈴]とも。つる草

万年青 おもと 多年草。園芸植物

青茅 かりやす [刈安・黄草]とも。多年草

青銅 からかね [唐金]とも。合金の一。せいどう

青蝿 きんばい [金蝿]とも。ハエの一種

青芋 さといも [里芋・芋]とも。野菜

青花魚 さば [鯖・青魚]とも。海魚

青串魚 さんま [秋刀魚・三摩]とも。海魚

青蝦 しばえび [芝蝦]とも。エビの一種

青竜蝦 しゃこ [蝦蛄]とも。節足動物

冬青 そよご 常緑高木

回青橙 だいだい [橙]とも。常緑高木

天青地白　ちちこぐさ　〔父子草〕とも。多年草
青魚　にしん　〔鯡・鰊〕とも。海魚
青葱　ねぎ　〔葱〕とも。野菜
青頭菌　はつたけ　〔初茸〕とも。食用キノコの一
水蔓青　ひめとらのお　〔姫虎尾〕とも。多年草
青黄剛樹　ひめゆずりは　〔姫譲葉・姫交譲木〕とも。常緑高木
女青　へくそかずら　〔屁糞葛・牛皮凍〕とも。つる草
真青　まっさお　「顔色が―」
土瀝青　アスファルト
青玉　サファイア　青色の宝石
瀝青　チャン　塗料。ピッチ
番瀝青　ペンキ　ペイント。塗料
青梅　おうめ　東京都にある市名

〔斉〕　セイ

斉墩果　えごのき　〔売子木〕とも。落葉小高木
斉える　ととのえる　〔整える・調える〕とも
斉しい　ひとしい　〔等しい・均しい〕とも
斉藤　さいとう　姓氏の一

〔政〕　セイ・ショウ　まつりごと

政　しょう　「摂―」「太―(じょう)官」
政所　まんどころ　鎌倉・室町幕府の政務機関
政　まさ　名前の一。吉村政吉(会社役員)

〔星〕　セイ・ショウ　ほし

星　しょう　「明―(じょう)」
満天星　どうだんつつじ　落葉低木
満天星　はくちょうげ　〔白蝶花・六月雪〕とも。常緑小低木
宿星菜　ぬまとらのお　〔沼虎尾〕とも。多年草
海星　ひとで　〔人手・海盤車〕とも。棘皮動物
七星子　むかごにんじん　〔零余子人参〕とも。多年草
星港　シンガポール　〔新嘉坡〕とも。国名

△〔栖〕　セイ　す(む)

終の栖　ついのすみか　一生住むところ
羊栖菜　ひじき　〔鹿尾菜・鹿角菜〕とも。海藻
栗栖　くるす　姓氏の一

〔清〕　セイ・ショウ　きよ(まる)・きよ(める)

清　しょう　「六根―浄」
清か　さやか　〔明か・爽か〕とも。あきらか
清　しん　中国の国号
清清しい　すがすがしい　「―朝」
清白　すずしろ　〔蘿蔔〕とも。秋の七草の一
清汁　すましじる　〔澄汁〕とも
清む　すむ　〔澄む〕とも。「清んだ青空」
清水　しみず　姓氏の一
清　すが　名前の一。山内清男(大学教授)

〔盛〕　セイ・ジョウ　も(る)・さか(ん)

盛　じょう　「繁—」「—者必衰」

盛相　もっそう　〔物相〕とも。「—飯を食う」

華盛頓　ワシントン　〔華府〕とも。アメリカの首都

盛　しげ　名前の一。山下盛幸(会社役員)

［晴］　セイ　は(れる)・は(らす)

見晴かす　みはるかす　はるかに見渡す

晴　あきら　名前の一。岡村晴(会社役員)

［勢］　セイ　いきお(い)

勢　きおい　〔競〕とも。きおうこと。「—獅子」

勢む　はずむ　「息が—」「話が—」

伊勢　いせ　旧国名。三重県

［聖］　セイ

聖人　しょうにん　知徳すぐれた高僧

聖　ひじり　学芸にすぐれた人

聖　セント　聖人。聖者。「—ジョージ」

白布聖　ペプシン　胃液中にある酵素の一

聖林　ハリウッド　アメリカの映画の都

聖　きよし　名前の一。土井聖(医師)

聖　さとし　名前の一。宮原聖(社長)

［精］　セイ・ショウ

精　しょう　「—進」「—霊」「祇園—舎」

精霊　いきすだま　〔生霊〕とも。生きている人間の怨霊

精しい　くわしい　〔委しい・詳しい〕とも

木精　こだま　〔木霊〕とも。やまびこ

精げる　しらげる　玄米をついて白くする。精白する

黄精　なるこゆり　〔鳴子百合〕とも。多年草

天名精　やぶたばこ　〔藪煙草・猪尻草〕とも。多年草

酒精　アルコール　〔亜爾箇保児〕とも

精　あきら　名前の一。渡辺精(大学教授)

精　きよし　名前の一。長谷部精(社長)

×［蜻］　セイ

蜻蛉　あきつ　トンボの古称。蜻蛉島の略(日本の美称)

蜻蛉　かげろう　〔糸遊・蜉蝣〕とも。かげろう日の昆虫

蜻蛉　とんぼ　トンボ類の総称

蜻蜓　やんま　大型のトンボ

［誓］　セイ　ちか(う)

誓湯　くかだち　〔探湯〕とも。むかしの裁判の一方法

［静］　セイ・ジョウ　しず・しず(か)・しず(まる)

静寂　しじま　「夜の—」。〔無言〕とも

［請］　セイ・シン　こ(う)・う(ける)

請　しん　「普—」

請来　しょうらい　仏像などが日本に渡来する

強請　ゆすり　「—たかり」

［税］　ゼイ

税所　さいしょ　〔済所〕とも。むかしの役所の一

税 ちから　租庸調の総称。ねんぐ。ぜい

主税 ちから　主税頭（主税寮長官）の略

税所 ざいしょ　「さいしょ・ぜいしょ・たどころ」とも。姓氏の一

［夕］ セキ　ゆう

夕 しゃく　「勺」「せき」とも。量や地積の単位

七夕 たなばた　「棚機」とも

夕 ゆうべ　日の暮。夕方

［石］ セキ・シャク・コク　いし

石 こく　「―高」「千―（ごく）船」

石 しゃく　「磁―」「磐―（じゃく）」

石蓴 あおさ　「石蕾」とも。海藻

石決明 あわび　「鮑・鰒」とも。海産巻貝

石櫧 いちい　「イチイガシ」の略。常緑高木

石子 いしなご　「石投子」とも。むかしの女の子の遊び

石位 いわくら　「岩座・磐座」とも。神のいる所

石茸 いわたけ　「岩茸」とも。食用キノコの一

石斑魚 うぐい　「鯎」とも。海魚

石女 うまずめ　「不生女」とも。こどもを生めない女性

重石 おもし　「漬物の―」

石竜胆 こけりんどう　「苔竜胆」とも。多年草

石榴 ざくろ　「柘榴・安石榴」とも。落葉低木

石桂魚 さけ　「鮭」「しゃけ」とも。海魚

流石 さすが　「―にうまい」

石南花 しゃくなげ　「石楠花」とも。常緑低木

石胡荽 ちどめぐさ　「血止草」とも。多年草

草石蚕 ちょろぎ　多年草。地下茎は食用

海石榴 つばき　「椿・山茶」とも。常緑高木

石蕗 つわぶき　「橐吾・急就草」とも。多年草

石花菜 てんぐさ　「心太草・太凝菜」「ところてんぐさ」とも。海藻

石竜子 とかげ　「蜥蜴」とも。爬虫類の一

石蚕 とびけら　水辺の昆虫。幼虫を「いさごむし」とも

山石榴 のぼたん　「野牡丹」とも。常緑低木

石長生 はこねそう　「箱根草・鳳尾草」とも。多年草

石蕊 はなごけ　「花苔」とも。コケの一種

石防風 はまぼうふう　「浜防風」とも。海浜の多年草

石松 ひかげのかずら　「日陰葛」とも。多年草

石花 ひとつば　「一葉・石韋」とも。多年草

石蒜 まんじゅしゃげ　「曼珠沙華」とも。多年草

石防風 やまぼうふう　「山防風」とも。多年草

石刁柏 アスパラガス　「竜髭菜」とも。多年草。食品

浮石糖 カルメラ　「泡糖」とも。軽石状の砂糖菓子

石鹸 シャボン　せっけん

明石 あかし　兵庫県にある市名

出石焼 いずしやき　兵庫県出石町産の焼物

石上 いそのかみ　奈良県天理市一帯の古名。「―神宮」

石廊崎　いろうざき　伊豆半島にある岬

石見　いわみ　旧国名。島根県

石部　いそべ　「いしべ」とも。姓氏の一

常石　としなみ　「とこなみ・ときわ・とこいし・つねいし」。姓氏の一

［赤］　セキ・シャク　あか・あか(い)・あか(らむ)

赤顔　あからがお　「赭顔」とも

赤目　あかんべ

赤魚鯛　あこうだい　「阿候鯛」とも。海魚

赤小豆　あずき　「小豆・紅小豆」とも。豆類の一

赤熊　しゃぐま　赤く染めた白熊の毛

赤菜　とさかのり　「鶏冠海苔・鶏冠菜・紅菜」とも。海藻

赤栴檀　ひめしゃら　「姫沙羅」とも。落葉高木

真赤　まっか　「―な太陽」

赤目魚　めなだ　「眼奈太」とも。海魚

赤楝蛇　やまかがし　「山楝蛇」とも。ヘビの一種

赤茄子　トマト　「蕃茄」とも。野菜

［席］　セキ

寄席　よせ　「―芸人」

［惜］　セキ　お(しい)・お(しむ)

可惜　あたら　惜しい。「―命をおとす」

口惜しい　くやしい　「悔しい」とも

［責］　セキ　せ(める)

呵責　かしゃく　「―の念にかられる」

責付く　せつく　「せっつく」とも

［跡］　セキ　あと

跡切れる　とぎれる　「途切れる」とも。「話が―」

［積］　セキ　つ(む)・つ(もる)

積丹竹　しゃこたんちく　根曲がり竹の一種。筆軸などを作る

積読　つんどく　本を買ったまま読まずに積んであること

智積院　ちしゃくいん　京都にある寺名

安積　あさか　「あざか・あずみ」とも。姓氏の一

積　もり　名前の一。水谷積男(写真家)

［績］　セキ

績む　うむ　繊維をつないでより合わせる

麻績　おみ　長野県にある村名

［籍］　セキ

落籍す　ひかす　「芸者を―」

文籍　もんじゃく　書籍。書物

［切］　セツ・サイ　き(る)

切手　きって　「郵便―」

切処　きれっと　V字形の山陵

打切棒　ぶっきらぼう　「―な男」

切支丹　キリシタン　「吉利支丹」とも

小田切　おたぎ　「おたき・おだぎり」とも。姓氏の一

［折］　セツ　お(る)・おり・お(れる)

折敷 おしき　神前に献物をのせるお盆
折伏 しゃくぶく　相手を仏道に帰依させること
端折る はしょる　「着物の裾を―」
折板 へぎいた　スギやヒノキを薄くそいだ板

【拙】　セツ
拙老姿 うそ　〔鷽〕とも。小鳥
拙い つたない　〔まずい〕とも

【窃】　セツ
窃衣 すなびきそう　〔砂引草〕とも。多年草
窃衣 やぶじらみ　〔藪虱〕とも。越年草
窃か ひそか　〔密か・私か〕とも

【接】　セツ　つ（ぐ）
接吻 くちづけ　〔キッス・せっぷん〕とも
接続草 すぎな　〔杉菜・筆頭菜〕とも。多年草
接木 つぎき　「柿の木を―する」
継接 つぎはぎ　「―だらけ」
接骨木 にわとこ　〔庭常〕とも。落葉低木

【設】　セツ　もう（ける）
設える しつらえる　用意する
虞利設林 グリセリン
設楽 したら　〔しだら〕とも。姓氏の一

【雪】　セツ　ゆき
雪花菜 きらず　〔うのはな〕とも。豆腐のから。おから
雪隠金亀子 せんちこがね　昆虫
雪ぐ そそぐ　〔すすぐ〕とも。「恥を―」
雪崩 なだれ
六月雪 はくちょうげ　〔白蝶花・満天星〕とも。常緑低木
斑雪 はだれ　季語。まだらに降る雪
吹雪 ふぶき
雪洞 ぼんぼり　むかしの照明具
噴雪花 ゆきやなぎ　〔雪柳〕とも。落葉低木

【摂】　セツ
摂る とる　「食事を―」
華摂林 ワセリン

【節】　セツ・セチ　ふし
旌節花 きぶし　〔通条花〕とも。落葉高木
節季候 せきぞろ　門付芸の一
節会 せちえ　「白馬（あおうま）の―」
一節切 ひとよぎり　尺八の一種
節 ノット　一時間に一カイリ進む速度
節 たかし　名前の一。富岡節（公務員）
節 みさお　名前の一。大里節（公務員）

【説】　セツ・ゼイ　と（く）
説 ぜい　「遊―」
聞説 きくならく　〔聞道・説道〕とも。聞き及ぶ。聞くところによれば

口説節　くどきぶし　俗曲の一

［舌］　ゼツ　した

饒舌　おしゃべり　よくしゃべること

海舌　くらげ　［水母・海月］とも。腔腸動物

狗舌草　さわおぐるま　［沢小車］とも。多年草

百舌　もず　［鵙・伯労］とも。鳥

△［蟬］　せみ

寒蟬　つくつくぼうし　セミの一種

寒蟬　ひぐらし　［日暮・蜩・茅蜩・晩蟬］とも。セミの一種

玉蟬花　はなしょうぶ　［花菖蒲］とも。多年草

△［芹］　せり

水芹　せり　［芹・芹子］とも。多年草。食用

山芹菜　なべな　［続断］とも。越年草

［千］　セン　ち

千葉梔子　こくちなし　［小梔子］とも。クチナシの一種

千金藤　はすのはかずら　［蓮葉葛］とも。つる性多年草

千屈菜　みそはぎ　多年草

千葉萱草　やぶかんぞう　［藪萱草］とも。多年草

［川］　セン　かわ

川太郎　がたろう　河童の異称

川骨　こうほね　［かわほね］［河骨］とも。多年草

熊川　こもがい　陶器用語。高麗茶碗の一

［仙］　セン

八仙花　あじさい　［紫陽花・紫陽草・瑪理花・天麻裏］とも

神仙菜　あまのり　［甘海苔］とも。海藻

天仙花　いぬびわ　［犬枇杷］とも。落葉低木

仙毛欅　いぬぶな　［犬橅］とも。落葉高木

仙人条　いわひも　［岩紐］とも。多年草

花仙　かいどう　［海棠・海紅］とも。落葉高木

寿仙魚　かがみだい　［鏡鯛］とも。海魚

仙人帽　きぬがさたけ　［絹傘茸］とも。有毒キノコの一

威霊仙　くがいそう　［九蓋草］とも。多年草

仙人掌　サボテン　［覇王樹］とも。サボテン科植物の総称

小竜仙　しらびそ　［白檜曽・白檜］とも。常緑高木

仙薬　しらも　海藻。食用

天仙草　たばこ　［煙草・烟草・莨］とも

仙蓼　われもこう　［吾木香・吾亦紅・地楡］とも。多年草

仙　セント　アメリカの貨幣の単位

［占］　セン　しめ(る)・うら(なう)

太占　ふとまに　古代に行われた占いの美称

［先］　セン　さき

先ず　まず　「―はじめに」

△［尖］　セン　とが(る)

眉尖刀　なぎなた　［薙刀・長刀］とも。武器の一

［宣］　セン

宣う　のたまう　「言う」の尊敬語
宣く　のたまわく　おっしゃることには
宣べる　のべる　「陳べる」とも。話す。言う
宣　のぶ　名前の一。神谷宣郎（大学教授）
［染］　セン　そ（める）・そ（まる）・し（みる）・し（み）
馴染　なじみ　「―の店」
染指甲　ほうせんか　「鳳仙花・金鳳花」とも。一年草
［泉］　セン　いずみ
泉海魚　うなぎ　「鰻」とも。魚
通泉草　さぎごけ　「鷺苔」とも。多年草。別名サギソウ
黄泉　よみ　「こうせん」とも。「―の国」
冷泉　れいぜい　第六十三代天皇
和泉　いずみ　旧国名。大阪府
温泉津　ゆのつ　島根県にあった町名
泉原　もとはら　「いずはら・いずわら」とも。姓氏の一

［浅］　セン　あさ（い）
浅瓜　しろうり　「あさうり」「白瓜」とも。野菜。
［洗］　セン　あら（う）
御手洗　みたらし　社前の手を洗う所
御手洗　みたらい　姓氏の一
△［穿］　セン　うが（つ）
下穿　したばき　腰から下につける肌着
穿く　はく　「靴下を―」
穿る　ほじくる　「耳を―」「人のあらを―」
［扇］　セン　おうぎ
扇ぐ　あおぐ　「煽ぐ」とも
団扇　うちわ
扇骨木　かなめもち　「金目黐」とも。常緑低木
海扇　ほたてがい　「帆立貝」とも。二枚貝
［栓］　セン

木栓　コルク　「キルク」とも
×［剪］　セン　き（る）
剪秋羅　せんのう　「仙翁」とも。多年草
剪刀　はさみ　「鋏」とも
剪む　はさむ　はさみ切る
［旋］　セン
旋覆花　おぐるま　「小車・金沸草・滴滴金」とも。多年草
旋頭歌　せどうか　和歌の一体
旋毛　つむじ　「―曲がり」
旋風　つむじかぜ　強い風
旋花　ひるがお　「昼顔・鼓子花」とも。多年草
旋網　まきあみ　「巻網」とも。漁網の一
［船］　セン　ふね・ふな
船渠　ドック　船の建造や修理をする所
船橋　ブリッジ　「艦橋」とも

船生 ふにう ［ふなお・ふにゅう・ふなう］とも。姓氏の一

［戦］ セン いくさ・たたか(う)

戦く おおのく ［慄く］とも。「恐れ―」

戦ぐ そよぐ 「風に―葦」

拇戦 ゆびずもう ［指相撲］とも

戦慄く わななく 「恐怖に―」

△**［詮］** セン

詮 かい ［甲斐］とも。「努力の―がない」

×**［煽］** セン あお(る)

煽てる おだてる

［銭］ セン ぜに

連銭草 かきどおし ［垣通］とも。多年草

地銭 ぜにごけ ［銭苔］とも。コケの一種

壁銭 ひらぐも ［平蜘蛛］とも。クモの一種

△**［撰］** セン

杜撰 ずさん ぞんざい。粗末

［潜］ セン ひそ(む)・もぐ(る)

草潜 かやくぐり ［茅潜］とも。小鳥

潜る くぐる 水の中をもぐる。物の下を通り抜ける

花潜 はなむぐり コガネムシに似た昆虫

［線］ セン

線蝦 あみ ［海糠・糠蝦・醤蝦］とも。小型の節足動物

金線魚 いとよりだい ［糸搓鯛・金糸魚・紅魚］とも。海魚

金線蛙 とのさまがえる ［殿様蛙］とも。カエルの一種

線虫 はりがねむし ［針金虫］とも。昆虫に寄生する虫

金線草 みずひきそう ［水引草・毛蓼］とも。多年草

腸線 ガット 羊などの腸で作った糸。ラケットの網

×**［箭］** セン

箭魚 えそ ［鱠・狗母魚］とも。海魚。かまぼこの材料

箭 や ［矢］とも。「―竹」

×**［賤］** セン いや(しい)

賤稲 しとで 稲の切り株から出た芽

山賤 やまがつ 山に住む人

賤ヶ岳 しずがたけ 滋賀県にある山名。古戦場

［選］ セン えら(ぶ)

選好 えりごのみ ［よりごのみ］とも

選る すぐる ［える］とも。えらぶ

選る よる ［択る］とも。えらぶ

［遷］ セン

遷す うつす 「都を―」

君遷子 しなのがき ［信濃柿］［さるがき］とも。柿の一種

［薦］ セン すす(める)

薦被 こもかぶり こもで包んだ酒樽

薦田 こんだ ［こむた・こもだ］とも。姓氏の一

［繊］ セン

巻繊汁 けんちんじる [巻蒸汁]とも。多くの実を入れた汁

×[癬] セン

白癬 しらくも [白禿瘡]とも。頭にできる皮膚病の一

[全] ゼン まった(く)

全て すべて [総て・凡て]とも

全うする まっとうする 「責任を—」

全手葉椎 まてばしい [馬刀葉椎]とも。常緑高木

全 たもつ 名前の一。村田全(大学教授)

[前] ゼン まえ

車前草 おおばこ [大葉子]とも。多年草

車前葉 かたくり [片栗・山慈姑]とも。多年草

御前 ごぜ 貴婦人の敬称。ごぜん。「姫—」

前 さき 「—の大臣(おとど)」

白前 すずめのおごけ [雀苧桶]とも。多年草

前栽 せんざい 庭の植え込み

前胡 のだけ 多年草

目前 まさか [真逆]とも。「—のとき」

[善] ゼン よ(い)

味善う あんじょう うまく。関西の言葉

善い いい [好い・良い][よい]とも

善知鳥 うとう 北方の海鳥

[然] ゼン・ネン

然れど されど けれども

然し しかし [併し]とも

然して そして [そうして][而して]とも

徒然 つれづれ 手持ちぶさた

亜爾然丁 アルゼンチン 国名

[漸] ゼン

漸く ようやく 「—動き出す」

漸う ようよう だんだん

△[膳] ゼン

膳 かしわで [膳夫]とも。朝廷で料理を司った人

膳所 ぜぜ 滋賀県にある地名。「—焼」

そ

[阻] ソ はば(む)

悪阻 つわり [おそ]とも。妊娠中の生理現象

[祖] ソ

従祖父 おおおじ 祖父母の兄弟。↕従祖母

道祖神 さえのかみ [塞神・障神][さいのかみ]とも

祖父 じい [爺]とも。「お—さん」

祖母 ばあ [婆]とも。「お—さん」

祖谷川 いやがわ 徳島県にある川名

祖父江 おじえ [そふえ・そぶえ]とも。姓氏の一

[素] ソ・ス

阿素洛 あしゅら [阿修羅・阿須倫][あすら]とも
素地 きじ [生地]とも
素湯 さゆ [白湯]とも。ただのお湯
素木像 しらきぞう 彩色を施さない木像
素面 しらふ [白面]とも。酒をのまない顔
素魚 しろうお 小さな海魚
素人 しろうと ↕玄人
素破抜く すっぱぬく
素麺 そうめん [索麺]とも
素気ない そっけない
素見 ひやかし 値段を聞きながら買わないこと
素より もとより [固より]とも
素馨 ジャスミン 芳香の強い熱帯樹
素描 デッサン
素 すなお 名前の一。清水素

[措] ソ

措く おく 「それはさて措き」

[粗] ソ あら(い)

粗榧 いぬがや [犬榧]とも。常緑高木
粗目 ざらめ 結晶の粗い砂糖
粗 ほぼ [略]とも。おおかた

[疎] ソ うと(い)・うと(む)

疎覚え うろおぼえ ふたしかな記憶
疎か おろそか なおざりにする
疎抜く おろぬく [うろぬく]とも。間引く
疎ら まばら 「木が—に生えている」

△**[蘇]** ソ よみがえ(る)

蘇芳 すおう [蘇枋]とも。小低木。色名
耶蘇基督 イエスキリスト
伊蘇普 イソップ イソップ物語の作者
蘇西 スエズ 「—運河」
蘇格蘭 スコットランド 国名

[双] ソウ ふた

双鸞菊 かぶとぎく [兜菊]とも。多年草
双六 すごろく [双陸]とも。こどもの遊びの一
双瓶梅 にりんそう [二輪草]とも。多年草
双手 もろて [諸手・両手]とも。左右の手

[争] ソウ あらそ(う)

争う あらがう [諍う・抗う]とも。あらそう
争で いかで 如何にして
暗争 だんまり [黙]とも。歌舞伎の演出方法の一

[早] ソウ・サッ はや(い)・はや(まる)・はや(める)

お早う おはよう
早月 さつき [五月・皐月]とも。陰暦五月の異称

早苗 さなえ 田植をするころの稲の苗

早稲 わせ ［早生］とも。早く熟す稲。↕晩稲（おくて）

早良 さがら ［さくら・さわら・さはら・そうら］とも。姓氏の一

［走］ ソウ はし(る)

師走 しわす ［しはす］［極月・四極］とも。陰暦十二月の異称

走馬灯 まわりどうろう ［廻灯籠］とも

快走艇 ヨット

［相］ ソウ・ショウ あい

相 さが ［性］とも。うまれつき。くせ

相撲 すもう ［角力］とも

相応しい ふさわしい 「―相手」

相知 おうち 佐賀県にあった町名

相模 さがみ 旧国名。神奈川県

相良 さわら ［さがら・さはら］とも。姓氏の一

［草］ ソウ くさ

茜草 あかね ［茜・赤根・地血］とも。つる性多年草

通草 あけび ［木通・山女・丁翁・紅姑娘］とも。つる性落葉樹

紫陽草 あじさい ［紫陽花・八仙花・瑪理花・天麻裏］とも

鹹草 あしたば ［明日葉］とも。多年草

鴟尾草 いちはつ ［一八・鳶尾・紫羅蘭］とも。多年草

鹿蹄草 いちやくそう ［一薬草］とも。多年草

猪籠草 うつぼかずら ［靫葛］とも。多年草

連枝草 うまごやし ［馬肥］とも。越年草

車前草 おおばこ ［大葉子］とも。多年草

金沸草 おぐるま ［小車・旋覆花・滴滴金］とも。多年草

連銭草 かきどおし ［垣通］とも。多年草

酢漿草 かたばみ ［酸漿草］とも。一年草

草潜 かやくぐり ［茅潜］とも。小鳥

莎草 かやつりぐさ ［蚊帳釣草］とも。多年草

莎草 はますげ ［浜菅］とも。多年草

黄草 かりやす ［刈安・青茅］とも。多年草

莧草 かるかや ［刈萱］とも。多年草。秋の七草の一

常磐草 かんあおい ［寒葵・杜衡］とも。多年草

金瘡小草 きらんそう 多年草

草臥る くたびれる 体がつかれること

馬鞭草 くまつづら 多年草

合子草 ごきづる ［合器蔓］とも。つる性一年草

通泉草 さぎごけ ［鷺苔］とも。多年草。別名サギソウ

蚕繭草 さくらたで ［桜蓼］とも。多年草

狗舌草 さわおぐるま ［沢小車］とも。多年草

胡蝶草 しゃが ［胡蝶花・射干］とも。多年草

沿階草 じゃのひげ ［蛇鬚］とも。多年草

接続草 すぎな ［杉菜・筆頭菜・門荊］とも。多年草

若草 せきしょうも ［石菖藻］とも。水中の多年草

草履 ぞうり 「わら―」

小雉尾草　たちしのぶ　［立葱］とも。多年草
煙草　たばこ　［烟草・莨・天仙草］とも
狼尾草　ちからしば　［力芝］とも。多年草
草石蚕　ちょろぎ　多年草。地下茎を食用
江浦草　つくも　多年草フトイの異称。「―髪」
昨葉荷草　つめれんげ　［爪蓮華・仏甲草］とも。多年草
急就草　つわぶき　［石蕗・槖吾］とも。多年草
草蝦　てながえび　［手長蝦］とも。淡水産のエビの一種
草烏頭　とりかぶと　［烏頭］とも。猛毒の多年草
鶏腸草　はこべ　［繁縷］とも。多年草
瓶爾小草　はなやすり　［花鑢］とも。シダの一種
三白草　はんげしょう　［かたしろぐさ］［半夏生］とも。多年草
虞美人草　ひなげし　［雛罌粟・麗春花・錦被花・美人草］
日輪草　ひまわり　［向日葵］とも。一年草
牙歯草　ひるむしろ　［蛭蓆・眼子菜］とも。多年草

酔魚草　ふじうつぎ　［藤空木］とも。有毒の落葉小低木
蘭草　ふじばかま　［藤袴］とも。多年草。秋の七草の一
杜鵑草　ほととぎす　［油点草］とも。多年草
海人草　まくり　［海仁草］とも。海藻
金糸草　ゆきのした　［雪下・鴨脚草・虎耳草］とも。多年草
草鞋　わらじ　わらで作った履物
風信草　ヒヤシンス　［風信子・風見草］とも。多年草

［荘］　ソウ
荘園　しょうえん　［庄園］とも。貴族や社寺が領有した土地
荘　たけ　名前の一。荒木荘雄（会社役員）

［倉］　ソウ　くら
屯倉　みやけ　［屯家・三宅・官家］とも。朝廷の直轄領

［巣］　ソウ　す
小巣鳥　すずめのえんどう　［雀豌豆］とも。越年草

［掃］　ソウ　は（く）
掃部　かもん　宮中の雑用役。「―頭（かみ）」
掃墨　はいずみ　植物油の油煙でつくった墨
掃溜　はきだめ　「―に鶴」
掃う　はらう　「ほこりを―」
鉄掃帚　めどはぎ　［蓍萩］とも。小低木状の多年草
掃部　かんべ　［かもん・かもりべ］とも。姓氏の一

［曹］　ソウ
曹白魚　ひら　海魚
結麗阿曹篤　クレオソート
曹胃謨　ソジウム　金属元素の一
曹達　ソーダ　「―水」「苛性―」

［創］　ソウ
創る　つくる　［作る・造る］とも
創める　はじめる　「新事業を―」

［喪］　ソウ　も

喪う　うしなう　［失う］とも

△［曾］　ソウ

曾て　かつて　［嘗て］とも

曾祖父　ひいじじ　おじいさんのお父さん。↕曾祖母

曾孫　ひまご　［ひいまご・ひこ・ひこまご］とも

未曾有　みぞう　「―の出来事」

曾野　その　姓氏の一

［桑］　ソウ　くわ

仏桑　ぶっそうげ　［扶桑・仏桑花］とも。落葉低木

桑港　サンフランシスコ　アメリカにある都市名

桑折　こおり　福島県にある町名

［挿］　ソウ　さ(す)

挿頭す　かざす　「髪に花を―」

挿む　はさむ　「本にしおりを―」

挿げる　すげる　「人形の首を―」

［僧］　ソウ

売僧坊主　まいすぼうず　唐音。僧をののしっていう語

［想］　ソウ・ソ

想　そ　「愛―」

想う　おもう　［思う・憶う］とも

狂想曲　ラプソディー　［狂詩曲］とも

×［掻］　ソウ　か(く)

掻巻　かいまき　袖つきの夜具

［葬］　ソウ　ほうむ(る)

埋葬虫　しでむし　昆虫の一

［層］　ソウ

裳層　もこし　［裳階］とも。建築用語

△［漕］　ソウ　こ(ぐ)

阿漕　あこぎ　「―な仕打ち」

［総］　ソウ

総角　あげまき　むかしの子供の髪型の一

総て　すべて　［凡て・全て］とも

総　ふさ　［房］とも。「総総とした髪」

上総　かずさ　旧国名。千葉県

下総　しもうさ　旧国名。千葉県・茨城県

［聡］　ソウ

聡い　さとい　かしこい

聡　さとし　名前の一。松尾聡（大学教授）

△［蒼］　ソウ　あお(い)

蒼朮　おけら　［朮］［うけら］とも。多年草

［槽］　ソウ

湯槽　ゆぶね　［湯船］とも。浴槽

△［痩］　ソウ　や(せる)

痩ける　こける　やせる

×［諍］　ソウ

諍う　あらがう　［争う・抗う］とも。あらそう
諍い　いさかい　言い争い
［燥］　ソウ
燥ぐ　はしゃぐ　浮かれて騒ぐ
［霜］　ソウ　しも
落霜紅　うめもどき　［梅擬］とも。落葉低木
△［叢］　ソウ
叢　くさむら　草がむらがり生えている所
叢がる　むらがる　［群がる］とも。多くのものが集まる
叢雨　むらさめ　［村雨］とも。にわか雨
［騒］　ソウ　さわ(ぐ)
騒めく　ざわめく　「風で木々が―」
潮騒　しおさい　［しおざい］とも。潮の満ちるときの響き
［藻］　ソウ　も
滑藻　あらめ　［荒布］とも。海藻

勿告藻　なのりそ　［莫告藻・神馬藻・名乗藻］とも。海藻
神馬藻　ほんだわら　［馬尾藻］とも。海藻
稚海藻　わかめ　［若布・和布・裙帯菜］とも。海藻
［造］　ゾウ　つく(る)
新造　しんぞ　他人の妻の敬称。「御―さん」
造　みやつこ　「国―」「伴(とも)―」
［増］　ゾウ　ま(す)・ふ(える)・ふ(やす)
年増　としま　娘盛りを過ぎた女性
［蔵］　ゾウ　くら
内蔵助　くらのすけ　むかしの官職名の一
蔵人　くろうど　［くらんど］とも。天皇に近侍する人
蔵王　ざおう　「―権現」「―山」
蔵う　しまう　おさめる
西蔵　チベット　中印国境付近の地域
武蔵　むさし　旧国名。東京都・埼玉県・神奈川県

×［仄］　ソク
仄仄　ほのぼの　「―とした愛情」
［即］　ソク
即ち　すなわち　［則ち・乃ち］とも
即く　つく　「王位に―」
［束］　ソク　たば
束子　たわし　「亀の子―」
束の間　つかのま　すこしのあいだ
不検束　ふしだら　［不仕鱈］とも。だらしのないこと
［足］　ソク　あし・た(りる)・た(る)・た(す)
足掻　あがき　「悪―」
足代　あじろ　丸太を組んだ足場
足袋　たび　［単皮］とも
手足　てだれ　［手練］とも。技芸が熟達したこと
裸足　はだし　［跣］とも

百足　むかで　節足動物
足助　あすけ　愛知県にある町名
足羽　あすわ　福井県にあった郡名
足沢　たるさわ　[あざわ・あしざわ]とも。姓氏の一

[促]　ソク　うなが(す)
偓促　あくせく　[齷齪]とも。こせこせすること

[則]　ソク
則ち　すなわち　[即ち・乃ち]とも
則る　のっとる　手本とする。前例にならう
則　のり　規則。「―を守る」

[息]　ソク　いき
息う　いこう　[憩う]とも。休む。休息する
息吹　いぶき　「若い―」「春の―」
息長鳥　しながどり　水辺の鳥。別名カイツブリ
御息所　みやすどころ　女御・更衣などの宮女を総称していう

息子　むすこ　せがれ。子息。↕娘

△[捉]　ソク　とら(える)
捉える　つかまえる　[捕える]とも。とらえる

[速]　ソク　はや(い)・はや(める)・すみ(やか)
浪速　なにわ　[浪花・浪華・難波]とも。大阪の旧称・地名

[側]　ソク　かわ
側　かたわら　[傍]とも。わき。あいま
側　そば　「―目」「―衆」「―女」「―用人」
側　はた　[端]とも。はし。へり。わき
側柏　このてがしわ　[児手柏]とも。常緑低木
側金盞花　ふくじゅそう　[福寿草・献歳菊]とも。多年草

△[塞]　ソク・サイ
塞神　さえのかみ　[障神・道祖神][さいのかみ]とも
塞止める　せきとめる　「川の水を―」
塞く　せく　[堰く]とも。さえぎとめる

塞ぐ　ふさぐ　「道を―」
馬耳塞　マルセイユ　フランスにある都市名

[族]　ゾク
親族　うから　一族。しんぞく
族　やから　[輩]とも。一族。なかま

[属]　ゾク
属託　しょくたく　[嘱託]とも
肝属　きもつき　鹿児島県にある郡名
属　さつか　[つかさ・さか・さかん]とも。姓氏の一

[続]　ゾク　つづ(く)・つづ(ける)
続日本紀　しょくにほんぎ　史書。四十巻
接続草　すぎな　[杉菜・筆頭菜・門荆]とも。多年草
続飯　そくい　飯粒でつくった糊
続断　なべな　[山芹菜]とも。越年草
続橋　つぎはし　姓氏の一

［賊］ ゾク

烏賊　いか　［墨魚］とも。軟体動物

木賊　とくさ　多年草

［卒］ ソツ

卒える　おえる　「学業を―」

列卒　せこ　［勢子］とも。狩場で鳥獣をかりたてる人

卒塔婆　そとば　［率塔婆］とも

何卒　なにとぞ　「―よろしく」

△［揃］ そろ(う)

一揃　ぴんぞろ　さいころの一が二つ出ること

［存］ ソン・ゾン

存える　ながらえる　生きのこる

存　たもつ　名前の一。仁科存(大学教授)

［孫］ ソン　まご

公孫樹　いちょう　［銀杏・鴨脚樹］とも。落葉高木

胡孫眼　さるのこしかけ　［猿腰掛］とも。キノコの一種

曾孫　ひこ　孫の子。ひまご

玄孫　やしゃご　ひまごの子

我孫子　あびこ　千葉県にある市名

［尊］ ソン　とうと(い)・たっと(ぶ)

尊　みこと　［命］とも。「素戔嗚―」

武尊山　ほたかやま　群馬県にある山名

尊　たかし　名前の一。瀬戸尊(教育家)

た

［他］ タ

他人事　ひとごと　「―ではない」

他　ほか　［外］とも。「その―」

他所　よそ　［余所］とも

［多］ タ　おお(い)

多集く　すだく　［集く］とも。虫・鳥などがむらがり集まる

多武峰　とうのみね　奈良盆地にある山。山頂に談山神社がある

［打］ ダ　う(つ)

打瀬網　うたせあみ　舟引網の一種

打遣り　うっちゃり　［打棄］とも。相撲のきまり手の一

毬打　ぎっちょう　毬を打つむかしの球戯

打打発止　ちょうちょうはっし　たがいに打ちあう音

名打　なうて　評判が高いこと

博打　ばくち　［博奕］とも。とばく

打つ　ぶつ　［撃つ・撲つ］とも。たたく。なぐる

打切棒　ぶっきらぼう　「―な男」

打殴る　ぶんなぐる

打　ダース　十二個を一組とした数を示す語

△［陀］ ダ

和蘭陀 オランダ ［和蘭・阿蘭陀］とも。国名

加奈陀 カナダ ［加拿太］とも。国名

×**［唾］** ダ つば

固唾 かたず 「―をのむ」

［堕］ ダ

堕ちる おちる 身をもちくずす。堕落する

［駄］ ダ

駄袋 だんぶくろ ［段袋］とも。荷物を入れる袋

羊駄 アルパカ 南米産の家畜

×**［駝］** ダ

羊駝 ラマ ［駱馬］とも。南米産の家畜

［太］ タイ・タ ふと(い)・ふと(る)

太政官 だじょうかん ［だいじょうかん］とも。国政の最高機関

心太草 てんぐさ ［太凝草・石花菜］［ところてんぐさ］とも。海藻

心太 ところてん 清涼食品

太太しい ふてぶてしい ずぶとい。大胆不敵

丸太棒 まるたんぼう

明太魚 めんたい スケトウダラの別名

伊太利 イタリア ［伊太利亜］とも。国名

濠太剌利 オーストラリア ［豪州・墺太剌利亜］とも

墺太利 オーストリア ［墺地利亜］とも。国名

加拿太 カナダ ［加奈陀］とも。国名

猶太 ユダヤ 「―人」「―教」

太秦寺 うずまさでら 京都にある寺名。広隆寺

信太 しのだ 大阪府の地名。「―の森」「―鮨」

太 つよし 名前の一。榎本太(大学教授)

太 まさる 名前の一。米田太(会社役員)

［体］ タイ・テイ からだ

身体 からだ ［体・躰］とも

卦体糞 けたくそ 「―が悪い」

為体 ていたらく みっともないありさま

容体 ようだい ［容態］とも。病気の様子

［対］ タイ・ツイ

対手 あいて ［相手］とも

対馬 つしま 旧国名。長崎県

［怠］ タイ おこた(る)・なま(ける)

怠い だるい 「体が―」

怠れる だれる ［垂れる］とも。気持がゆるむ

△**［殆］** タイ ほとん(ど)

殆 ほとほと ［幾］とも。「―参った」

［退］ タイ しりぞ(く)・しりぞ(ける)

後退り あとずさり ［あとじさり］とも

退る すさる しりぞく。「座を―」

其方退け そっちのけ

立退く たちのく 立ち去る。よそへ移る

退く　どく　［のく・ひく］とも
退引　のっぴき　「―ならない」
早退　はやびけ　そうたい
［帯］　タイ　おび・お(びる)
帯下　こしけ　［白帯下］とも。婦人のおりもの
扱帯　しごき　［しごきおび］とも。婦人の腰帯の一
白帯魚　たちうお　［太刀魚］とも。海魚
垂帯　だらり　「―の帯」
錦帯花　はこねうつぎ　［箱根空木］とも。落葉低木
臍帯　へそのお　［臍緒］［ほぞのお］とも
裙帯菜　わかめ　［若芽・和布・稚海藻］とも。海藻
帯刀　たてわき　［たちはき・おびなた］とも。姓氏の一
［泰］　タイ
泰　タイ　国名
泰　やすし　名前の一。加藤泰（建築家）

［袋］　タイ　ふくろ
足袋　たび　［単皮］とも
布袋　ほてい　七福神の一
袋鼠　カンガルー　［長尾驢］とも。けもの
［替］　タイ　か(える)・か(わる)
為替　かわせ　「―相場」「郵便―」
［態］　タイ
悪し態　あしざま　「―に言う」
態　なり　［形］とも。「―ふりかまわず」
容態　ようだい　［容体］とも。病気の様子
態と　わざと　「―間違える」
×［褪］　タイ　あ(せる)
褪める　さめる　「色が―」
×［頽］　タイ　くず(れる)
頽れる　すたれる　［廃れる］とも

胡頽子　ぐみ　［茱萸］とも。落葉低木
△［乃］　ダイ・ナイ　の
乃ち　すなわち　［即ち・則ち］とも
乃公　だいこう　［ないこう］とも。尊大語で俺様
乃至　ないし　「三―六年」
乃楽　なら　［奈良・寧楽・平城］とも。奈良の古字
木乃伊　ミイラ
乃　ゆき　名前の一。中川乃信（社長）
［大］　ダイ・タイ　おお・おお(きい)・おお(いに)
大葉藻　あまも　［甘藻］とも。海産多年草
大角草　いささぐさ　ソラマメの異称
大鋸屑　おがくず　材木をひくときに出る木くず
大垂髪　おすべらかし　婦人の髪型の一
大臣　おとど　だいじん
大人　おとな　↕小人

大原女 おはらめ 京都に物売りにくる女

大鮃 おひょう 海魚

大蛇 おろち 極めて大きなヘビ

大葉子 おんばこ オオバコの俗称。[車前草]とも。多年草

大蚊 ががんぼ カに似て大きい昆虫

大胡蜂 くまばち [熊蜂・大黄蜂][くまんばち]とも

大角豆 ささげ [豇豆][ささぎ]とも。豆類の一

大戟 たかとうだい [はやひとぐさ][高燈台]とも。多年草

大宰府 だざいふ 北九州にあった政庁

大刀 たち [太刀]とも。つるぎ。刀剣

大口魚 たら [鱈]とも。海魚

大蒜 にんにく [葫]とも。野菜

十大功労 ひいらぎなんてん [柊南天]とも。常緑低木

大水萍 ほていあおい [布袋葵]とも。水生多年草

大和 やまと [倭]とも。日本の異称。旧国名

大茴香 アニス アニス油をとる植物

莫大小 メリヤス 「―のシャツ」

大谷 たや [おおや・おおたに]とも。姓氏の一

大 たかし 名前の一。長友大(大学教授)

大 まさる 名前の一。井深大(社長)

[代] ダイ・タイ

か(わる)・か(える)・よ・しろ

酒代 さかて [酒手]とも。酒を買う金

月代 さかやき 近世の男子が髪をそった部分

[台] ダイ・タイ

台 うてな 高殿

台詞 せりふ [白・科白]とも

[第] ダイ

第宅 ていたく [邸宅]とも。やしき

[題] ダイ

閑話休題 それはさておき

[宅] タク

三宅 みやけ [屯倉・屯家・官家]とも。朝廷の直轄の領地

安宅 あたか 石川県下の地名。「―の関」

大宅 おおや [おおやけ・おおたく・おおだか]とも。姓氏

[択] タク

択ぶ えらぶ [選ぶ]とも

択る よる [選る]とも。えらぶ

[沢] タク さわ

沢瀉 おもだか [面高]とも。水生多年草

沢漆 とうだいぐさ [灯台草]とも。有毒の越年草

野沢 ぬさ [ぬさわ・のざわ]とも。姓氏の一

[卓] タク

卓袱 しっぽく 中国風の食卓。「―料理」

卓袱台 ちゃぶだい 食卓

卓子 テーブル

卓 すぐる　名前の一。宮崎卓（会社役員）

［拓］　タク

拓く ひらく　開拓する。開発する

拓 ひろむ　名前の一。青木拓（会社役員）

［託］　タク

託言 かごと　かこつけて言う

託ける かこつける　「仕事に—」

託る ことづかる　託される

△**［啄］**　タク

緑啄木鳥 あおげら　キツツキの一種

啄木鳥 きつつき　［けら］とも。キツツキ科の鳥の総称

小啄木 こげら　キツツキ科の鳥

啄む ついばむ　「鳥が餌を—」

×**［磔］**　タク　はりつけ

磔木 クルス　十字架

［濯］　タク

濯ぐ すすぐ　［ゆすぐ］とも

御裳濯川 みもすそがわ　伊勢の五十鈴川の別称

［諾］　ダク

伊弉諾尊 いざなぎのみこと　神名

否諾 いなう　古語で諾否

諾う うべなう　［うけがう］とも。承諾する。承知する

諾威 ノルウェー　［那威］とも。国名

［濁］　ダク　にご(る)・にご(す)

濁世 じょくせ　仏教用語。にごりけがれた世

濁声 だみごえ　［訛声］とも。にごった感じの声

濁酒 どぶろく　［にごりざけ］とも

×**［蛸］**　たこ

小蛸魚 するめ　［鰑］とも。イカを乾した食品

×**［叩］**　コウ　たた(く)

叩頭虫 こめつきむし　［米搗虫］とも。昆虫

叩頭く ぬかづく　［額突く］とも。額を地面につけて拝む

叩き はたき　「—をかけて掃除する」

△**［只］**　シ　ただ

只管 ひたすら　ひとすじに。ただそれのみに

△**［橘］**　キツ　たちばな

枸橘 からたち　［枳・枳殻］とも。落葉低木

金橘 きんかん　［金柑］とも。常緑低木。実は食用

香橘 くねんば　［九年母・香橙］とも。常緑低木

越橘 こけもも　［苔桃］とも。常緑低木

酸橘 すだち　常緑低木。実は食用

［達］　タツ

男達 おとこだて　［男伊達・侠客］とも

先達 せんだって　さきごろ。このあいだ

提婆達多 だいばだった　釈尊の従弟

達 たち 「友—」「私—」
伊達 だて 「—男」
達引 たてひき [立引]とも。「恋の—」
達磨 だるま 「—大師」
用達 ようたし 「—に出かける」「宮内庁御—」
達頼喇嘛 ダライラマ ラマ教の教主
曹達 ソーダ 「—水」「苛性—」
安達太良山 あだたらさん 福島県にある山名
達 さとる 名前の一。竹内達(社長)
達 とおる 名前の一。戸引達(公務員)

[脱] ダツ ぬ(ぐ)・ぬ(げる)
手脱 てぬかり ておち。ミス
肌脱 はだぬぎ 「もろ—」

×**[獺]** ダツ かわうそ
海獺 らっこ [猟虎]とも。海洋の哺乳動物

△**[誰]** スイ だれ・たれ
誰彼 たそがれ [黄昏]とも。夕暮れどき
誰袖 たがそで 匂い袋の名
誰哉行灯 たそやあんどん 江戸吉原の往来の灯籠

×**[狸]** リ たぬき
狸落果 きつねがや [狐萱]とも。多年草

[丹] タン
丹黍 あかきび [赤黍]とも。キビの一種
雲丹 うに ウニの塩辛。動物名は[海胆・海栗]
巻丹 おにゆり [鬼百合]とも。ユリの一種
魚児牡丹 けまんそう [華鬘草・荷包牡丹]とも。多年草
丹色 にいろ 赤色
山丹 ひめゆり [姫百合]とも。ユリの一種
牡丹餅 ぼたもち 食べ物
加比丹 カピタン [甲必丹]とも。商館長。船長
吉利支丹 キリシタン [切支丹]とも
天竺牡丹 ダリヤ 多年草
契丹 キタイ [キッタン]とも。内蒙古辺の民族の一
伊丹 いたみ 兵庫県にある市名
丹下 あかした [たんげ]とも。姓氏の一
丹 あきら 名前の一。木下丹(大学教授)

△**[旦]** タン
旦那 だんな [檀那]とも。主人。自分の夫を呼ぶ語
旦 はじめ 名前の一。吉住旦(会社役員)

[担] タン かつ(ぐ)・にな(う)
担桶 たご 「肥—」

[単] タン
食単 すごも 神膳の下にしく敷物
単 ひとえ 「—物」「十二—」
単寧 タンニン 植物に含まれた渋味の成分

［胆］ タン

胆 きも　［肝］とも

海胆 うに　［海栗］とも。食品は［雲丹］

熊胆 くまのい　熊の胆のうを干した健胃薬

地胆 つちはんみょう　［土斑猫］とも。昆虫

竜胆 りんどう　多年草

胆沢 いさわ　岩手県にある郡名

［炭］ タン　すみ

泥炭 すくも　アシやカヤの枯れたもの。でいたん

炭櫃 すびつ　いろり。炉

炭団 たどん　木炭の粉末を丸く固めた燃料

［探］ タン　さが(す)・さぐ(る)

探湯 くかたち　［誓湯］とも。むかしの裁判の一方法

［淡］ タン　あわ(い)

淡塩 あまじお　［甘塩］とも。塩気がうすい味

淡菜 いがい　［貽貝］とも。海産二枚貝

淡竹 はちく　竹の一種

淡海 おうみ　近江国のこと

淡河 あいかわ　［あうか・あごう・あかわ・おおが…］とも。姓氏の一

［短］ タン　みじか(い)

短銃 ピストル　［拳銃］とも

短艇 ボート

［端］ タン　はし・は・はた

片端 かたわ　不格好。不都合なこと

其処端処 そこはか　「—となく」

端 つま　へり。きわ。「—折」「—黒」

端 はした　「—金」

端 はな　「上がり—」「出—」「初っ—」

半端 はんぱ　「中途—」

端 ただし　名前の一。横川端(社長)

［鍛］ タン　きた(える)

鍛冶 かじ　「—屋」「刀—」

［団］ ダン・トン

団 とん　「布—」「金—」「水—」

団扇 うちわ

団栗 どんぐり　カシやナラの実

団居 まどい　［円居］とも。団らん

［男］ ダン・ナン　おとこ

貴男 あなた　［貴方・貴下］とも。↔貴女

男 おのこ　おとこ。男の子

男娼 かげま　［陰間］とも。男色を売る男

寡男 やもめ　妻を失った男。↔寡婦

男 お　名前の一。渡辺男也(会社役員)

［段］ ダン

段 たん　［反］とも。土地面積の単位

手段　てだて　方法。しゅだん

[断]　ダン　た(つ)・ことわ(る)

断腸花　しゅうかいどう　[秋海棠]とも。多年草

寸断寸断　ずたずた　[寸寸]とも。細かく切れたさま

断雲　ちぎれぐも　[千切雲]とも

続断　なべな　[山芹菜]とも。越年草

[弾]　ダン　ひ(く)・はず(む)・たま

御弾　おはじき　少女の遊戯

[暖]　ダン　あたた(か)・あたた(まる)

暖簾　のれん　「―を分ける」

暖気　のんき　[呑気・暢気]とも。のんびりしていること

△**[檀]**　ダン　まゆみ

紫檀　したん　常緑高木。高級家具材

赤栴檀　ひめしゃら　落葉高木

檀香　びゃくだん　[白檀]とも。常緑高木

檀弓　まゆみ　マユミで作った丸木の弓

ち

[地]　チ・ジ

白地　あからさま　[明明地]とも。あらわ。あきらか

天地　あめつち　天と地と。全世界

地血　あかね　[茜・茜草]とも。多年草。根から赤色染料をとる

地衣苔　うめのきごけ　[梅樹苔]とも。コケの一種

地銭　ぜにごけ　[銭苔]とも。コケの一種

天青地白　ちちこぐさ　[父子草]とも。多年草

地錦　つた　[蔦]とも。つる性多年草

地胆　つちはんみょう　[土斑猫]とも。昆虫

陰地蕨　はなわらび　[花蕨]とも。多年草

驀地　まっしぐら　「目的地に―」

地楡　われもこう　[吾木香・吾亦紅・仙蓼]とも。多年草

墺地利亜　オーストリア　[墺太利]とも。国名

[知]　チ　し(る)

善知鳥　うとう　北方の海鳥

親不知　おやしらず

知更鳥　こまどり　[駒鳥]とも。小鳥

不知不識　しらずしらず　考えもせずに。偶然に

不知火　しらぬい　熊本県八代の海上に見える火影

知辺　しるべ　「―のない土地」

素不知　そしらぬ　「―顔」

知母　はなすげ　[花菅・水香稜]とも。多年草。別名ヤマシ

依知爾亜爾箇保児　エチルアルコール

知　とも　名前の一。成田知巳(政治家)

△**[智]**　チ

智利　チリ　国名

智　さとし　名前の一。澄田智（日銀総裁）
智　とも　名前の一。内田智雄（大学教授）
［遅］　チ　おく（れる）・おく（らす）・おそ（い）
阿遅鴨　あじがも　［味鴨］とも。カモの一
［痴］　チ
痴がましい　おこがましい　［鳴滸がましい］とも
痴者　しれもの　愚かな者
［稚］　チ
稚い　いとけない　［幼い］とも。あどけない。おさない
稚海藻　わかめ　［若布・和布・裙帯菜］とも。海藻
稚鰤　わらさ　ブリの若魚
［竹］　チク　たけ
山白竹　くまざさ　［熊笹・箬竹］とも。ササの一種
竹篦　しっぺい　「―がえし」
竹刀　しない　剣道で用いる竹製の刀

朱竹　せんねんぼく　［千年木・朱蕉・鉄樹］とも。多年草
爆竹焼　どんどやき　小正月の年中行事
竹柏　なぎ　［梛］とも。常緑高木
南天竹　なんてん　［南天・南天燭］とも。常緑低木
竹麦魚　ほうぼう　［魴鮄］とも。海魚
小竹　しの　［しぬ・しのう・おたけ・こたけ］とも。姓氏の一
都竹　つづく　［つたけ］とも。姓氏の一
［逐］　チク
逐う　おう　［追う］とも
△［筑］　チク
筑紫　つくし　九州の古称
［築］　チク　きず（く）
築地塀　ついじべい　土でつくった塀
築山　つきやま　庭につくった山
［窒］　チツ

窒扶斯　チフス　伝染病の一
［茶］　チャ・サ
茶花　おとこえし　［男郎花・敗醤］とも。多年草
山茶花　さざんか　［茶梅］とも。常緑高木
山茶　つばき　［椿］とも。常緑高木
［中］　チュウ　なか
中る　あたる　［当る］とも。「勘が―」
中　うち　「心の―に」
初中終　しょっちゅう　つねに。いつも
心中　しんじゅう　「一家―」
中棒　ちんぼ　［陰茎］とも。男の陰部
就中　なかんずく　とりわけ
紛中　まぐれあたり
中山　うちやま　［なかやま］とも。姓氏の一
中　なかば　名前の一。森崎中（会社役員）

［虫］ チュウ むし

虫白蠟 いぼたろう ［疣取蠟］とも。幼虫の分泌物から製したもの

水爬虫 たがめ 水生昆虫

羽隠虫 はねかくし 昆虫

寄居虫 やどかり 甲殻類の一

［忠］ チュウ

忠実 まめ 「―にはたらく」

忠 ただし 名前の一。長谷部忠（社長）

［抽］ チュウ

抽んでる ぬきんでる ひいでる

抽斗 ひきだし ［抽出］とも

［注］ チュウ そそ（ぐ）

注す さす 「水を―」

注連飾 しめかざり ［七五三飾・標飾］とも

注ぐ つぐ 「酒を―」

［柱］ チュウ はしら

琴柱 ことじ 琴の絃を支えるもの

天柱 ちりけ ［身柱］とも。灸のツボで盆の窪

氷柱 つらら

△［紐］ チュウ ひも

紐育 ニューヨーク アメリカにある都市名

△［厨］ チュウ くりや

厨子 ずし 仏像や書物などを入れる調度

［駐］ チュウ

駐る とどまる 停止する

×［苧］ チョ

苧殻 おがら ［苧幹］とも。お盆の迎え火に使う

苧環 おだまき 多年草

苧縄 おなわ 麻糸でなった縄

苧麻 からむし ［苧］［まお］とも。多年草。皮から繊維をとる

［貯］ チョ

貯える たくわえる ［蓄える］とも

貯める ためる 「お金を―」

［丁］ チョウ・テイ

丁翁 あけび ［通草・木通・山女・紅姑娘］とも。つる性落葉樹

吉丁虫 たまむし ［玉虫］とも。美しい色彩の昆虫

丁髷 ちょんまげ むかしの男の髪の結い方

丁稚 でっち 「―小僧」

丁 ひのと 十干の第四番

丁幾 チンキ 「ヨードー」

拉丁 ラテン ［羅甸］とも。「―語」

亜爾然丁 アルゼンチン 国名

丁抹 デンマーク 国名

［長］ チョウ なが（い）

長 おさ かしら。首領。「船―」

長 たけ　[丈]とも。物の高さ・長さ。「—が長い」

長 とこしえ　[常・鎮・永久][とこ・とこしなえ・とわ]とも

長官 かみ　むかしの官位の一

長寿花 きずいせん　[黄水仙]とも。多年草

長ける たける　「世故に—」「才—」

左義長 どんど　[さぎちょう]とも。正月十五日の年中行事

長刀 なぎなた　[薙刀・眉尖刀]とも。武器の一

長押 なげし　柱と柱の間に横に打つ板

長閑 のどか　「—な春の日」

石長生 はこねそう　[箱根草・鳳尾草]とも。多年草

長尾驢 カンガルー　[袋鼠]とも。けもの

長田 おさだ　[ながた]とも。姓氏の一

長谷部 はせべ　姓氏の一

長 ただし　名前の一。矢口長（会社役員）

長 ひさし　名前の一。赤見長（社長）

[帳]　チョウ

帳 とばり　[帷]とも。隔てとする布。「夜の—」

蚊帳 かや

[張]　チョウ　は(る)

眼張 めばる　海魚

尾張 おわり　旧国名。愛知県

[頂]　チョウ　いただき・いただ(く)

骨頂 おおばん　[大鷭]とも。水辺の鳥

頂相 ちんぞう　禅宗で高僧の肖像画

[鳥]　チョウ　とり

獦子鳥 あとり　[花鶏]とも。小鳥

善知鳥 うとう　北方の海鳥

啄木鳥 きつつき　[けら]とも。キツツキ科の鳥の総称

小陵鳥 こがら　[小雀]とも。小鳥

知更鳥 こまどり　[駒鳥]とも。小鳥

小巣鳥 すずめのえんどう　[雀豌豆]とも。越年草

鳥渡 ちょっと　[一寸]とも

鳥馬 つぐみ　[鶫]とも。鳥

玄鳥 つばめ　[燕・乙鳥・鳥衣]とも。渡り鳥

桃花鳥 とき　[朱鷺]とも。水辺の鳥。特別天然記念物

鳥冠 とさか　[鶏冠]とも

鳥屋 とや　鳥小屋

時鳥 ほととぎす　[杜鵑・子規・杜宇・不如帰・郭公・蜀魂…]とも。鳥

巧婦鳥 みそさざい　[鷦鷯・溝三歳・三十三才]とも。小鳥

飛鳥 あすか　[明日香]とも。奈良県にある地名

鳥羽 とば　三重県にある市名

△**[喋]**　チョウ

喋る しゃべる

[朝]　チョウ　あさ

朝 あした　「—に道を聞かば…」

朝臣 あそん [あそみ]とも。高位者への尊称
後朝 きぬぎぬ [衣衣]とも。男女が共寝した翌朝。「—の別れ」
今朝 けさ 今日の朝
三朝 みささ 鳥取県にある町名
朝 とも 名前の一。秋葉朝一郎(大学教授)

[脹] チョウ
脹れる はれる [ふくれる]とも
脹脛 ふくらはぎ すねの後の部分

[腸] チョウ
海鼠腸 このわた ナマコのわたの塩辛
断腸花 しゅうかいどう [秋海棠]とも。多年草
鶏腸草 はこべ [繁縷]とも。多年草
腸 はらわた [わた]とも
鶏児腸 よめな [嫁菜]とも。多年草
腸香 わたか [黄鯝魚]とも。淡水魚
腸線 ガット 羊などの腸で作った糸。ラケットの網

[徴] チョウ
徴 しるし きざし。前兆

△**[暢]** チョウ
暢気 のんき [呑気・暖気]とも。のんびりしていること
暢 のぶ 名前の一。高木暢哉(経済学者)

×**[嘲]** チョウ あざけ(る)
嘲う あざわらう 軽蔑して笑う
嘲笑う せせらわらう あざけり笑う

[潮] チョウ しお
望潮魚 いいだこ [飯蛸・章花魚]とも。タコの一
潮 うしお [汐]とも
望潮 しおまねき [潮招]とも。スナガニの一種
潮来 いたこ 茨城県にある市名

△**[蝶]** チョウ
黄鳳蝶 きあげは アゲハチョウの一種
胡蝶花 くさあじさい [草紫陽花]とも。多年草
胡蝶花 しゃが [胡蝶草・射干]とも。多年草
花蝶 はなぜせり [花挵]とも。ハマグリムシの幼虫
胡蝶樹 やぶてまり [藪手毬]とも。落葉低木

[直] チョク・ジキ ただ(ちに)・なお(す)・なお(る)
直に じかに 直接
直様 すぐさま ただちに
宿直 とのい 宮中勤務で宿泊すること
直衣 のうし 天皇や高貴な人の平常の服
直垂 ひたたれ 武家の礼服
直と ひたと [ぴたと・ぴたっと]とも
直向 ひたむき 物事に熱中する。「—に勉強する」
直方 のうがた 福岡県にある市名
直 すなお 名前の一。園田直(大臣)

直　ただし　名前の一。佐々木直(日銀総裁)

[勅]　チョク

勅　みことのり　[詔]とも。天皇の仰せ

御勅使川　みだいがわ　山梨県にある川名

勅使川原　てしがわら　姓氏の一

[沈]　チン　しず(む)・しず(める)

沈丁花　じんちょうげ　[ちんちょうげ][瑞香]とも。常緑低木

[珍]　チン　めずらしい

珍珠花　こごめばな　[小米花]とも。ユキヤナギの別名

珍珠菜　とらのお　[虎尾]とも。多年草

[陳]　チン

陳者　のぶれば　手紙用語。「拝啓、―此度」

陳べる　のべる　[述べる]とも。「意見を―」

陳る　ひねる　ませる。「―た子供」

[鎮]　チン　しず(める)・しず(まる)

鎮魂　たましずめ　祭事の一。「―の祭」

鎮　とこしえ　[常・長・永久][とこ・とわ・とこしなえ]とも

鎮　まもる　名前の一。藤崎鎮(会社役員)

つ

[追]　ツイ　お(う)

追河　おいかわ　淡水魚

追而書　おってがき　手紙用語。追伸

追儺　おにやらい　[ついな][鬼遣]とも。節分の豆まき

×**[椎]**　ツイ　しい

頭椎大刀　かぶつちのたち　古代の刀の一

木椎　さいづち　[才槌・木槌]とも。木のつち

[墜]　ツイ

墜ちる　おちる　「飛行機が―」

[通]　ツウ・ツ　とお(す)・とお(る)・かよ(う)

通　つ　「―夜」

木通　あけび　[通草・山女・丁翁・紅姑娘]とも。つる性落葉樹

未通女　おぼこ　うぶな娘

通条花　きぶし　[旌節花]とも。落葉高木

通泉草　さぎごけ　[鷺苔]とも。多年草。別名サギソウ

通牌　タブレット　単線運転のときに用いる証票

通古斯　ツングース　中国東北部の民族

通　みち　名前の一。今井通子(登山家)

[塚]　つか

陪塚　ばいちょう　大古墳の近くにある小さい古墳

手塚　てぞめ　[たしみ・てづか]とも。姓氏の一

[漬]　つ(ける)・つ(かる)

汗水漬　あせみずく　汗びっしょり

漬る　ひたる　[浸る]とも

△[椿] チン つばき

椿象 かめむし 悪臭を放つ昆虫

野鴉椿 ごんずい [権萃]とも。落葉小高木

椿桃 つばいもも [油桃]とも。桃の一種

臭椿 にわうるし [庭漆]とも。落葉高木

香椿 チャンチン 落葉高木

△[燕] エン つばめ

胡燕子 あまつばめ [雨燕]とも。小鳥

燕子花 かきつばた [杜若]とも。多年草

燕麦 からすむぎ 一年草。牧草。[えんばく]は穀物

海燕 たこのまくら [蛸枕]とも。ウニの一種

燕 つばくろ ツバメの俗称

燕魚 とびえい [鳶鱝]とも。海魚

玉燕 ひおうぎ [檜扇・射干]とも。多年草

△[爪] ソウ つめ

竜爪稗 しこくびえ [四国稗・田桂]とも。一年草

爪弾き つまはじき [—にされる]

五爪龍 やぶからし [藪枯]とも。つる性多年草

爪哇 ジャワ インドネシアにある島

△[蔓] つる

蔓 かずら [葛]とも。つる草の総称

狗筋蔓 なんばんはこべ [南蛮繁縷]とも。多年草

蔓延る はびこる よくないことがひろがる

蔓荊 はまごう 落葉低木

水蔓青 ひめとらのお [姫虎尾]とも。多年草

△[鶴] カク つる

田鶴 たず ツルの古称

て

[低] テイ ひく(い)・ひく(める)・ひく(まる)

苦低草 めはじき [目弾]とも。別名ヤクモソウ。多年草。

[弟] テイ・ダイ・デ おとうと

従兄弟 いとこ [従姉妹・従兄・従弟]とも

弟切草 おとぎりそう 多年草

弟御前 おとごぜ [乙御前]とも。お多福の異名

弟橘媛 おとたちばなひめ 日本武尊の妃

再従兄弟 はとこ [再従姉妹]とも

[定] テイ・ジョウ さだ(める)・さだ(まる)・さだ(か)

定斎屋 じょさいや むかしの薬の行商人

定 やすし 名前の一。山口定(大学教授)

[底] テイ そこ

鞋底魚　したびらめ　［舌平目・舌鮃］とも。海魚

加須底羅　カステラ　［家主貞羅・粕底羅・卵糖］とも

［邸］　テイ

邸　やしき　邸宅

×［剃］　テイ　そ(る)

剃刀　かみそり

［帝］　テイ

帝釈天　たいしゃくてん　仏教守護神の一

帝　みかど　天子。天皇

［貞］　テイ

貞観　じょうがん　年号。「貞元・貞応・貞永」なども同じ

女貞　ねずみもち　［鼠梓木］とも。常緑低木

不貞寝　ふてね　ふてくされて寝こむこと

貞　さだ　名前の一。岩出貞夫(社長)

貞　ただし　名前の一。町田貞(大学教授)

［停］　テイ

停る　とどまる　［止る・留る］とも

停る　とまる　［止る］とも。「電車が―」

停車場　ステーション　［ステンショ］とも

△［梯］　テイ

梯子　はしご　［階子］とも。「―段」

舷梯　タラップ　「船の―」

磐梯山　ばんだいさん　福島県にある山名

［堤］　テイ　つつみ

土堤　どて　［土手］とも

［提］　テイ　さ(げる)

提灯　ちょうちん

提子　ひさげ　［提］とも。むかしの酒器の一

菩提　ぼだい　「―をとむらう」

提宇須　デウス　［天有主・天主・泥烏須］とも。造物主。天帝

提琴　バイオリン　楽器

［程］　テイ　ほど

道程　みちのり　行程

△［蹄］　テイ　ひづめ

鹿蹄草　いちやくそう　［一薬草］とも。多年草

羊蹄　ぎしぎし　［羊蹄菜］とも。多年草

係蹄　わな　［罠］とも。「―をかける」

［艇］　テイ

短艇　ボート

快走艇　ヨット

［泥］　デイ　どろ

泥障　あおり　［障泥］とも。馬具の一

泥湖菜　きつねあざみ　［狐薊］とも。多年草

泥炭　すくも　アシやカヤの枯れたもの。でいたん

泥亀　すっぽん　［鼈］とも。カメの一種

泥鰌　どじょう　[鰌]とも。淡水魚
泥梨　ないり　仏教用語。地獄
泥む　なずむ　「暮れ―空」
泥濘る　ぬかる　「道が―」
泥濘　ぬかるみ　[でいねい]とも
泥烏須　デウス　[天有主・天主・提宇須]とも。造物主。天帝
泥婆羅　ネパール　国名
[的]　テキ　まと
的鯛　まとうだい　海魚
依的児　エーテル　揮発性・燃焼性の強い液体
実布的利亜　ジフテリア　伝染病の一
的列並油　テレビンゆ　[松脂油]とも
浪漫的　ロマンチック
[摘]　テキ　つ(む)
摘　つまみ　[撮]とも。とって

摘入　つみれ　「おでんの―」
[滴]　テキ　しずく・したた(る)
雨滴　あまだれ　[雨垂]とも
滴滴金　おぐるま　[小車・金沸草・旋覆花]とも。多年草
滴滴　たらたら　「水が―」
滴れる　たれる　「水が―」
[適]　テキ
適う　かなう　あてはまる。適合する
適さか　たまさか　偶然
[敵]　テキ　かたき
敵娼　あいかた　「―の芸者」
×**[鏑]**　テキ　かぶら
流鏑馬　やぶさめ　騎射の一
[鉄]　テツ
銅鉄　あかがね　[銅]とも。どう

鉄漿　おはぐろ　[かね]とも。歯を黒く染めること
鉄　かな　「―棒」「―床」「―づち」
鉄　くろがね　鉄の古称
鉄樹　そてつ　[蘇鉄・鉄蕉・鳳尾松]とも。常緑樹
鉄刀木　たがやさん　熱帯の常緑高木
引鉄　ひきがね　「ピストルの―」
鉄脚梨　ぼけ　[木瓜・放春花]とも。落葉低木
鉄掃帚　めどはぎ　[蓍萩]とも。小低木状の多年草
鉄葉　ブリキ　「―屋根」
△**[綴]**　テツ・テイ　つづ(る)
綴織　つづれおり　織物の一
綴じる　とじる　「原稿を―」
[天]　テン　あめ・あま
天　あめ　「―地(つち)」「―が下」
天麻裏　あじさい　[紫陽花・紫陽草・八仙花・瑪理花]とも

天晴　あっぱれ
信天翁　あほうどり　［阿房鳥］とも。大型の海鳥
天仙花　いぬびわ　［犬枇杷］とも。落葉低木
天墨　いれずみ　［入墨・刺青・文身］とも
天女花　おおやまれんげ　［大山蓮花］とも。落葉高木
天麻　おにやがら　［鬼矢幹・赤箭］とも。一年草
天牛　かみきりむし　［髪切虫］とも。甲虫の一
天瓜　からすうり　［烏瓜］とも。つる性多年草
奇天烈　きてれつ　［奇妙―］
死天山　しでのやま　［死出山］とも。死後に辿りゆく山
天皇　すめらみこと　［すめらぎ・すべらみこと・すべらぎ］とも
高天原　たかまがはら　神々の住んだところ
天仙草　たばこ　［煙草・烟草・莨］とも
天青地白　ちちこぐさ　［父子草］とも。多年草
天柱　ちりけ　［身柱］とも。灸のツボで盆の窪

天蚕糸　てぐす　［天蚕］とも。釣糸
天辺　てっぺん　［頂辺］とも。いただき
満天星　どうだんつつじ　落葉低木
満天星　はくちょうげ　［白蝶花・六月雪］とも。常緑小低木
天一神　ながかみ　陰陽道でまつる神
南天竹　なんてん　［南天・南天燭］とも。常緑低木
伴天連　ばてれん　伝来時の宣教師
告天子　ひばり　［雲雀・叫天子・叫天雀］とも。小鳥
天糸瓜　へちま　［糸瓜］とも。つる性一年草
景天　べんけいそう　［弁慶草］とも。多年草
木天蓼　またたび　つる性落葉樹。ネコが好む
天名精　やぶたばこ　［藪煙草・猪尻草］とも。多年草
天蚕　やままゆ　［山繭］とも。大型のガ。絹糸がとれる
天竺牡丹　ダリヤ　多年草
天有主　デウス　［天主・泥烏須・提宇須］とも。天帝。造物主

天幕　テント
天鵞絨　ビロード　織物の一

［典］　テン
典薬頭　くすりのかみ　典薬寮の長官
主典　さかん　むかしの官位の一
典侍　すけ　［ないしのすけ・てんじ］とも。むかしの官位の一
雅典　アテネ　ギリシアの首都
瑞典　スウェーデン　国名
典　のり　名前の一。平木典子（大学教授）
典　ふみ　名前の一。守屋典郎（弁護士）

［店］　テン　みせ
店　たな　「―卸」「―子」「―ざらし」

［点］　テン
汚点　しみ　［染］とも。「―がある」
点てる　たてる　「茶を―」

点点 ちょぼちょぼ　少しあるさま

点点 ぽちぽち　「—と出かけるとするか」

点く つく　「街の灯が—」

点前 てまえ　茶の湯の作法

点す ともす　［とぼす］とも。「火を—」

野点 のだて　野外で茶をたてること

油点草 ほととぎす　［杜鵑草］とも。多年草

×**［甜］**　テン

金甜瓜 きんまくわ　マクワウリの一種

甜瓜 まくわうり　［真桑瓜］とも

［転］　テン　ころ(がす)・ころ(がる)・ころ(げる)

転寝 うたたね　［仮睡］とも

転めく くるめく　目がまわる

転ける こける　［倒ける］とも。「ずっ—」

転 ころ　重い物を動かすときに使う丸太

転柿 ころがき　［枯露柿］とも。干し柿

転寝 ごろね

△**［塡］**　テン

塡める はめる　［嵌める］とも

［田］　デン　た

田舎 いなか

護田鳥 おすめどり　サギ科の鳥のミゾゴイの別名

田葛 くず　［葛］とも。つる性多年草

田作 ごまめ　［たづくり］とも。正月料理の一

田桂 しこくびえ　［四国稗・竜爪稗］とも。一年草

田圃 たんぼ　［田畝］とも

［伝］　デン　つた(わる)・つた(える)・つた(う)

言伝 ことづて　伝言。ことづけること

伝 つて　縁故。「—を頼る」

伝馬船 てんません　荷物を運ぶはしけ

伝 ただ　名前の一。清島伝生(公務員)

［殿］　デン・テン　どの・との

殿 てん　「—上人」「御—」

越殿楽 えてんらく　［越天楽］とも。雅楽の一

大殿 おとど　貴人の邸宅

殿 しんがり　隊列の最後尾

主殿 とのも　［とのもり］とも。むかしの役所の一。その職員

［電］　デン

電 いなずま　［稲妻］とも

電気鯰 しびれなまず　［痺鯰］とも。ナイル川のナマズの一

と

［斗］　ト

不入斗 いりやまず　租税を免除された土地

漏斗　じょうご　液体などを移しかえる具

熨斗　のし　「―紙」「―あわび」

抽斗　ひきだし　［抽出］とも

火斗　ひばかり　［火計］とも。陶器用語

斗組　ますぐみ　［枡組］とも。建築用語

翻筋斗打つ　もんどりうつ

［吐］　ト　は(く)

吐綬鶏　しちめんちょう　［七面鳥・白露鳥］とも。家禽

吐く　つく　「うそを―」

吐かす　ぬかす　「何を―か」

吐魯蕃　トルファン　中国西域にある地名

吐田　はんだ　［とだ］とも。姓氏の一

△**［杜］**　ト

杜若　かきつばた　［燕子花・紫羅蘭］とも。多年草

杜父魚　かじか　［鰍］とも。淡水魚

杜衡　かんあおい　［寒葵・常磐草］とも。多年草

杜撰　ずさん　ぞんざい。粗末

杜蒙　つくばねそう　［衡羽根草］とも。多年草

杜氏　とうじ　［とじ］とも。酒造り職人

杜松　ねず　常緑高木

杜鵑　ほととぎす　［時鳥・子規・不如帰・杜宇・蜀魂・怨鳥…］とも。鳥

杜鵑草　ほととぎす　［油点草］とも。多年草

黄杜鵑　れんげつつじ　［蓮華躑躅・老虎花］とも。落葉低木

杜　もり　［森］とも。「神社の―」

×**［妬］**　ト　ねた(む)

妬む　そねむ　うらみ憎む

妬く　やく　嫉妬する

［徒］　ト

徒　あだ　「―花」「―名」「―やおろそか」

徒　かち　［徒歩］とも。歩いて行くこと

徒　ただ　「―ごとではない」「―ならぬ」

徒　むだ　「―口」「―死」

徒に　いたずらに　「―時を過ごす」

徒士　かち　徒歩で行列の先導をつとめた侍

徒広い　だだっぴろい　「―部屋」

徒然　つれづれ　手持ちぶさた

博徒　ばくちうち　ばくちを業とする者。やくざ

［途］　ト

首途　かどで　［門出］とも。旅出ち。「―を祝う」

先途　せんど　「ここを―と戦う」

途　みち　［道・路］とも。「帰り―」

一途　いちず　「―に思い込む」

［都］　ト・ツ　みやこ

僧都　そうず　僧正に次ぐ僧侶の位

都都逸　どどいつ　俗曲の一

京都　みやこ　福岡県にある郡名

［塗］　ト　ぬ(る)

塗香　ずこう　手に香を塗って仏前に出ること

血塗れ　ちまみれ　血だらけになること

塗師　ぬし　漆塗りの職人

塗す　まぶす　まみれさせる

×［鍍］　ト

鍍金　めっき　［滅金］とも。「金—」

［土］　ド・ト　つち

土常山　あまちゃ　［甘茶］とも。落葉低木

土荊芥　ありたそう　一年草。薬用

産土　うぶすな　生まれた地。「—神」

土当帰　うど　［独活］とも。多年草。食用

土青木香　うまのすずくさ　［馬鈴草・馬兜鈴］とも。つる草

御土産　おみや　おみやげ

土産　みやげ　「—話」

土器　かわらけ　素焼きの陶器

三和土　たたき　土や砂で固めた土間

土筆　つくし　スギナの胞子の茎

土師器　はじき　古代の素焼きの土器

土芋　ほど　［塊芋］とも。つる性多年草

土竜　もぐら　食虫類の小獣

唐土　もろこし　中国のことを呼んだ古称

土瀝青　アスファルト

混凝土　コンクリート　「鉄筋—」

英蘭土　イングランド　［英蘭］とも。イギリス南部の地域

土耳古　トルコ　国名

門土里留　モントリオール　カナダにある都市名

土方　ひじかた　［ひじま］とも。姓氏の一

［奴］　ド

彼奴　あいつ　［あやつ・かやつ・きゃつ］とも

彼奴奴　きゃつめ　あいつめ

此奴　こいつ　［このやつ］とも

其奴　そいつ　［そやつ］とも

何奴　どいつ　［どやつ・なにやつ］とも

奴国　なのくに　「魏志倭人伝」に記された国名

奴婢　ぬひ　下男と下女

奴　やつ　「おかしな—」

奴　やっこ　人を卑しめていう。「町—」「—凧」

［努］　ド　つと(める)

努努　ゆめゆめ　「—忘れるな」

［度］　ド・ト・タク　たび

度　と　「法(はっ)—」

度　たく　「支—」「忖(そん)—」

御目出度　おめでとう　［御芽出度］とも

目出度　めでたい　［芽出度］とも
度度　よりより　ときおり。おりおり
沃度　ヨード　「—チンキ」
印度　インド　国名
度会　わたらい　姓氏の一

［刀］　トウ　かたな

剃刀　かみそり
秋刀魚　さんま　［三摩・青串魚］とも。海魚
竹刀　しない　剣道で用いる竹製の刀
鉄刀木　たがやさん　熱帯の常緑高木
大刀　たち　［太刀］とも。つるぎ。刀剣。
帯刀　たてわき　［たちはき］とも。古代舎人の一
刀自　とじ　主婦。婦人
長刀　なぎなた　［薙刀・眉尖刀］とも。武器の一
刀豆　なたまめ　［鉈豆］とも。つる性一年草
佩刀　はかせ　貴人の刀の敬称
剪刀　はさみ　［鋏］とも
馬刀貝　まてがい　二枚貝
馬刀葉椎　まてばしい　［全手葉椎］とも。常緑高木
刀背打　みねうち　［峯打］とも。刀の背で打つこと
功刀　くぬぎ　姓氏の一

［冬］　トウ　ふゆ

岩款冬　いわぶき　［岩蕗］とも。多年草。ユキノシタの別名
忍冬　すいかずら　つる性常緑低木
冬青　そよご　常緑高木
款冬　ふき　［蕗］とも。多年草。食用
冬眠鼠　やまね　小型の哺乳動物
冬葱　わけぎ　［分葱］とも。野菜

［当］　トウ　あ(たる)・あ(てる)

土当帰　うど　［独活］とも。多年草。食用
当麻派　たいまは　仏教で時宗の一派
当に　まさに　［正に］とも
当麻　たぎま　［たえま・たいま・たざま・とうま］とも。姓氏の一

［灯］　トウ　ひ

灯　あかり
行灯　あんどん　むかしの照明具
白灯蛾　しろひとり　ガの一種。「アメリカ—」
提灯　ちょうちん
灯火　ともしび　「風前の—」
鬼灯　ほおずき　［酸漿］とも。多年草
灯影　ほかげ　「町の—が見える」
走馬灯　まわりどうろう　［廻灯籠］とも
洋灯　ランプ

［投］　トウ　な(げる)

石投子　いしなんご　［石子］とも。むかしの女の子の遊び

投子 さいころ ［骰子・賽子］とも
投網 とあみ 漁網の一

［豆］ トウ・ズ まめ

豆 ず 「大―」「伊―」
小豆 あずき ［赤小豆・紅小豆］とも。豆類の一
胡豆 いわふじ ［岩藤］とも。落葉低木
豌豆 えんどう 豆類の一。エンドウマメ
豆汁 ごじる ［呉汁］とも。まめ汁の味噌汁
豇豆 ささげ ［豇・大角豆］とも。豆類の一
山黒豆 のささげ ［野豇豆］とも。多年草
豆腐皮 ゆば ［湯葉］［うば］とも。食品
小豆島 しょうどしま 香川県にある島

［東］ トウ ひがし

東 あずま 「―男」「―下り」
東 ひんがし 「ひむがし」の音便。ひがし
東風 こち 東から吹く風
東雲 しののめ 明け方の東の空の雲
東風菜 しらやまぎく ［白山菊］とも。多年草
東宮 はるのみや ［とうぐう］［春宮］とも。皇太子
国東半島 くにさきはんとう 大分県にある半島
東海林 しょうじ ［しおじ・とうかいりん］とも。姓氏の一
東 はじめ 名前の一。坪井東（社長）

［倒］ トウ たお（れる）・たお（す）

不倒翁 おきあがりこぼし ［起上小法師］とも
御為倒 おためごかし 「―の親切」
倒ける こける ［転ける］とも。「ずっ―」
倒さ さかさ ［逆さ］とも

［凍］ トウ こお（る）・こご（える）

凍付く いてつく こおりつく
凍みる しみる 「夜風が身に―」
凍傷 しもやけ ［霜焼］とも
牛皮凍 へくそかずら ［屁糞葛・女青］とも。つる性多年草
凍原 ツンドラ 「シベリアの―地帯」

［唐］ トウ から

唐土 もろこし 中国のことを呼んだ古称
唐黍 もろこし ［蜀黍］とも。別名コーリャン

［桃］ トウ もも

胡桃 くるみ 落葉高木
黒桃花毛 くろつきげ ［黒月毛］とも。馬の毛色の一
桜桃 さくらんぼ ［さくらんぼう］［桜坊］とも
桃金嬢 てんにんか ［天人花］とも。常緑低木
桃花鳥 とき ［朱鷺］とも。水辺の鳥。特別天然記念物
金糸桃 びようやなぎ ［未央柳］とも。低木
山桜桃 ひざくら ［緋桜］とも。サクラの一種
山桜桃 ゆすらうめ ［梅桃］とも。落葉低木

扁桃 アーモンド ［巴丹杏］［アメンドウ］とも。落葉高木

桃花心木 マホガニー 熱帯の常緑高木。器具材

桃生 ものう 宮城県にある町名

［透］ トウ す(く)・す(かす)・す(ける)

透垣 すいがき ［すいがい］とも。向こうが見える粗い竹垣

透股 すかまた あてはずれ。まぬけ

透綾 すきや 透けて見えるほどの絹織物

透波 すっぱ 戦国時代の間者

［盗］ トウ ぬす(む)

盗る とる ぬすむ

盗汗 ねあせ ［寝汗］とも

［陶］ トウ

陶 すえ 陶器。やきもの

陶山 すやま ［すえやま］とも。姓氏の一

［塔］ トウ

卒塔婆 そとば ［率塔婆・卒都婆］とも

塔頭 たっちゅう 「塔頭」の唐音。仏教語

金字塔 ピラミッド

［棟］ トウ むね・むな

苦棟樹 にがき ［苦木］とも。落葉小高木

山棟蛇 やまかがし ［赤棟蛇］とも。ヘビの一種

×［棠］ トウ

岩棠子 いわなし ［岩梨］とも。常緑低木

棠梨 ずみ 落葉小高木

［湯］ トウ ゆ

探湯 くかだち ［誓湯］とも。むかしの裁判の一方法

湯湯婆 ゆたんぽ 「たんぽ」は唐音

［答］ トウ こた(える)・こた(え)

答 いらえ ［応］とも。古語で返事

加答児 カタル 「胃——」「腸——」

［筒］ トウ つつ

筒元 どうもと ［胴元］とも。かけごとのおやもと

喞筒 ポンプ 「消防——」

［等］ トウ ひと(しい)

此方人等 こちとら われわれ

其方等 そちとら お前たち

等閑 なおざり ゆるがせ。おろそか

等 など ［抔］とも

等 ら 「彼——」「我——」

等並 ひとなみ ふつう。同等。ひとしなみ

郎等 ろうどう ［郎党］とも。「一族——」

等等力 とどろき ［とどりき］とも。姓氏の一

×［搗］ トウ つ(く)

搗布 かじめ 海藻の一

搗合う かちあう ぶつかる。重なる

搗栗　かちぐり　干し栗

[稲]　トウ　いね・いな

稲荷　いなり　「―神社」「―ずし」

稲熱病　いもちびょう　稲の病害

陸稲　おかぼ　畑でつくる稲。↕水稲

晩稲　おくて　[晩生]とも。おそく熟す稲。↕早稲(わせ)

糞稲　くましね　神にささげる洗い清めた米

賤稲　しとで　稲の切り株から出た芽

新稲　にいしね　今年つくった稲

稲架　はさ　刈りとった稲をかけるもの

早稲　わせ　[早生]とも。早く熟す稲。↕晩稲(おくて)

稲生　いのう　[いなお]とも。姓氏の一

[踏]　トウ　ふ(む)・ふ(まえる)

踏鞴　たたら　足で踏む大きなふいご

踏反り返る　ふんぞりかえる

△[橙]　トウ　だいだい

回青橙　だいだい　[橙]とも。常緑高木

臭橙　かぶす　ダイダイの一種

香橙　くねんぼ　[九年母・香橘]とも。常緑低木

△[撞]　トウ　つ(く)

撞木　しゅもく　鐘などをつく棒

撞球　たまつき　ビリヤード

[糖]　トウ

糖蝦　あみ　[醬蝦・線蝦]とも。小型の節足動物

卵糖　カステラ　[加須底羅・家主貞良・粕底羅]とも

泡糖　カルメラ　[浮石糖]とも。軽石状の砂糖菓子

糖酒　ラム　蒸溜酒の一

×[蕩]　トウ

蕩ける　とろける　とけて形がくずれる

見蕩れる　みとれる　[見惚れる]とも

[頭]　トウ・ズ・ト　あたま・かしら

頭　と　「音頭(ど)」

方頭魚　あまだい　[甘鯛]とも。海魚

方頭魚　かながしら　[金頭・火魚]とも。海魚

白頭翁　おきなぐさ　[翁草]とも。多年草

頭髪菜　おごのり　[於期海苔・海髪]「うご」とも。海藻

御頭　おつむ　頭の幼児語

挿頭す　かざす　「髪に花を―」

頭椎大刀　かぶつちのたち　古代の大刀の一

頭　かぶり　「―を振る」

頭　かみ　昔の官位の一。「内匠―」

頭　こうべ　「―をたれる」

頭　つむり　[つぶり]とも。あたま。おつむ

鼠頭魚　きす　[鱚・鶏魚]とも。海魚

叩頭虫　こめつきむし　[米搗虫]とも。昆虫

鬼頭魚　しいら　［鱰・勒魚］とも。海魚
犁頭魚　しゅもくざめ　［撞木鮫］とも。サメの一種
筆頭菜　すぎな　［杉菜・接続草・門荆］とも。多年草
塔頭　たっちゅう　「塔頭」の唐音。仏教語
草烏頭　とりかぶと　［烏頭］とも。猛毒の多年草
青頭菌　はつたけ　［初茸］とも。食用キノコの一
纏頭　はな　芸妓にだす祝儀
頭垢　ふけ　［雲脂］とも
白頭鳥　ひよどり　［鵯］とも。鳥
饅頭　まんじゅう　和菓子
老頭児　ロートル　老人
矢頭　やず　［やす・やとう・やがみ］とも。姓氏の一

△［藤］　トウ　ふじ

山藤　くまやなぎ　［熊柳］とも。落葉低木
藤黄　しおう　［雌黄］とも。常緑高木

扶芳藤　つるまさき　［蔓柾］とも。つる性常緑低木
千金藤　はすのはかずら　［蓮葉葛］とも。つる性多年草

［騰］　トウ

騰る　あがる　「株価が―」

［同］　ドウ　おな(じ)

同い年　おないどし
同胞　はらから　同じ国の人。どうほう

［洞］　ドウ　ほら

雪洞　ぼんぼり　むかしの照明具

［動］　ドウ　うご(く)・うご(かす)

響動く　どよめく　音が鳴りひびく
身動ぎ　みじろぎ　「―もせず見守る」
動もすれば　ややもすれば

［童］　ドウ　わらべ

河童　かっぱ　［水虎］とも。想像上の動物

童　わっぱ　子供をののしって言う。「小―」
童子　わらし　「子供」の東北方言
童　わらわ　こども

［道］　ドウ・トウ　みち

道　とう　「神―」「お天―様」
お道化る　おどける　ふざける
聞道　きくならく　［聞説・説道］とも。聞き及ぶ。聞くところによれば
道理　ことわり　［理］とも。どうり。わけ
道祖神　さいのかみ　［塞神・障神］［さえのかみ］とも
道産子　どさんこ　北海道産の馬
非道い　ひどい　［酷い］とも
八道　むさし　［六指］とも。むかしの遊戯の一
隧道　トンネル
宍道湖　しんじこ　島根県にある汽水湖
道田　おうちだ　［おうちた］とも。姓氏の一

道 ただす 名前の一。井沢道（大学教授）

［銅］ ドウ

銅 あかがね ［銅鉄］とも。どう。「―色」

青銅 からかね ［唐金］とも。合金の一。せいどう

響銅 さはり 銅・鉛・錫の合金。鐘・楽器などを作る

銅鑼 どら 「―の音」「―焼」

［導］ ドウ みち(びく)

道導 みちしるべ ［道標］とも。道案内

△［憧］ ドウ・ショウ

憧憬 あこがれ ［憧・憬］とも

×［撓］ ドウ たわ(む)

撓める いためる 「植木を―」

撓 しおり 芭蕉俳句の美的理念

撓 たおり 尾根の低くなった所

撓やか しなやか 「―な体つき」

撓む たわむ 「雪の重みで屋根が―」

×［禿］ トク はげ

禿 かぶろ ［かむろ］とも。おかっぱ髪の子

白禿瘡 しらくも ［白癬］とも。頭にできる皮膚病の一

禿びる ちびる 「筆が―」

［匿］ トク

匿す かくす ［隠す］とも。「不正を―」

匿う かくまう 「犯人を―」

［得］ トク え(る)・う(る)

得撫草 ウルップそう 多年草

得 なり 名前の一。諸星政得（公務員）

［督］ トク

督 かみ むかしの官職名。「左衛門―」

基督 キリスト

督 ただし 名前の一。岡田督（医師）

［徳］ トク

浦塩斯徳 ウラジオストク ロシアにある都市名

馬徳里 マドリード スペインの首都

徳 のり 名前の一。三宅徳嘉（大学教授）

徳 めぐむ 名前の一。直野徳（会社役員）

［篤］ トク

篤い あつい 「信仰が―」

結麗阿曹篤 クレオソート

那篤⿰亻留謨 ナトリウム 「塩化―」

篤 あつし 名前の一。川口篤（仏文学者）

［独］ ドク ひと(り)

独活 うど ［土当帰］とも。多年草。食用

独脚蜂 きばち ［樹蜂］とも。ハチの一種

独楽 こま 玩具の一

黄独 ところ ［野老］とも。ヤマイモの一種

独逸　ドイツ　「独乙」とも。国名

［読］　ドク・トク・トウ　よ(む)

読　とく　「―本」

読　とう　「句―点」

読経　どきょう　声を出して経を読むこと。↕看経

×［棘］　とげ

棘蟹　いばらがに　タラバガニの一種

馬棘　こまつなぎ　「駒繋」とも。多年草

棘魚　とげうお　淡水魚。イトヨ・トミヨの総称

［凸］　トツ

凸凹　でこぼこ　「―の道」

凸柑　ポンカン　「椪柑」とも。くだもの

［突］　トツ　つ(く)

強突張　ごうつくばり　欲ばりで頑固なこと

温突　オンドル　床下と壁をあたためる暖房装置

米突　メートル　「米」とも。長さの単位

△［鳶］　とび

紙鳶　いか　関西で凧のこと

鳶尾　いちはつ　「一八・紫羅傘・鳶尾草」とも。多年草

△［虎］　コ　とら

雨虎　あめふらし　「雨降」とも。海産軟体動物

虎刺　ありどおし　常緑小低木

虎杖　いたどり　多年草

虎掌　うらしまそう　「浦島草」とも。多年草

虎魚　おこぜ　「鰧」とも。海魚

御虎子　おまる　持ち運びのできる便器

水虎　かっぱ　「河童」とも。想像上の動物

虎尾蘭　ちとせらん　「千歳蘭」とも。多年草

虎茄　はしりどころ　「走野老」とも。多年草

蝦虎魚　はぜ　「沙魚・鯊」とも。海魚

魚虎　はりせんぼん　「針千本」とも。海魚

虎落　もがり　竹でつくった柵

壁虎　やもり　「家守・守宮」とも。トカゲの類

虎耳草　ゆきのした　「雪下」とも。多年草

老虎花　れんげつつじ　「蓮華躑躅・黄杜鵑」とも。落葉低木

虎列剌　コレラ　伝染病の一

虎眼　トラホーム　伝染性の眼病の一

［屯］　トン

屯　たむろ　人が集まる。その場所

屯倉　みやけ　「三宅・屯家・官家」とも。朝廷の直轄領

［豚］　トン　ぶた

海豚　いるか　海洋の哺乳動物

河豚　ふぐ　「鰒」とも。海魚

家豚　ぶた　「豚」とも。家畜

△［敦］　トン

倫敦 ロンドン　イギリスの首都
敦賀 つるが　福井県にある市名
敦 あつし　名前の一。大屋敦(社長)
△**【頓】** トン
頓に とみに　にわかに
頓に ひたぶるに　「一向に」とも。ひたすら
華盛頓 ワシントン　「華府」とも。アメリカの首都
△**【呑】** ドン　の(む)
酒呑童子 しゅてんどうじ　「酒天童子」とも。大江山の鬼神
呑気 のんき　「暢気・暖気」とも
【鈍】 ドン　にぶ(い)・にぶ(る)
青鈍 あおにび　青ばんだはなだ色
薄鈍 うすのろ　ぼんやり。うすばか
鈍しい おぞましい　おろかしい。うとましい
鈍 なまくら　切れ味が鈍いこと。「―刀」

鈍る なまる　「腕が―」
鈍色 にびいろ　濃いねずみ色
鈍い のろい　「仕事が―」
【曇】 ドン　くも(る)
悉曇 しったん　古代インド語の文字
曇華 だんどく　「檀特」とも。多年草
安曇 あずみ　長野県にあった村名
安曇川 あどがわ　滋賀県にある町名

な

△**【那】** ナ
那篤儞謨 ナトリウム　「塩化―」
那威 ノルウェー　「諾威」とも。国名
忽那 くつま　「くつな・ふつな・こうな・こつな」とも。姓氏の一

那 くに　名前の一。阿部那義(会社役員)
△**【奈】**
奈何 いかん　「如何」とも。「―ともしがたい」
奈翁 ナポレオン　フランスの皇帝
加奈陀 カナダ　「加拿太」とも。国名
巴奈麻 パナマ　「巴奈馬」とも。中米にある国名
【内】 ナイ・ダイ　うち
内舎人 うどねり　むかしの官職名の一
内儀 おかみ　「ないぎ」とも。奥さん
御内儀さん おかみさん
垣内 かいと　垣のうちがわ
内蔵助 くらのすけ　むかしの官職名の一
白内障 しろそこひ　眼病の一
内障眼 そこひ　「底翳・内障」とも。眼病の一
内匠 たくみ　宮邸の工匠。「―頭(かみ)」

河内 かわち 旧国名。大阪府
内海 うつみ ［うちみ・うてび］とも。姓氏の一
［南］ ナン・ナ みなみ
南 な 「—無三」「—無阿弥陀仏」
南瓜 かぼちゃ 野菜
紅南瓜 きんとうが ［金冬瓜］とも。一年草
南五味子 さねかずら ［美男葛］とも。つる性常緑低木
南椒 さんしょう ［山椒・秦椒・蜀椒］とも。落葉樹。香辛料
石南花 しゃくなげ ［石楠花］とも。常緑低木
蕃南瓜 とうなす カボチャの一品種
南風 はえ 季語。みなみかぜ
越南 ベトナム 国名
南雲 ませ ［なぐも・なんうん］とも。姓氏の一
南 なみ 名前の一。森田南枝（学会員）
［軟］ ナン やわ（らか）・やわ（らかい）
軟障 ぜじょう 寝殿造りにつるすとばり
△**［楠］** ナン くすのき
石楠花 しゃくなげ ［石南花］とも。常緑低木
楠見 くすみ 姓氏の一
［難］ ナン かた（い）・むずか（しい）
難有 ありがたく 手紙に用いられる書き方
有難う ありがとう
険難 けんのん ［剣呑］とも。あやういこと
難い にくい 「歩き—」
難波 なにわ ［浪華・浪花・浪速］とも。大阪の古称

に

［二］ ニ ふた・ふた（つ）
二月 きさらぎ ［如月・更衣・衣更着］とも。陰暦二月の異称
十二黄雀 きれんじゃく ［黄蓮雀］とも。小鳥
二合半 こなから ［小半］とも。四分の一
十二月 しわす ［師走・四極・極月］とも。陰暦十二月の異称
二進も三進も にっちもさっちも
二八 にっぱち 二月と八月。景気の悪い月
二十重 はたえ 「十重（とえ）—」
二十 はたち ［二十歳］とも
二十日 はつか
一二三 ひいふうみい いち・に・さん
不二 ふじ 二つとない。富士山
二日 ふつか
二 つぎ 名前の一。野上二雄（会社役員）
二 ふ 名前の一。橋本二久利（社長）
［尼］ ニ あま
安母尼亜 アンモニア

規尼涅　キニーネ　解熱剤
馬尼刺　マニラ　フィリピンの首都
羅馬尼亜　ルーマニア　国名

［肉］　ニク

肉合彫　ししあいぼり　金工技法の一
肉刺　まめ　「足に―ができた」
肉汁　スープ　「野菜―」

［日］　ニチ・ジツ　ひ・か

日　か　「三―」「二十―」「晦―」
明日　あした　「あす」とも
明後日　あさって
明明後日　しあさって
五十日　いか　ごじゅうにち。「―の祝」
一日　いちんち　いちにち
一日　ついたち　「朔・朔日」とも。月の第一日

映日果　いちじく　「無花果」とも。落葉小高木
一昨日　おととい　「おとつい」とも
一昨昨日　さきおととい　「さきおとつい」とも
春日　かすが　「―神社」「―山」
昨日　きのう
今日　きょう
頃日　このごろ　「頃者」とも。ちかごろ
百日紅　さるすべり　「猿滑・紫薇」とも。落葉高木
一日花　とろろあおい　「黄蜀葵・黄葵・秋葵」とも。多年草
終日　ひねもす　「ひもすがら」とも。一日中
向日葵　ひまわり　「日輪草」とも。一年草
日向　ひゅうが　旧国名。宮崎県
日置　へき　山口県にあった村名
向日　むこう　京都府にある市名
日下　くさか　「ひのした」とも。姓氏の一

［入］　ニュウ　い(る)・い(れる)・はい(る)

不入斗　いりやまず　租税を免除された土地
入水　じゅすい　水に投じて死ぬこと
摘入　つみれ　「おでんの―」
入唐　にっとう　日本から唐へ渡ること
一入　ひとしお　ひときわ。いっそう

［乳］　ニュウ　ちち・ち

乳　ち　「―首」「―飲み子」「―兄弟」
乳母　うば　古語で「めのと」とも
乳母日傘　おんばひがさ　子供が大事に育てられること
添乳　そえじ　添え寝をして乳をのませること
羊乳　つるにんじん　「蔓人参」とも。つる性多年草

［尿］　ニョウ

尿瓶　しびん　「溲瓶」「しゅびん」とも。病人用の便器
尿　ゆばり　「いばり・しと」とも。小便

夜尿　よばり　寝小便

［任］　ニン　まか（せる）・まか（す）

任　まま　［儘・随］とも

任那　みまな　古代朝鮮の国名の一

松任　まつとう　［しょうとう］とも。姓氏の一

任　たもつ　名前の一。宇摩谷任（会社役員）

［忍］　ニン　しの（ぶ）・しの（ばせる）

忍冬　すいかずら　常緑つる性低木

忍野　おしの　山梨県にある村名

不忍池　しのばずのいけ　東京の上野公園にある池

［認］　ニン　みと（める）

認める　したためる　「手紙を—」

ね

［寧］　ネイ

寧ろ　むしろ　いっそ

寧楽　なら　［奈良・平城・乃楽・名良］とも。奈良の古字

単寧　タンニン　植物に含まれる渋味の成分

寧　やすし　名前の一。西川寧（書家）

×［葱］　ソウ　ねぎ

浅葱　あさぎ　［浅黄］とも。色名の一

浅葱　あさつき　［麦葱・糸葱・蘭葱］とも。野菜

鹿葱　なつずいせん　［夏水仙］とも。多年草

青葱　ねぎ　［葱］とも。野菜

萌葱色　もえぎいろ　［萌黄色］とも。色名の一

冬葱　わけぎ　［分葱］とも。野菜

×［鼠］　ソ　ねずみ

鼬鼠　いたち　［鼬］とも。小型の哺乳動物

熬海鼠　いりこ　［海参］とも。ナマコを干した食品

鼠頭魚　きす　［鱚・鶏魚］とも。海魚

金海鼠　きんこ　［光参］とも。ナマコの一種

鼠李　くろうめもどき　［黒梅擬］とも。落葉低木

海鼠腸　このわた　ナマコのわたの塩辛

生海鼠　なまこ　［海鼠］とも。棘皮動物

鼠麹草　ははこぐさ　［母子草］とも。越年草。春の七草の一

乾海鼠　ほしこ　干したナマコ

老海鼠　ほや　［保夜・海鞘］とも。原索動物

鼯鼠　むささび　リスに似た哺乳動物

冬眠鼠　やまね　小型の哺乳動物

栗鼠　りす　小型の哺乳動物

袋鼠　カンガルー　［長尾驢］とも。けもの

×［**捏**］　ネツ

捏ねる　こねる　「小麦粉を―」

捏ねる　つくねる　こねて丸く固める

捏薯　つくねいも　［仏掌薯］とも。野菜

捏ち上げ　でっちあげ

［**熱**］　ネツ　あつ(い)

熱　いきれ　［蒸熱］とも。「草―」

熱　ほとぼり　「―のさめるのを待つ」

稲熱病　いもちびょう　稲の病害

熱る　ほてる　［火照る］とも。「顔が―」

熱川　にえかわ　［あつかわ・あたがわ］とも。姓氏の一

［**年**］　ネン　とし

年魚　あゆ　［鮎・香魚・記月魚］とも。淡水魚

一昨年　おととし

一昨昨年　さきおととし

万年青　おもと　多年草。園芸植物

幾年　いくとせ　［幾歳］とも

去年　こぞ　古語で昨年

祈年祭　としごいまつり　豊年を祈る祭。きねんさい

年　すすむ　名前の一。永田年(大学教授)

年　ね　名前の一。田村多年男(会社役員)

［**念**］　ネン

念う　おもう　［憶う・思う］とも

念珠関　ねずがせき　むかし山形と新潟の県境にあった関

△［**捻**］　ネン　ひね(る)

紙捻　こより　［紙撚・紙縒］とも

捻子　ねじ　［螺子・捩子］とも

捻る　ねじる　［捩る］とも

［**粘**］　ネン　ねば(る)

粘葉　でっちょう　和本の綴じ方の一

×［**撚**］　ネン　ひね(る)

撚糸　よりいと　よりをかけた糸

撚る　よる　［縒る］とも。「綱を―」

の

［**能**］　ノウ

能う　あたう　［あとう］とも。「―限り」

能くする　よくする　上手にする

能登　のと　旧国名。石川県

能　よし　名前の一。本多能子(大学教授)

［**納**］　ノウ・ナッ・ナ・ナン・トウ　おさ(める)・おさ(まる)

納　な　「―屋」

納　なん　「―戸」

納　とう　「出(すい)―」

納れる　いれる　「学費を―」
大納言　だいなごん　むかしの官位の一。アズキの一種
維納　ウィーン　オーストリアの首都
納富　のとみ　［のうとみ・いりとみ］とも。姓氏の一
納　のり　名前の一。貫井正納（大学助手）

［農］　ノウ

加農砲　カノンほう　日本で最も古い大砲
農　たみ　名前の一。坂原農拡（医師）

［濃］　ノウ　こ（い）

濃色　こきいろ　濃い紫色
濃　こく　「―のある味」
濃染月　こぞめづき　［木染月］とも。陰暦八月の異称
濃やか　こまやか　「緑―な夏木立」
裾濃　すそご　［末濃］とも。下を濃くした染色の一
濃絵　だみえ　［彩絵］とも。日本画の様式の一
濃餅汁　のっぺいじる　とろみをつけた野菜汁
斑濃　むらご　［叢濃］とも。染色の一
濃霧　ガス　「―がかかる」
信濃　しなの　旧国名。長野県
美濃部　みのべ　姓氏の一

×**［嚢］**　ノウ

陰嚢　ふぐり　［いんのう］とも。睾丸

△**［鋸］**　のこぎり

糸鋸　いとのこ　のこぎりの一
大鋸屑　おがくず　材木をひくときに出るくず

は

△**［巴］**　ハ　ともえ

巴蛇　うわばみ　［蟒蛇］とも。巨大なヘビ。おろち
比巴　びわ　［枇杷］とも。常緑高木
淋巴　リンパ　「―腺」「―液」
巴奈麻　パナマ　［巴奈馬］とも。中米にある国名
巴羅貝　パラグアイ　南米にある国名
巴里　パリ　フランスの首都
巴幹　バルカン　ヨーロッパの地名。「―半島」
巴西　ブラジル　［伯剌西爾］とも。国名
欧羅巴　ヨーロッパ
巴　わ　名前の一。丸山美巴

［把］　ハ

一把　いちわ　「ホウレンソウ―」
把手　とって　「ドアの―」
把手　ハンドル　「自転車の―」

［波］　ハ　なみ

鯨波　とき　［鬨］とも。「―の声」

秋波 ながしめ　流し目。色目

余波 なごり　風がやんだ後も波が静まらないこと

波斯 ペルシア　イランの旧称

波蘭 ポーランド　国名

阿波 あわ　旧国名。徳島県

難波 なにわ　［浪花・浪華・浪速］とも。大阪の古称

×［爬］　ハ

水爬虫 たがめ　水生昆虫

［破］　ハ　やぶ(る)・やぶ(れる)

破落戸 ごろつき　［無頼］とも。ならず者

驚破 すわ　「—一大事」

破礼句 ばれく　みだらな内容の川柳

破籠 わりご　［破子］とも。白木の弁当箱

破鐘 われがね　「—のような声」

［覇］　ハ

覇王樹 サボテン　［仙人掌］とも。常緑多年草

［婆］　バ

婆 ばあ　［ばば・ばばあ］とも。↕爺

湯湯婆 ゆたんぽ　「たんぽ」は唐音

婆羅門教 バラモンきょう　仏教以前のインドの宗教

泥婆羅 ネパール　国名

［馬］　バ　うま・ま

海馬 あしか　［葦鹿・海驢］とも。海洋の哺乳動物

海馬 とど　［胡獱］とも。海洋の哺乳動物

海馬 たつのおとしご　［竜落子］とも。海魚

馬酔木 あせび　［あしび・あせぼ］とも。常緑低木

馬鞭草 くまつづら　多年草

馬棘 こまつなぎ　［駒繋］とも。多年草

馬鮫魚 さわら　［鰆］とも。海魚

馬鈴薯 じゃがいも　［ばれいしょ］とも。野菜

駿馬 しゅんめ　足の速いすぐれた馬

馬歯莧 すべりひゆ　［滑莧］とも。一年草

鳥馬 つぐみ　［鶫］とも。小鳥

馬銜 はみ　馬の口にくわえさせるもの

馬勃 ほこりだけ　［埃茸］とも。キノコの一種

神馬藻 ほんだわら　［馬尾藻］とも。海藻

走馬灯 まわりどうろう　［廻灯籠］とも

水馬 みずすまし　［あめんぼう］［水澄］とも。水生昆虫

馬陸 やすで　節足動物

流鏑馬 やぶさめ　騎射の一

馬克 マルク　ドイツの貨幣の単位

玖馬 キューバ　国名

巴奈馬 パナマ　［巴奈麻］とも。中米にある国名

馬徳里 マドリード　スペインの首都

馬尼刺 マニラ　フィリピンの首都

馬耳塞　マルセイユ　フランスにある都市名

馬来　マレー　「マライ」とも。マレー半島

羅馬尼亜　ルーマニア　国名

羅馬　ローマ　イタリアの首都

但馬　たじま　旧国名。兵庫県

対馬　つしま　旧国名。長崎県

馬場　ばんば　「ばば」とも。姓氏の一

×[佩]　ハイ　お(びる)

佩刀　はかせ　「はかし」とも。貴人の刀の敬称

佩く　はく　大刀を腰におびること。「大刀を―」

[杯]　ハイ　さかずき

洋杯　コップ

[背]　ハイ　せ・せい・そむ(く)・そむ(ける)

背負う　しょう　「せおう」とも。「―荷物を―」

背面　そとも　古語で山の陰。うしろ

刀背打　みねうち　「峰打」とも。刀の背で打つこと

山背　やましろ　「山城」とも。旧国名。京都府

[俳]　ハイ

俳優　わざおぎ　役者

[敗]　ハイ　やぶ(れる)

敗醤　おとこえし　「男郎花・茶花」とも。多年草

×[牌]　ハイ

骨牌　カルタ　「歌留多」とも

通牌　タブレット　単線運転のときに用いる証票

[輩]　ハイ

輩　ともがら　なかま。同輩

輩　やから　「不逞の―」

奴輩　やつばら　「くだらぬ―」

[売]　バイ　う(る)・う(れる)

売子木　えごのき　「斉墩果」とも。落葉高木

売子木　さんたんか　「三丹花」とも。常緑低木

売僧坊主　まいすぼうず　僧をののしっていう語

[倍]　バイ

五倍子　ふし　「附子・塩麩子」とも。樹木の虫こぶ

倍良　べら　海魚

阿倍野　あべの　大阪市にある区名

[梅]　バイ　うめ

梅花皮　かいらぎ　刀の柄を包むサメの皮

茶梅　さざんか　「山茶花」とも。常緑小高木

梅雨　つゆ　「ばいう」とも

双瓶梅　にりんそう　「二輪草」とも。多年草

山梅花　ばいかうつぎ　「梅花空木」とも。落葉低木

金縷梅　まんさく　「万作」とも。落葉低木

梅桃　ゆすらうめ　「山桜桃」とも。落葉低木

青梅　おうめ　東京都にある市名

［媒］ バイ
媒 なこうど ［仲人］とも。媒酌人
［買］ バイ か(う)
孟買 ボンベイ インドにある都市名
×**［蝿］** はえ
五月蝿い うるさい
五月蝿 さばえ 五月ごろの群がるハエ
青蝿 きんばい ［金蝿］とも。ハエの一種
蝿帳 はいちょう ハエが入らないよう網を張ったもの
［白］ ハク・ビャク しろ・しろ(い)・しら
白馬 あおうま ［青馬］とも。「―の節会(せちえ)」
明白 あからさま ［白地］とも。「―に言う」
白楡 あきにれ ［秋楡］とも。落葉高木
白辛樹 あさがら 落葉高木
虫白蠟 いぼたろう ［水蠟樹蠟］とも。幼虫の分泌物から作る蠟

白粉 おしろい 化粧品
白頭翁 おきなぐさ ［翁草］とも。多年草
白朮祭 おけらまつり 京都八坂神社の年末年始の神事
飛白 かすり ［絣］とも。「―の着物」
白屈菜 くさのおう 多年草
山白竹 くまざさ ［熊笹・箬竹］とも。ササの一種
白帯下 こしけ ［帯下］とも。婦人病の一
白柿 ころがき ［転柿・枯露柿］とも。つるし柿
白湯 さゆ ［素湯］とも。ただのお湯
漂白粉 さらしこ 漂白済
白魚 しみ ［衣魚・紙魚・蠹魚］とも。衣服を食害する虫
白露鶏 しちめんちょう ［七面鳥・吐綬鶏］とも。食肉用の鳥
白菖 しょうぶ ［菖蒲］とも。常緑多年草
白及 しらん ［紫蘭・朱蘭］とも。ランの一種
白前 すずめのおごけ ［雀苧桶］とも。多年草

科白 せりふ ［白・台詞］とも
白帯魚 たちうお ［太刀魚］とも。海魚
白茅 ちがや ［茅・茅針・茅萱］とも。多年草
天青地白 ちちこぐさ ［父子草］とも。多年草
白楊 どろのき 落葉高木
白楊 はこやなぎ ［箱柳］とも。落葉高木
白魚 にごい ［似鯉］とも。コイに似た淡水魚
白膠木 ぬるで ［塩膚木・勝軍木］とも。落葉高木
白熊 はぐま 哺乳動物ヤクの白い尾をいう
白芋 はすいも ［蓮芋］とも。サトイモの一種
三白草 はんげしょう ［かたしろぐさ］［半夏生］とも。多年草
白頭鳥 ひよどり ［鵯］とも。鳥
白英 ひよどりじょうご 多年草
曹白魚 ひら 海魚
白花菜 ふうちょうそう ［風鳥草］とも。越年草

白槐　ふじき　〔藤木〕とも。落葉高木
白雨　ゆうだち　〔夕立〕とも
白芝　よろいぐさ　〔鎧草〕とも。多年草
白布聖　ペプシン　胃液中にある酵素の一
白露　ペルー　〔秘露〕とも。国名
白耳義　ベルギー　国名
白　きよし　名前の一。中川白（会社役員）

［伯］　ハク

伯母　おば　〔叔母〕とも。↕伯父
伯　かみ　神祇官の長官
伯済　くだら　〔百済〕とも。古代朝鮮の国名の一
伯楽　ばくろう　〔博労・馬喰〕とも。馬を売買する人
伯労　もず　〔鵙・百舌〕とも。鳥
伯刺西爾　ブラジル　〔巴西〕とも。国名
伯林　ベルリン　ドイツにある都市名
伯方　はかた　愛媛県にあった町名
伯耆　ほうき　旧国名。鳥取県
佐伯　さえき　〔さいき・さえぎ・さかぎ〕とも。姓氏の一
伯　のり　名前の一。岡伯明（大学教授）

×［帛］　ハク

幣帛　にぎて　〔和幣〕とも。神に捧げる麻布など
帛紗　ふくさ　〔袱紗〕とも。絹や縮緬などの布

［拍］　ハク・ヒョウ

拍　ひょう　「—子」
拍つ　うつ　「手を—」
拍手　かしわで　〔柏手〕とも。「神前で—を打つ」
拍く　たたく　「手を—」
拍板　びんざさら　〔編木〕とも。民族芸能などに用いられる楽器

［迫］　ハク　せま(る)

迫出　せりだし　舞台装置
筥迫　はこせこ　女性が懐にもつ装身具
迫間　はざま　〔狭間〕とも。物と物との間の狭い所
大迫　おおはさま　岩手県にあった町名
迫水　さこみず　〔さこみ・さしみ・せこみず〕とも。姓氏の一

△［柏］　ハク　かしわ

羅漢柏　あすなろ　〔翌檜・明檜〕とも。常緑高木
巻柏　いわひば　〔岩檜葉〕〔くさひば〕とも。シダの一種
花柏　さわら　〔椹・弱檜〕とも。常緑高木
矮柏　ちゃぼひば　ヒノキの変種
竹柏　なぎ　〔梛〕とも。常緑高木
扁柏　ひのき　〔檜・檜木〕とも。常緑高木
柏槙　びゃくしん　〔檜柏・白心〕とも。常緑高木
玉柏　まんねんすぎ　〔万年杉・万年松・千年柏〕とも。シダの一種
石刁柏　アスパラガス　〔竜髭菜〕とも。多年草。食品
柏原　かいばら　兵庫県にあった町名

×[剥] ハク
皮剥 かわはぎ 海魚
剥る へずる 削り取る
剥く むく 「皮を―」

[博] ハク・バク
博 ばく 「賭―」「―労」
博士 はかせ 「はくし」とも
博い ひろい 「見聞が―」
博多 はかた 福岡市にある区名
博 ひろし 名前の一。末川博（大学教授）

×[魄] ハク
落魄れる おちぶれる 「零落れる」とも

[薄] ハク うす(い)・うす(まる)・うす(らぐ)
薄氷 うすらい うすく張った氷
薄 すすき 「芒」とも。多年草。秋の七草の一
薄荷 はっか 多年草。香料

[麦] バク むぎ
麦葱 あさつき 「浅葱・糸葱・蘭葱」とも。野菜
蕎麦葉貝母 うばゆり 「姥百合」とも。多年草
看麦娘 すずめのてっぽう 「雀鉄砲」とも。多年草
瞿麦 せきちく 「石竹」とも。多年草
瞿麦 なでしこ 「撫子・半夏・牛麦」とも。多年草
蕎麦 そば ↔饂飩（うどん）
竹麦魚 ほうぼう 「魴鮄」とも。海魚
麦酒 ビール
摩哈麦 マホメット 「麦哈黙・摩哈墨」とも。イスラム教の開祖

×[莫] バク・モ
遮莫 さもあらばあれ どうであろうとも。ままよ
莫れ なかれ 「妥協すること―」
莫告藻 なのりそ 「勿告藻・名乗藻・神馬藻」とも。海藻
莫迦 ばか 「馬鹿」とも。「―な話」
莫義道 もぎどう 「没義道」とも。人の道にはずれたこと
莫大小 メリヤス 「―のシャツ」
莫臥児 モール 織物の一。「金―」
莫爾斯 モールス 「―符号」
莫斯科 モスクワ ロシアの首都

[爆] バク
爆竹焼 どんどやき 正月十五日の年中行事
爆米 はぜ 米をいってはぜさせたもの
爆ぜる はぜる 「栗が―」

[肌] はだ
肌理 きめ 「木目・木理」とも。「―がこまかい」

[八] ハチ や・や(つ)・やっ(つ)・よう
八仙花 あじさい 「紫陽花・紫陽草・瑪理花・天麻裏」とも
一か八か いちかばちか

一八　いちはつ　［鳶尾・紫羅傘・鴟尾草］とも。多年草

八月　はづき　［葉月］とも。陰暦八月の異称

八幡船　ばはんせん　中世の海賊船

八道　むさし　［六指］とも。むかしの遊戯の一

八角金盤　やつで　［八手・金剛纂］とも。常緑低木

八街　やちまた　千葉県にある市名

八谷　やたがい　［はちや］とも。姓氏の一

△［蜂］　ホウ　はち

独脚蜂　きばち　［樹蜂］とも。ハチの一種

［発］　ハツ・ホツ

発く　あばく　［暴く］とも。「旧悪を―」

新発意　しんぼち　発心して新しく僧になった人

発条　ぜんまい　［撥条］［ばね］とも。うずまき状の鋼鉄のばね

発つ　たつ　「東京駅を一時に―」

愛発関　あらちのせき　福井県にある奈良時代の三関の一

新発田　しばた　新潟県にある市名

×［撥］　ハツ

撥条　ぜんまい　［発条］［ばね］とも。うずまき状の鋼鉄のばね

撥　ばち　三味線などの絃をはじく道具

撥ねる　はねる　「泥が―」

眼撥　めばち　海魚

［髪］　ハツ　かみ

海髪　いぎす　［髪菜］とも。海藻。刺身のつま

海髪　おごのり　［うご］［於期海苔・頭髪菜］とも。海藻

御髪　おぐし　髪の尊敬語

髪文字　かもじ　［髢］とも。添え髪

髪際　こうぎわ　髪の生えぎわ

白髪　しらが　「―頭」

大垂髪　おすべらかし　女性の髪型の一

角髪　みずら　［角子］とも。古代の男子の髪型

螺髪　らほつ　仏像の頭髪の形式の一

［伐］　バツ

伐る　きる　「木を―」

［抜］　バツ　ぬ(く)・ぬ(ける)・ぬ(かす)・ぬ(かる)

抜僂謨　バリウム　金属元素の一

△［鳩］　キュウ　はと

斑鳩　いかる　［鵤］とも。鳥

鳩酸草　かたばみ　［酸漿草・酢漿草］とも。一年草

鳩尾　みずおち　［みぞおち］とも。胸の中央のくぼみ

斑鳩寺　いかるがでら　法隆寺の別称

［反］　ハン・ホン・タン　そ(る)・そ(らす)

反　ほん　「謀(む)―」

反　たん　「―物」「一―」

反って　かえって　［却って］とも

反歯　そっぱ　でっぱ

跳反 はねかえり 「—娘」
反吐 へど 「—を吐く」
反古 ほご [反故][ほぐ]とも。「約束を—にする」
【半】 ハン なか(ば)
二合半 こなから [小半]とも。一升の四分の一
半 なから 半分。なかば
半蔀 はじとみ 上半分が外に上がるしとみ
半被 はっぴ [法被]とも。はんてん
半辺蓮 みぞかくし [溝隠]とも。多年草
夜半 よわ 「—の月」
奈半利 なはり 高知県にある町名
半谷 なかたに [はんや・はんかい・はんがや]とも。姓氏の一
【犯】 ハン おか(す)
不犯 ふぼん 僧侶が邪淫を犯さぬこと
【伴】 ハン・バン ともな(う)

伴造 とものみやつこ 古代の部民の統率者
伴天連 ばてれん キリスト教伝来時の宣教師
【判】 ハン・バン
判官 じょう むかしの官位の一
判官 ほうがん [はんがん]とも。「—びいき」
判る わかる [分る・解る]とも
【板】 ハン・バン いた
拍板 びんざさら [編木]とも。民族芸能などに用いられた楽器の一
【畔】 ハン あぜ
畔 くろ 田の境。あぜ
【班】 ハン
西班牙 スペイン 国名
△【絆】 ハン きずな
絆創膏 ばんそうこう
絆される ほだされる 「情に—」

【販】 ハン
販女 ひさぎめ 行商をする女
販ぐ ひさぐ あきなう
【煩】 ハン・ボン わずら(う)・わずら(わす)
煩 ぼん 「—悩」
煩い うるさい 「口—」
【頒】 ハン
頒ける わける [分ける]とも。分配する
△【斑】 ハン まだら
斑鳩 いかる [鵤]とも。鳥
斑葉 いさば 草木の葉に点や条のあるもの
石斑魚 いしぶし [石伏・杜父魚]とも。淡水魚カジカの異称
石斑魚 うぐい [鯎]とも。海魚
花斑鳥 かのこどり [鹿子鳥]とも。鳥のカワセミの一種
斑馬 しまうま [縞馬]とも。哺乳動物

斑蛛　じょろうぐも　「女郎蜘蛛・絡新婦」とも。クモの一種
雀斑　そばかす　顔にできる斑点
斑雪　はだれ　季語。まだらに降りつもった雪
斑　ふ　「—入りの葉」
斑　ぶち　「—犬」
斑　むら　「—っ気」
斑杖　まむしぐさ　「蝮草」とも。毒のある多年草
斑枝花　パンヤ　「木綿」とも。常緑高木。種子の毛を利用
斑鳩寺　いかるがでら　法隆寺の別称

［飯］　ハン　めし
飯蛸　いいだこ　「望潮魚・章花魚」とも。タコの一種
飯匙倩　はぶ　「波布」とも。猛毒のヘビ
乾飯　ほしいい　「ほしい・かれいい」とも。乾した飯。昔の保存食
飯事　ままごと　「—遊び」
飯　まんま　ごはんの幼児言
夕飯　ゆうげ　「夕食・夕餉」とも。晩めし。↔朝飯
宝飯　ほい　愛知県にある郡名

△**［幡］**　ハン　はた
八幡　はちまん　「—大菩薩」「—神社」
因幡　いなば　旧国名。鳥取県
幡多　はた　高知県にある郡名
八幡　やわた　北九州市にある区名

［繁］　ハン
繁繁　しげしげ　「—と見る」
繁吹　しぶき　「飛沫」とも。「—が飛ぶ」
繁縷　はこべ　「鶏腸草」とも。多年草
繁　しげる　名前の一。石坂繁（弁護士）

［晩］　バン
晩稲　おくて　「晩生」とも。おそく熟す稲。↔早稲（わせ）
晩霜　おそじも
晩香坡　バンクーバー　カナダにある都市名

［番］　バン
十八番　おはこ　得意の芸
三番叟　さんばそう　能楽の一
番　つがい　「—の小鳥」「蝶—」
番紅花　サフラン　「泊芙蘭」とも。多年草
番瀝青　ペンキ　ペイント。塗料
番場　ばば　「ばんば」とも。姓氏の一

［盤］　バン
盤秤　さらばかり　「皿秤」とも。はかりの一
盤台　はんだい　寿司などを入れるたらい
海盤車　ひとで　「人手・海星」とも。棘皮動物
八角金盤　やつで　「八手・金剛纂」とも。常緑低木
盤谷　バンコク　タイの首都

△**［磐］**　バン　いわ

常磐 ときわ いつまでも変わらぬこと
常磐草 かんあおい ［寒葵・杜衡］とも。多年草

△［蕃］ バン

蕃椒 とうがらし ［唐芥子・唐辛子］とも。香辛料
蕃南瓜 とうなす カボチャの一品種
蕃茄 トマト ［赤茄子］とも。野菜
蕃瓜樹 パパイア ［万寿果］とも。くだもの
吐魯蕃 トルファン 中国西域にある地名
蕃山 しげやま ［はやま］とも。姓氏の一

ひ

［比］ ヒ くら(べる)

比 たぐい ［類］とも。「―まれな人物」
年比 としごろ ［年頃・年来］とも
比丘尼 びくに 尼僧
比目魚 ひらめ ［鮃・平目］とも。海魚
比巴 びわ ［枇杷］とも。常緑高木
加比丹 カピタン ［甲必丹］とも。商館長。
留比 ルピー インドの貨幣の単位
亜剌比亜 アラビア ［亜拉毘亜］とも。「―半島」「―数字」
比律賓 フィリピン 国名
忽比烈 フビライ ［忽必烈］とも。蒙古の皇帝

［皮］ ヒ かわ

梅花皮 かいらぎ 刀の柄を包むサメの皮
秦皮 とねりこ 落葉小高木
檜皮 ひわだ ヒノキの皮。「―ぶきの屋根」
牛皮凍 へくそかずら ［屁糞葛・女青］とも。つる性多年草
厚皮香 もっこく ［木斛］とも。常緑高木
豆腐皮 ゆば ［湯葉］［うば］とも。食品

［否］ ヒ いな

否 いいえ ［いえ・いいや］とも
否否 いやいや ［嫌嫌］とも。「―従う」
否応なし いやおうなし
運否天賦 うんぷてんぷ 成語。運まかせ
否諾 いなう 古語で諾否

［彼］ ヒ かれ・かの

彼奴 あいつ ［あやつ・かやつ・きゃつ］とも
彼処 あそこ ［彼所］［あすこ・かしこ］とも
彼方此方 あちこち ［あなたこなた・あちらこちら］とも
彼方 あなた ［かなた・あっち・あちら・おち・おちかた］とも
彼の あの 「―人」「―世」
彼是 あれこれ ［かれこれ］とも
誰彼 たそがれ ［黄昏］とも。夕暮れどき
何彼と なにかと 「―と面倒をみた」

西彼杵 にしそのぎ　長崎県にある郡名

［肥］ ヒ　こ(える)・こえ・こ(やす)・こ(やし)

肥 こやし　肥料

肥る ふとる　［太る］とも

土肥 どい　［とひ］とも。姓氏の一

［非］ ヒ

非ず あらず　「さに―」

似而非 えせ　［にてひ］［似非］とも。まやかし

［飛］ ヒ　と(ぶ)・と(ばす)

飛白 かすり　［絣］とも。「―の着物」

飛生虫 かぶとむし　［兜虫・甲虫］とも。昆虫

飛沫 しぶき　［繁吹］とも。「―を上げてとび込む」

飛礫 つぶて　投げられた小石

飛蝗 ばった　［蝗虫］とも。昆虫

飛鳥 あすか　「―時代」

［秘］ ヒ　ひ(める)

秘か ひそか　［密か・私か・窃か］とも。こっそり

秘露 ペルー　［白露］とも。南アメリカにある国名

［被］ ヒ　こうむ(る)

被う おおう　［覆う・蔽う・蓋う］とも

被衣 かずき　［かつぎ］とも。女性用衣服の一

被る かぶる　「罪を―」「買い―」

被綿 きせわた　［着綿］とも。一年草

衣被 きぬかつぎ　サトイモのゆでたもの

被下 くだされ　手紙用語。「お貸し―たく」

灰被 はいかつぎ　［はいかむり］とも。陶器用語

被引者 ひかれもの　「―の小唄」

錦被花 ひなげし　［雛罌粟・虞美人草・麗春花・美人草］とも

△**［斐］** ヒ

甲斐性 かいしょう　かいがいしい気性

斐 あや　名前の一。早川斐雄(会社役員)

［碑］ ヒ

碑 いしぶみ　石碑

×**［翡］** ヒ

赤翡翠 あかしょうびん　鳥のカワセミの一種

翡翠 かわせみ　［川蟬・魚狗］とも。水辺の小鳥

山翡翠 やませみ　大型のカワセミ

［罷］ ヒ

罷り通る まかりとおる

罷める やめる　［辞める］とも。「会社を―」

［避］ ヒ　さ(ける)

避ける よける　「車を―」

避役 カメレオン　爬虫類。体色が変化する

［尾］ ビ　お

鳶尾 いちはつ　［一八・紫羅傘・鴟尾草］とも。多年草

狗尾草　えのころぐさ　一年草

響尾蛇　がらがらへび　毒ヘビの一

牛尾魚　こち　[鯒]とも。海魚

尻尾　しっぽ　「犬の―」

挙尾虫　しりあげむし　昆虫

鳳尾松　そてつ　[蘇鉄・鉄蕉・鉄樹]とも。常緑樹

小雉尾草　たちしのぶ　[立葱]とも。多年草

狼尾草　ちからしば　[力芝]とも。多年草

虎尾蘭　ちとせらん　[千歳蘭]とも。多年草

交尾む　つるむ　[遊牝む]とも。鳥獣が交尾すること

尾　ひき　[匹]とも。魚を数える単位。「三尾五百円」

鹿尾菜　ひじき　[鹿角菜・羊栖菜]とも。海藻

梭尾螺　ほらがい　[法螺貝・宝螺貝]とも。海産巻貝

馬尾藻　ほんだわら　[神馬藻]とも。海藻

鳩尾　みずおち　[みぞおち]とも。胸の中央のくぼみ

長尾驢　カンガルー　[袋鼠]とも。けもの

神尾　かんの　[かみお・かんお]とも。姓氏の一

△[弥]　ビ・ミ　や

弥が上に　いやがうえに　なおその上に

弥栄　いやさか　[やさか]とも。いよいよ栄えること

弥　いよいよ　[愈]とも。ますます

弥立つ　よだつ　「身の毛が―」

弥撒　ミサ　カトリック教会の祭式

弥　わたる　名前の一。佐々木弥(会社役員)

△[眉]　ビ・ミ　まゆ

眉尖刀　なぎなた　[薙刀・長刀]とも。武器の一

[美]　ビ　うつく(しい)

美味い　うまい　[旨い・甘い・美い]とも

美味しい　おいしい　「―料理」

美し国　うましくに　よい国

美人局　つつもたせ　なれ合いで姦通した男をゆすること

美人草　ひなげし　[雛罌粟・麗春花・錦被花・虞美人草]とも

美事　みごと　[見事]とも

美女桜　バーベナ　一年草。和名ビジョザクラ

美作　みまさか　旧国名。岡山県

美　よし　名前の一。大野美稲(裁判官)

[備]　ビ　そな(える)・そな(わる)

備に　つぶさに　[具に]とも。こまかに。くわしく

備後　びんご　旧国名。広島県

備中　びっちゅう　旧国名。岡山県

[微]　ビ

微か　かすか　[幽か]とも

微風　そよかぜ

微温い　ぬるい　「―風呂」

微温湯　ぬるまゆ

微笑む　ほほえむ　［頬笑む］とも

微酔　ほろよい　［―機嫌］

微睡む　まどろむ　とろとろと寝る

×［薇］　ビ

紫薇　さるすべり　［猿滑・百日紅］とも。落葉高木

薇　ぜんまい　多年性シダ植物。食用

薔薇　ばら　落葉低木

［鼻］　ビ　はな

犢鼻褌　ふんどし　［褌］とも

×［蟇］　ひき

蟇　がまがえる　［蝦蟇］［ヒキガエル］とも。カエルの一種

蟇股　かえるまた　［蛙股］とも。建築用語

×［髭］　ひげ

竜髭菜　アスパラガス　［石刁柏］とも。多年草。食用

×［鬚］　ひげ

白竜鬚　しらごけ　コケの一種

［必］　ヒツ　かなら(ず)

甲必丹　カピタン　［加比丹］とも。商館長。船長

［筆］　ヒツ　ふで

筆頭菜　すぎな　［杉菜・接続草・門荆］とも。多年草

土筆　つくし　スギナの胞子の茎

△［檜］　ひのき

翌檜　あすなろ　［羅漢柏・明檜］とも。常緑高木

檜扇　ひおうぎ　ヒノキの細い板で作った扇

弱檜　さわら　［椹・花柏］とも。常緑高木

檜柏　びゃくしん　［柏槇・白心］とも。常緑高木

檜山　ひやま　姓氏の一

［姫］　ひめ

御姫様　おひいさま　高貴な人の娘

［百］　ヒャク

百両金　からたちばな　［唐橘］とも。常緑低木

百済　くだら　古代朝鮮の国名の一

百日紅　さるすべり　［猿滑・紫薇］とも。落葉高木

百脈根　みやこぐさ　［都草］とも。多年草

百足　むかで　節足動物

百舌　もず　［鵙・伯労］とも。鳥

百　もも　［―千鳥］［―歳］［―敷］

八百屋　やおや

百合　ゆり　多年草

百目鬼　どうめき　［どめき・とどめき］とも。姓氏の一

［氷］　ヒョウ　こおり・ひ

氷　ひ　［―雨(さめ)］［―室］［―魚］

薄氷　うすらい　季語。薄い氷

氷下魚　こまい　海魚

氷柱　つらら

氷菓子 アイスクリーム
氷州 アイスランド　北極圏の大きな島
碓氷峠 うすいとうげ　群馬・長野県境にある峠
［表］ ひょう　おもて・あらわ(す)・あらわ(れる)
表着 うわぎ　［上着・上衣］とも。上に着る衣服
［俵］ ヒョウ　たわら
桟俵法師 さんだらぼっち　米俵の両端のわらの蓋
△**［豹］** ヒョウ
海豹 あざらし　［水豹］とも。海洋の哺乳動物
［漂］ ヒョウ　ただよ(う)
漂白粉 さらしこ　漂白剤
［標］ ヒョウ
標縄 しめなわ　［注連縄・七五三縄］とも
標 しるし　［印・徴］とも。めじるし
澪標 みおつくし　水脈を表示する杭

道標 みちしるべ　［道導］とも。道案内
標野 しめの　姓氏の一
×**［憑］** ヒョウ
憑物 つきもの　人にとりつく動物などの霊
憑く つく　神仏や物の怪が乗りうつること
［苗］ ビョウ　なえ・なわ
苗字 みょうじ　［名字］とも。「―帯刀」
［病］ ビョウ・ヘイ　や(む)・やまい
疫病 えやみ　流行性の悪病
病葉 わくらば　病んで色づいた木の葉
黒死病 ペスト　伝染病の一
［描］ ビョウ　えが(く)
描く かく　「絵を―」
［猫］ ビョウ　ねこ
斑猫 はんみょう　毒のある昆虫

熊猫 パンダ　中国特産のけもの
×**［鰭］** ひれ
小鰭 こはだ　［江鰶魚］とも。海魚
河鰭 かわだち　［かわばた・かわば・かわひれ］とも。姓氏の一
［品］ ヒン　しな
九品 くほん　仏になるまでの階位
品部 ともべ　律令制下の手工業に従事した人
品字梅 やつぶさうめ　［八房梅・重葉梅］とも。別名ザロンウメ
品川 なかがわ　［しながわ］とも。姓氏の一
［頻］ ヒン
頻に しきりに　ひきつづいて。たびたび
［賓］ ヒン
比律賓 フィリピン　国名
［敏］ ビン
敏魚 あら　［𩺊］とも。海魚

敏捷い　はしこい　動作・判断がすばやい

目敏い　めざとい　「—く見つける」

敏達　びだつ　第三十代の天皇

敏　さとる　名前の一。倉信敏（大学教授）

敏　とし　名前の一。土光敏夫（社長）

［瓶］　ビン

水瓶　すいびょう　寺院で水をいれる瓶

釣瓶　つるべ　井戸の水をくみ上げる桶

双瓶梅　にりんそう　［二輪草］とも。多年草

瓶爾小草　はなやすり　［花鑢］とも。シダの一種

瓶子　へいし　［へいじ］とも。酒を注ぐ容器

三瓶山　さんべさん　島根県にある山名

瓶井　かめい　姓氏の一

ふ

［不］　フ・ブ

不入斗　いりやまず　租税を免除された土地

不生女　うまずめ　［石女］とも。子を生めない女性

不倒翁　おきあがりこぼし　［起上小法師］とも

親不知　おやしらず

不食嫌　くわずぎらい

不知不識　しらずしらず　考えもせず。偶然に

不知火　しらぬい　熊本県八代の海上に見える火影

素不知　そしらぬ　「—顔」

王不留行　どうかんそう　［道灌草］とも。越年草

不検束　ふしだら　［不仕鱈］とも。だらしのないこと

不断　ふんだん　たくさん。「—にある」

不如帰　ほととぎす　［杜鵑・子規・時鳥・郭公・蜀魂…］とも。鳥

不味い　まずい　↔美味い（うまい）

不見転　みずてん　「—芸者」

不忍池　しのばずのいけ　東京の上野公園にある池

［夫］　フ・フウ　おっと

情夫　いろ　［情人・情婦］とも。情事の相手。愛人

水夫　かこ　［舟手・舟夫・舟子］とも。舟をこぐ人

夫　せ　［兄・背］とも。女が男を親しんで呼ぶ語

夫　それ　［其］とも

大夫　たいふ　令制で五位の通称

大夫　たゆう　［太夫］とも。歌舞伎の女形。最上位の遊女

夫役　ぶえき　［ぶやく］とも。古代の労役

密夫　まおとこ　［まぶ］［間男］とも。情夫

丈夫　ますらお　［益荒夫・大士］とも。強い男子

夫婦　めおと　［みょうと］［女夫・妻夫］

信夫　しのぶ　姓氏の一
夫　お　名前の一。大沢善夫（社長）
［父］　フ　ちち
従祖父　おおおじ　祖父母の兄弟。↕従祖母
伯父　おじ　［叔父］とも。↕伯母
小父さん　おじさん　血縁のない中年の男性。↕小母さん
御父様　おもうさま　宮中などで父を呼ぶ語　↕御母様
親父　おやじ　［親仁・親爺］とも。お父さん
杜父魚　かじか　［鰍］とも。淡水魚
祖父　じい　［おおじ・じじ］とも。「お―さん」　↕祖母（ばあ）
父親　てておや　ちちおや
父さん　とうさん　ちちおや。↕母さん
父　とと　ちちの幼児語
耶父華　エホバ　神の名
［付（附）］　フ　つけ（る）・つ（く）

付会　こじつけ　無理に理屈をつける
附子　ぶし　［ぶす］とも。トリカブトから採る毒性のある生薬
［布］　フ　ぬの
荒布　あらめ　海藻
布地　きれじ　ぬのじ
晒布　さらし　「―の布」
布く　しく　「法律を―」
共布　ともぎれ　［共切］とも。同じ布地
波布　はぶ　毒ヘビの一
布袋　ほてい　七福神の一
和布刈　めかり　［海布刈］とも。ワカメを刈ること
和布　わかめ　［若布・稚海藻・裙帯菜］とも。海藻
毛布　ケット　もうふ。「赤―」
阿利布　オリーブ　［阿列布］とも。常緑小高木。油を採る
羯布羅　カンフル　「―注射」

格魯布　クルップ　「―性肺炎」
忽布　ホップ　つる草。ビールの原料
実布的利亜　ジフテリア　伝染病の一
白布聖　ペプシン　胃液中にある酵素の一
希布来　ヘブライ　「―語」
布哇　ハワイ　太平洋上のアメリカの州名
×**［巫］**　フ
巫　かんなぎ　［みこ］とも。神に仕え神意を伝える人
巫女　みこ　［神子・御子・巫］とも。神に仕える少女
［扶］　フ
扶ける　たすける　［助ける］とも
扶芳藤　つるまさき　［蔓柾］とも。つる性常緑低木
窒扶斯　チフス　伝染病の一
×**［芙］**　フ
泊芙藍　サフラン　［番紅花］とも。多年草

［府］ フ

国府　こう　「こくふ」の略。国司のある地域

寿府　ジュネーブ　スイスにある都市名

羅府　ロサンゼルス　アメリカにある都市名

華府　ワシントン　［華盛頓］とも。アメリカの首都

［怖］ フ　こわ(い)

怖気　おじけ　［おぞけ］とも。「—づく」

怖怖　おずおず　［おどおど］とも。不安なさま

怖れる　おそれる　［恐れる・畏れる］とも

怖めず憶せず　おめずおくせず

物怖　ものおじ　「—しない」

△**［斧］** フ　おの

手斧　ちょうな　大工道具の一

［負］ フ　ま(ける)・ま(かす)・お(う)

負目　おいめ　「—を感じる」

負う　おぶう　「赤ちゃんを—」

負ぶ　おんぶ　赤ん坊をおぶう。人に頼る

背負う　しょう　「荷物を—」

不負魂　まけじだましい　人に負けないよう気負いたつ心

不負嫌　まけずぎらい

負げる　めげる　「気持ちが—」

靫負　ゆげい　禁裏守護の武士

婦負　ねい　富山県にあった郡名

×**［俯］** フ　ふ(す)

俯せ　うつぶせ　体の前面から倒れる

俯く　うつむく　頭をたれる

［浮］ フ　う(く)・う(かぶ)・う(かれる)

浮子　うき　［浮］とも。釣糸につける木片

浮気　うわき　愛情がうわついて変わりやすい

浮塵子　うんか　小昆虫の総称

浮薔　みずあおい　［水葵・雨久花］とも。水生の一年草

浮腫　むくみ　「足に—がでる」

浮石糖　カルメラ　［泡糖］とも。軽石状の砂糖菓子

［婦］ フ

落新婦　あわゆきそう　［淡雪草］とも

情婦　いろ　［情人・情夫］とも。情事の相手。愛人

絡新婦　じょろうぐも　［女郎蜘蛛・斑蛛］とも。クモの一種

天婦羅　てんぷら　［天麩羅］とも

新婦　はなよめ　［花嫁］とも。↕新郎

夫婦　めおと　［みょうと］［女夫・妻夫］とも

巧婦鳥　みそさざい　［鷦鷯・溝三歳・三十三才］とも。小鳥

寡婦　やもめ　［かふ］とも。夫を失った女。↕寡男

婦負　ねい　富山県にあった郡名

［趺］ フ

趺坐　あぐら　［胡坐］とも。「—をかく」

[普] フ

普く あまねく [遍く]とも

伊蘇普 イソップ イソップ物語の作者

普魯西 プロシア プロイセンの英語名

[腐] フ くさ(る)・くさ(らす)

豆腐皮 ゆば [湯葉][うば]とも。食品

[膚] フ

塩膚木 ぬるで [白膠木・勝軍木]とも。落葉高木

膚 はだ [肌]とも

[武] ブ・ム

武士 もののふ 武人

多武峰 とうのみね 奈良盆地にある山。山頂に談山神社がある

武尊山 ほたかやま 群馬県にある山名

武蔵 むさし 旧国名。東京都・埼玉県・神奈川県

武 たけし 名前の一。小島武(大学教授)

[部] ブ

掃部 かもん 宮中の雑用役。「—頭(かみ)」

上達部 かんだちめ [かんだちべ]とも。公卿のこと

部屋 へや 「勉強—」

海部 あま 愛知県にある郡名

田部 たなべ [たべ]とも。姓氏の一

服部 はっとり 姓氏の一

△**[撫]** ブ な(でる)

撫子 なでしこ [瞿麦・牛麦]とも。多年草

得撫草 ウルップそう 多年草

△**[葡]** ブ・ホ

葡萄茶 えびちゃ [海老茶]とも。色名。「—のはかま」

葡萄牙 ポルトガル 国名

[舞] ブ ま(う)・まい

仕舞屋 しもたや 商店でない普通の家

[封] フウ・ホウ

封戸 ふご むかし高官に給した領民

封度 ポンド [英斤]とも。重さの単位

[風] フウ・フ かぜ・かざ

風 ふ 「—情(ぜい)」「—呂」

見風乾 あかしで [赤垂柳]とも。落葉高木

乾風 あなし 季語。西北の風

追風 おいて 追い風。「—に帆を上げる」

下風 おろし [颪]とも。山から吹き下ろす風

貝寄風 かいよせ 季語。陰暦二月の西風

風邪 かぜ 感冒。「—をひく」

気風 きっぷ 「—のいい若者」

国風 くにぶり 「お—」

東風 こち 東から吹く風

風巻 しまき 風が激しく吹くこと。その風

東風菜　しらやまぎく　「白山菊」とも。多年草
疾風　はやて　「—のように」
屏風　びょうぶ
南風　はえ　季語。みなみかぜ
風流　みやび　「雅・風雅」とも
手風琴　アコーデオン　楽器
風琴　オルガン　楽器
口風琴　ハーモニカ　楽器
風信子　ヒヤシンス　「風信草・風見草」とも。多年草

［伏］　フク　ふ(せる)・ふ(す)
伏翼　こうもり　「蝙蝠」とも。翼手類の哺乳動物
野伏　のぶせり　「野臥」とも。野武士

［副］　フク
副う　そう　「添う」とも
副木　そえぎ　「添木」とも。物を支える棒

×**［袱］**　フク
卓袱　しっぽく　中国風の食卓。「—料理」
卓袱台　ちゃぶだい　食卓

［幅］　フク　はば
幅　の　布のはばを数える語。「二—」

［復］　フク
復る　かえる　もとに戻る
復習う　さらう　「昨日の授業を—」
復　また　「又」とも

［覆］　フク　おお(う)・くつがえ(す)
旋覆花　おぐるま　「小車・金沸草・滴滴金」とも。多年草
水覆し　みずこぼし　「水翻・建水」とも。茶道具の一

×**［弗］**　フツ
弗　ドル　アメリカの貨幣の単位
阿弗利加　アフリカ　六大州の一

［払］　フツ　はら(う)
払子　ほっす　仏具の一

［沸］　フツ　わ(く)・わ(かす)
沸る　たぎる　「滾る」とも。「煮え—」
沸　にえ　刀の刃の模様
金沸草　おぐるま　「小車・旋覆花・滴滴金」とも。多年草

［仏］　ブツ　ほとけ
仏掌薯　つくねいも　「捏芋」とも。ヤマイモの一種
仏蘭西　フランス　国名
大仏　おさらぎ　「おおさらぎ・おおぼとけ」とも。姓氏の一

△**［吻］**　フン
接吻　くちづけ　「キッス・せっぷん」とも

［粉］　フン　こな・こ
白粉　おしろい　化粧品

［紛］　フン　まぎ(れる)・まぎ(らわしい)

紛物 まがいもの 「擬物」とも。にせもの

気紛 きまぐれ 「—な男」

紛中 まぐれあたり

紛う まごう 「—かたなく」

目紛しい めまぐるしい

［憤］ フン いきどお(る)

憤る むずかる 機嫌を悪くする

［噴］ フン ふ(く)

噴雪花 ゆきやなぎ 「雪柳」とも。落葉低木

噴井 ふけい 季語

×**［糞］** フン くそ

猫糞 ねこばば

［分］ ブン・フン・ブ わ(かれる)・わ(かる)・わ(かつ)

分 ぶ 「—厚い」「—が悪い」。長さ・貨幣の単位

野分 のわき 秋に吹く強い風

水分 みくまり 山から出る水の分岐する所

没分暁漢 わからずや

大分 おおいた 県名

［文］ ブン・モン ふみ

文 あや 「綾」とも。模様。筋目

文身 いれずみ 「入墨・刺青・天墨」とも

倭文 しず 「しずり」「倭文織」とも。古代の織物の一

文珠蘭 はまゆう 「浜木綿」「はまおもと」とも。多年草

文月 ふづき 「ふみづき」とも。陰暦七月の異称

文字 もじ 「もんじ」とも

倭文神社 しとりじんじゃ 鳥取県にある神社

［聞］ ブン・モン き(く)・き(こえる)

聞道 きくならく 「聞説」とも。聞き及ぶ。聞くところによれば

聞召す きこしめす 聞くの尊敬語。「一杯—」

×**［褌］** コン ふんどし

犢鼻褌 ふんどし

へ

［平］ ヘイ・ビョウ たい(ら)・ひら

平産樹 こやすのき 「子安木」とも。落葉高木

天平 てんぴょう 年号

難平 なんぴん 株式用語。「—買い」

半平 はんぺん 「半片」とも。魚を素材にした食品

平声 ひょうしょう 漢字の四声の一

平伏す ひれふす 平伏する

吾平 あいら 鹿児島県にあった町名

平城 なら 「奈良・寧楽・名良・乃楽」とも。奈良の古字

平群 へぐり 奈良県にある町名

平 ひとし 名前の一。後藤平(医師)

【兵】 ヘイ・ヒョウ

兵 ひょう 「―糧(ろう)」「雑(ぞう)―」

兵 つわもの 兵士。武士

兵児帯 へこおび 「平胡帯」とも。男子のしごき帯

【並】 ヘイ なみ・なら(べる)・なら(ぶ)・なら(びに)

鮎並 あいなめ 「鮎魚女・相嘗魚」とも。海魚

並べて なべて 「押し―」

的列並油 テレビンゆ 「松脂油」とも

並河 なびか 「なみかわ」とも。姓氏の一

【併】 ヘイ あわ(せる)

併し しかし 「然し」とも

【柄】 ヘイ え・がら

柄 つか 「刀の―」

柄杓 ひしゃく

弁柄 ベンガラ 「紅殻」とも。赤色の顔料の一

【閉】 ヘイ と(じる)・と(ざす)・し(める)・し(まる)

開け閉て あけたて あけたりしめたり

上閉伊 かみへい 岩手県にある郡名

【幣】 ヘイ

幣帛 にぎて 「和幣」とも。神に捧げる麻布など

幣 ぬさ 「みてぐら」とも。神に捧げる物

幣原 しではら 「しでわら」とも。姓氏の一

【米】 ベイ・マイ こめ

粟米草 ざくろそう 「柘榴草」とも。一年草

爆米 はぜ 米をいってはぜさせたもの

亜米利加 アメリカ 国名

米 メートル 「米突」とも。長さの単位

米利堅 メリケン アメリカ。アメリカ人。「―粉」

久留米 くるめ 福岡県にある市名

登米 とよま 宮城県にある市名

米子 よなご 鳥取県にある市名

米水津 よのうづ 大分県にあった村名

久米 くめ 姓氏の一

苫米地 とまべち 「とまべし・とまいち・とめじ」とも。姓氏の一

米田 よねだ 「こめた・まいだ・よねた」とも。姓氏の一

×【僻】 ヘキ

僻む ひがむ

【壁】 ヘキ かべ

壁蝨 だに 人畜の寄生虫

壁銭 ひらぐも 「平蜘蛛」とも。クモの一種

壁虎 やもり 「家守・守宮」とも。トカゲの類

戈壁 ゴビ 「―の砂漠」

【別】 ベツ わか(れる)

餞別 はなむけ 「餞」とも。せんべつ

×【蔑】 ベツ さげす(む)

蔑ろ ないがしろ　軽んじあなどること

×**【箆】**　へら

竹箆 しっぺい　「―がえし」

野箆坊 のっぺらぼう　「顔が―のおばけ」

箆麻 ひまる　別名トウゴマ。一年草。油をとる

箆棒 べらぼう　［便乱坊］とも。「―な値段」

【片】　ヘン　かた

欠片 かけら　［欠］とも

片 ひら　［枚］とも。「一―の木の葉」

片 ペニー　イギリスの貨幣の単位。ペンスは複数

【辺】　ヘン　あた(り)・べ

辺 べ　「海―」「寄る―」

四辺 あたり　［辺］とも。その辺一帯

此辺 ここら　このへん

辺 ほとり　「川の―」

半辺蓮 みぞかくし　［溝隠］とも。多年草

渡辺 わたなべ　姓氏の一

【返】　ヘン　かえ(す)・かえ(る)

返魂香 はんごんこう　［反魂香］とも。香の一種

十返 とがえり　［とかえり］とも。姓氏の一

×**【扁】**　ヘン

扁鯊 かすざめ　［糟鮫］とも。海魚

扁螺 きさご　［細螺・光螺］［きしゃご］とも。海産巻貝

扁柏 ひのき　［檜・檜木］とも。常緑高木

扁虫 ひらむし　サナダムシなど平たい虫のこと

扁桃 アーモンド　［巴丹杏］［アメンドウ］とも。落葉高木

【偏】　ヘン　かたよ(る)

偏に ひとえに　いちずに。ひたすら

【遍】　ヘン

遍く あまねく　［普く］とも

遍羅 べら　［倍良］とも。海魚

【編】　ヘン　あ(む)

編木 びんざさら　［拍板］とも。郷土芸能に用いられる楽器の一

×**【騙】**　ヘン　かた(る)

騙す だます　「甘いことばで―」

【弁】　ベン

駄弁る だべる　むだ話をする

弁える わきまえる　「道理を―」

弁柄 ベンガラ　［紅殻］とも。赤色の顔料の一

員弁 いなべ　三重県にある郡名

【便】　ベン・ビン　たよ(り)

方便 たつき　［活計］とも。生活の手段

便乱坊 べらぼう　［箆棒］とも。「―な値段」

便 よすが　［縁・因］とも。ゆかり。よるべ

△**【鞭】**　ベン　むち

馬鞭草　くまつづら　多年草

三鞭酒　シャンペン　[シャンパン]とも。フランス産の酒

ほ

[歩]　ホ・ブ・フ　ある(く)・あゆ(む)

歩　ふ　「歩(将棋の駒)」

徒歩　かち　[歩行・徒]とも。歩いて行くこと

歩行虫　ごみむし　[塵介虫]とも。昆虫

速歩　はやあし　[早足]とも

歩　ゆき　名前の一。白日高歩(医師)

[保]　ホ　たも(つ)

佐保姫　さおひめ　春の女神

保合　もちあい　[持合]とも。取引用語

亜爾箇保児　アルコール　[酒精]とも

保谷　ほうや　[ほたに]とも。姓氏の一

神保　じんぼう　[ひんぽ・かんぽう・かんぼう]とも。姓氏の一

保　やす　名前の一。青木保雄(大学教授)

[捕]　ホ　と(らえる)・と(る)・つか(まえる)

追捕使　ついふし　平安時代の警察官

[浦]　ホ　うら

江浦草　つくも　多年草フトイの異称。「―髪」

浦塩斯徳　ウラジオストク　ロシアにある都市名

×[堡]　ホ・ホウ

漢堡　ハンブルク　ドイツにある都市名

[補]　ホ　おぎな(う)

補陀落　ふだらく　観音菩薩が住むという山

補任　ぶにん　官に任ずること

△[蒲]　ホ・フ　がま

菖蒲　あやめ　[しょうぶ][白菖]とも。水辺の多年草

蒲焼　かばやき　「うなぎの―」

香蒲　がま　[蒲]とも。水生多年草

蒲鉾　かまぼこ　食品

蒲公英　たんぽぽ　多年草

樗蒲一　ちょぼいち　賭博の一

蒲葵　びろう　熱帯の常緑高木

蒲桃　ふともも　熱帯の常緑高木

蒲原　かんばら　静岡県にあった町名

蒲生　がもう　姓氏の一

△[輔]　ホ　すけ

少輔　しょう　むかしの官位の一

大輔　たゆう　むかしの官位の一

輔　たすく　名前の一。福田輔(会社役員)

[舗]　ホ

老舗　しにせ　伝統のある店

[母] ボ はは

蚊母樹 いすのき [柞]とも。常緑高木

乳母 うば 古語で[めのと]とも

蕎麦葉貝母 うばゆり [姥百合]とも。多年草

雲母 うんも 鉱物の一

雲母 きらら 「—引」「—絵」

狗母魚 えそ [鱛]とも。海魚

従祖母 おおおば 祖父母の姉妹。↕従祖父

御母様 おたあさま 宮中などで母を呼ぶ語 ↕御父様

小母さん おばさん 血縁のない中年の女性。↕小父さん

伯母 おば [叔母]とも。↕伯父

母屋 おもや [主家]とも。住居に使う建物

母娘 おやこ [母子]とも

母さん かあさん ははおや。↕父さん

母様 かかさま おかあさん。↕父様

蛇舅母 かなへび [金蛇]とも。ヘビの一種

水母 くらげ [海月・海舌]とも。腔腸動物

祖母 ばあ [おおば・ばば]とも。「お—さん」↕祖父(じい)

知母 はなすげ [花菅・水香稜]とも。多年草。別名ヤマシ

母衣 ほろ [幌]とも。雨よけの覆い

益母草 やくもそう 越年草。別名メハジキ

安質母 アンチモン 金属元素の一

安母尼亜 アンモニア

×**[拇]** ボ

拇指 おやゆび [親指]とも

拇戦 ゆびずもう [指相撲]とも

×**[謨]** ボ

格魯謨 クロム 金属元素の一

護謨 ゴム 「消し—」「—手袋」

曹胃謨 ソジウム 金属元素の一

抜留謨 バリウム 金属元素の一

[簿] ボ

蚕簿 まぶし [蔟]とも。成長した蚕にまゆを作らせるもの

[方] ホウ かた

貴方 あなた [貴男・貴女]とも

彼方 あなた [かなた・あちら・あっち・おち]とも

彼方此方 あちこち [あなたこなた・あちらこちら]とも

遠方 おちかた えんぽう

此方 こちら [こっち]とも

此方 こなた この人。わたくし

其方 そち [そなた]とも。なんじ。おまえ

其方 そっち [そちら]とも。「—のけ」

外方 そっぽ 「—を向く」

何方 どっち [いずかた]とも。「—の方向」

何方 どなた [どちら]とも。「—様でしょうか」

方頭魚　かながしら　[金頭・火魚]とも。海魚
後方　しりえ　うしろの方
方便　たつき　[活計]とも。生活の手段
方舟　はこぶね　[箱舟]とも。「ノアの―」
方目　ばん　[鷭]とも。水辺の鳥
八方　やも　[八面]とも。八方の方面
行方　ゆくえ　[行衛]とも。「―しれず」
四方　よも　「―山話」
寄方　よるべ　[寄辺]とも。よりどころ。たのみ
土方　ひじま　[ひじかた]とも。姓氏の一
方　かたし　名前の一。土田方(会社役員)
方　まさし　名前の一。橋本方宏(社長)

[包]　ホウ　つつ(む)

御包　おくるみ　赤ん坊の衣服の上に着せるもの
荷包牡丹　けまんそう　[華鬘草・魚児牡丹]とも。多年草
包坂　かねさか　[かねさかは・さぎさか]とも。姓氏の一

×[呆]　ホウ・ボウ

呆れる　あきれる　「―てものが言えない」
呆気　あっけ　「―にとられる」
呆気者　うつけもの　[空者・虚者]とも。おろかなもの
呆ける　ぼける　「寝不足で頭が―」

×[彷]　ホウ

彷徨く　うろつく
彷う　さまよう　[彷徨う]とも。ふらふら歩きまわる

[芳]　ホウ　かんば(しい)

芳しい　かぐわしい　[こうばしい]とも。香りがよい
蘇芳　すおう　[蘇枋]とも。小低木。色名
扶芳藤　つるまさき　[蔓柾]とも。つる性常緑低木
芳賀　はが　姓氏の一
芳　よし　名前の一。湯浅芳子(ロシア文学者)

[宝]　ホウ　たから

擬宝珠　ぎぼし　[ぎぼうし]とも。多年草。宝珠の飾り
銀宝　ぎんぽ　海魚
宝飯　ほい　愛知県にある郡名
宝　とみ　名前の一。野島宝夫(会社役員)

[放]　ホウ　はな(す)・はな(つ)・はな(れる)

押放出す　おっぽりだす
放く　こく　「屁を―」「嘘を―」
放れる　たれる　脱糞する。放尿する
放る　ひる　「屁を―」
屁放虫　へっぴりむし　[気虫・行夜]とも。異臭を放つ昆虫
放下す　ほかす　すてる。放置する。関西の言葉
放春花　ぼけ　[木瓜・鉄脚梨]とも。落葉低木

[法]　ホウ・ハッ・ホッ

法　はっ　「―度(と)」「―被(ぴ)」

法 ほっ 「—主(す)」「—橋」
起上小法師 おきあがりこぼし 〔不倒翁〕とも
独法師 ひとりぼっち
法 のり おきて。手本。寸法
法華経 ほけきょう 大乗経の重要経典の一
法螺 ほら 「—を吹く」
令法 りょうぶ 落葉高木
法 フラン フランスの貨幣の単位

［泡］ ホウ あわ
泡 あぶく 「—銭」
泡沫 うたかた 水のあわ。「—の恋」
水泡 みなわ 〔水沫〕とも。水面に立つあわ
泡糖 カルメラ 〔浮石糖〕とも。軽石状の砂糖菓子

［胞］ ホウ
胞衣 えな 胎児をつつんだ膜や胎盤など
同胞 はらから 同じ国のひと。どうほう

×［苞］ ホウ つと
苞苴 あらまき 〔つと〕〔荒巻〕とも。「鮭の—」

［崩］ ホウ くず(れる)・くず(す)
雪崩 なだれ
大崩山 おおくえやま 宮崎県にある山名

×［烽］ ホウ
烽火 のろし 〔狼煙〕とも。「—を上げる」

△［萌］ ホウ
萌し きざし 「回復の—」
萌む めぐむ 「草木が—」
萌葱色 もえぎいろ 〔萌黄色〕とも。色名の一
萌える もえる 草木が芽をふく
萌 もやし 大豆による食品
萌 はじめ 名前の一。如月萌(写真家)

［訪］ ホウ おとず(れる)・たず(ねる)
訪う とう たずねる
諏訪 すわ 長野県にある市名

△［逢］ ホウ あ(う)
逢瀬 おうせ 相愛の男女の会う機会
逢坂山 おうさかやま 滋賀県にある山名

［報］ ホウ むく(いる)
報せ しらせ 〔知せ〕とも

［豊］ ホウ ゆた(か)
豊葦原 とよあしはら 日本の国の美称
飯豊山 いいでさん 東北にある山名
豊前 ぶぜん 旧国名。福岡県・大分県
豊後 ぶんご 旧国名。大分県
豊島 としま 〔たしま・てしま・とよしま〕とも。姓氏の一
豊 たかし 名前の一。阿波豊(大学助教授)

豊　みのる　名前の一。三上豊（会社役員）
△［鳳］　ホウ　おおとり
鳳蝶　あげはちょう　［揚羽蝶］とも。チョウの一種
黄鳳蝶　きあげは　アゲハチョウの一種
鷺毛玉鳳花　さぎそう　［鷺草］とも。多年草
鳳尾松　そてつ　［蘇鉄・鉄蕉・鉄樹］とも。常緑樹
鳳梨　パイナップル　くだもの
鳳至　ふげし　石川県にあった郡名
△［蓬］　ホウ　よもぎ
蓬子菜　かわらまつば　［川原松葉］とも。多年草
蓬生　よもぎゅう　ヨモギの生い茂った所
△［鋒］　ホウ
鋒　きっさき　「刀の―」
鋒先　ほこさき　「―を向ける」
［亡］　ボウ・モウ　な（い）

亡　もう　「―者」「損―」
亡骸　なきがら　遺体
亡びる　ほろびる　［滅びる］とも。「国が―」
［忙］　ボウ　いそが（しい）
忙しい　せわしい　いそがしい
［坊］　ボウ・ボッ
坊　ぼっ　「―ちゃん」
坊本　まちもと　［もちもと・ぼうもと］とも。姓氏の一
［忘］　ボウ　わす（れる）
勿忘草　わすれなぐさ　多年草。別名ルリソウ
［防］　ボウ　ふせ（ぐ）
防人　さきもり　古代、九州地方の警備の兵士
周防　すおう　旧国名。山口県
防府　ほうふ　山口県にある市名
［房］　ボウ　ふさ

阿房　あほう　［阿呆］とも。おろか
安房　あわ　旧国名。千葉県
房　のぶ　名前の一。藤玄房（医師）
［某］　ボウ
某　それ　［夫］とも。「―から」「某―」
某　それがし　わたくし
某　なにがし　［何某］とも。「―かのお金」「山田―という男」
誰某　たれがし　［だれそれ］とも
△［茅］　ボウ　かや
浅茅　あさじ　まばらに生えたチガヤ
黄茅　あぶらがや　［油萱］とも。多年草
茅膏菜　いしもちそう　［石持草・石竜牙草］とも。多年草
青茅　かりやす　［刈安・黄草］とも。多年草
茅茸　こうたけ　［香茸］とも。キノコの一種
茅　ちがや　［白茅・茅針・茅萱］とも。多年草

茅花 つばな　チガヤの花

茅蜩 ひぐらし　［蜩・日暮］［かなかな］とも。セミの一種

茅野 ちの　長野県にある市名

×**［旁］** ボウ　かたがた

旁 つくり　漢字の構成で右側の部分。↕偏

［望］ ボウ・モウ　のぞ(む)

望 モウ　「本―」「所―」

望潮魚 いいだこ　［飯蛸・章花魚］とも。タコの一種

望潮 しおまねき　［潮招］とも。スナガニの一種

望月 もちづき　［三五月］とも。陰暦十五夜の月

［傍］ ボウ　かたわ(ら)

傍惚 おかぼれ　［岡惚］とも

傍 そば　［側］とも

傍目 はため　「―にも気の毒」

畝傍山 うねびやま　奈良盆地にある大和三山の一

［帽］ ボウ

烏帽子 えぼし　昔の男子の冠り物

仙人帽 きぬがさたけ　［絹傘茸］とも。有毒キノコの一

帽額 もこう　御帳の上部に幕のように張った布

［棒］ ボウ

中棒 ちんぼ　［陰茎］とも。男性の陰部

△**［貌］** ボウ

顔貌 かおかたち　［顔容］とも。顔つき

［謀］ ボウ・ム　はか(る)

謀 はかりごと　くわだて。たくらみ

［木］ ボク・モク　き・こ

木通 あけび　［通草・山女・丁翁・紅姑娘］とも。つる性落葉樹

馬酔木 あせび　［あしび・あせぼ］とも。常緑低木

土青木香 うまのすずくさ　［馬鈴草・馬兜鈴］とも。多年草

鶏冠木 かえで　［楓］とも。落葉高木

扇骨木 かなめもち　［金目黐］とも。常緑低木

木瓜 かりん　［花櫚・花梨］とも。落葉高木。果実は食用

木瓜 ぼけ　［鉄脚梨・放春花］とも。落葉低木

貫木 かんぬき　［閂］とも。門をしめる横木

木耳 きくらげ　［木茸］とも。キノコの一

啄木鳥 きつつき　［けら］とも。キツツキ科の鳥の総称

烏木 こくたん　［黒檀］とも。常緑高木

小啄木 こげら　キツツキ科の鳥

木槌 さいづち　［才槌・木椎］とも。木のつち

寿光木 さわぐるみ　［沢胡桃］とも。落葉高木

売子木 さんたんか　［三丹花］とも。常緑低木

鉄刀木 たがやさん　熱帯の常緑高木

木兎鳥 つくとり　ミミズクの異称

木偶の坊 でくのぼう　役に立たぬ者

木賊 とくさ　多年草

接骨木 にわとこ ［庭常］とも。落葉低木

白膠木 ぬるで ［塩膚木・勝軍木］とも。落葉小高木

鼠梓木 ねずみもち ［女貞］とも。常緑低木

蛇牀木 はまぜり ［浜芹］とも。越年草

浜木綿 はまゆう ［文珠蘭］［はまおもと］とも。多年草

編木 びんざさら ［拍板］とも。郷土芸能に用いられる楽器の一

木履 ぼっくり ［ぽくり］とも。台の底をくりぬいた下駄

木天蓼 またたび つる性落葉樹。ネコが好む

木菟 みみずく ［角鴟・鴟鵂］とも。夜行性の鳥

木槿 むくげ 落葉低木

木槵子 むくろじ ［無婁樹］とも。落葉高木

野木瓜 むべ ［郁子］［うべ］とも。つる性低木

交譲木 ゆずりは ［譲葉］とも。常緑高木

吾木香 われもこう ［吾亦紅・地楡・仙蓼・我毛香］とも。多年草

木綿 もめん わたで織った織物

木綿 ゆう コウゾの繊維で織った白い布

木綿 パンヤ ［斑枝花］とも。常緑高木。わた毛を枕などに利用

礫木 クルス 十字架

木栓 コルク ［キルク］とも

桃花心木 マホガニー 熱帯の常緑高木。器具材

木乃伊 ミイラ

烏魚木基 ウルムチ 中国の省都の一

［朴］ ボク

朴樹 えのき ［榎］とも。落葉高木

厚朴 ほおのき ［朴・朴樹・厚木］とも。落葉高木

△［睦］ ボク むつま(じい)

睦月 むつき 陰暦正月の異称

睦 むつみ 名前の一。渡辺睦（大学教授）

［僕］ ボク

僕 しもべ 召使い

僕 やつがれ わたくしめ

［墨］ ボク すみ

墨魚 いか ［烏賊］とも。軟体動物

洋墨 インキ ［インク］とも

摩哈墨 マホメット ［麦哈黙・摩哈麦］とも。イスラム教の開祖

墨西哥 メキシコ 国名

墨俣 すのまた 岐阜県にあった町名

墨田 すだ ［すみだ］とも。姓氏の一

［撲］ ボク

相撲 すもう ［角力］とも

撲る なぐる ［殴る］とも

撲つ ぶつ ［打つ］とも。なぐる

［没］ ボツ

没分暁漢 わからずや

没骨 もっこつ 絵画技法の一

没義道 もぎどう ［莫義道］とも。人の道にはずれたこと
没食子 もっしょくし ［ぼっしょくし］とも。ブナにできる虫こぶ
△**［勃］** ボツ
馬勃 ほこりだけ ［埃茸］とも。キノコの一種
勃牙利 ブルガリア 国名
［本］ ホン もと
藁本 かさもち 多年草
本意 ほい 本心
［奔］ ホン
奔る はしる 「敵方に―」
［翻］ ホン ひるがえ(る)・ひるがえ(す)
翻車魚 まんぼう 大型の海魚
水翻 みずこぼし ［水覆・建水］とも。茶道具の一
翻筋斗打つ もんどりうつ
［凡］ ボン・ハン

凡 はん 「―例」
凡ゆる あらゆる ［所有］とも
凡そ およそ 概略。あらまし
凡て すべて ［総て・全て］とも

ま

［麻］ マ あさ
天麻裏 あじさい ［紫陽花・紫陽草・八仙花・瑪理花］とも
黄麻 いちび ［莔麻］とも。一年草
蕁麻 いらくさ ［刺草］とも。多年草
麻幹 おがら ［苧殻］とも。麻の皮をはいだあとの茎
野芝麻 おどりこそう ［踊子草］とも。多年草
天麻 おにやがら ［鬼矢幹・赤箭］とも。一年草
蛇麻 からはなそう ［唐花草］とも。つる性多年草

苧麻 からむし ［まお］［苧］とも。多年草
麻葉繡毬 こでまり ［小手毬］とも。落葉小低木
麻魚 しびれえい ［痺鱏］とも。海魚。電気を発する
鶏麻 しろやまぶき ［白山吹］とも。落葉小低木
綱麻 つなそ ［黄麻］とも。一年草
麻疹 はしか 伝染病の一
鬼油麻 ひきよもぎ ［引艾］とも。多年草
僂麻質斯 リューマチス 関節などが痛む病気。リュウマチ
麻布 あざぶ 東京にある地名
麻植 おえ 徳島県にあった郡名
麻生 あそう ［あそ・おえ］とも。姓氏の一
［摩］ マ
摩る さする 「腰を―」
摩る する ［擦る・磨る・擂る］とも。「摩り切れる」
摩摩 すれすれ ［擦擦］とも。ぎりぎり

摩哈麦　マホメット　［麦哈黙・摩哈墨］とも。イスラム教の開祖

摩洛哥　モロッコ　アフリカ北西にある国名

［磨］　マ　みが(く)

磨硝子　すりガラス

磨ぐ　とぐ　［研ぐ］とも。「刀を―」

［毎］　マイ

毎　ごと　「日―」「夜―」

［妹］　マイ　いもうと

従姉妹　いとこ　［従兄弟・従姉・従妹］とも

妹背　いもせ　女と男と。妹と兄と。夫婦

姉妹　きょうだい　［しまい］とも。↕兄弟

十姉妹　じゅうしまつ　小鳥

吾妹　わぎも　男が女を親しんで呼ぶ語

妹尾　せのお　［せお・いもお・せのう・いもう］とも。姓氏の一

［枚］　マイ

枚　ひら　［片］とも。「一―の木の葉」

［埋］　マイ　う(める)・う(まる)・う(もれる)

埋ける　いける　「野菜を―」

埋火　うずみび　灰の中に埋めた炭火

埋葬虫　しでむし　昆虫

［幕］　マク・バク

天幕　テント

△［柾］　まさ

柾　まさき　［正木］とも。常緑低木

［末］　マツ・バツ　すえ

末　バツ　「―弟」「―子」

末　うら　はし。すえ。はて。「―枯れ」「―成り」

末枯る　すがれる　「初冬に木の葉が―」

末濃　すそご　［裾濃］とも。下を濃くした染色の一

末枝　ほつえ　［上枝・秀枝］とも。上のほうの枝。↕下枝(しずえ)

［抹］　マツ

丁抹　デンマーク　国名

△［沫］　マツ

沫雪　あわゆき　［泡雪・淡雪］とも

泡沫　うたかた　水のあわ。「―の恋」

飛沫　しぶき　［繁吹］とも。「―をあげる」

水沫　みなわ　［水泡］とも。水面に立つあわ

△［茉］　マツ

紫茉莉　おしろいそう　［白粉草］とも。一年草

茉　ま　名前の一。打田茉莉

［万］　マン・バン

万年青　おもと　多年草。園芸植物

万　よろず　「八百―の神」

万寿果　パパイア　［蕃瓜樹］とも。くだもの

万　ま　名前の一。工藤万砂美(政治家)

［満］ マン　み(ちる)・み(たす)

満江紅　あかうきぐさ　［赤浮草］とも。水生シダ植物

満天星　どうだんつつじ　落葉低木

満天星　はくちょうげ　［白蝶花・六月雪］とも。常緑小低木

伊留満　イルマン　バテレンの次に位する宣教師

満俺　マンガン　金属元素の一

満田　みつた　［みつだ・まぬた］とも。姓氏の一

満　みつる　名前の一。熊埜御堂満(会社役員)

［漫］ マン

漫　そぞろ　［すずろ］とも。「―歩き」「気も―」

浪漫的　ロマンチック

△**［蔓］** マン　つる

蔓延る　はびこる　「雑草が―」

×**［饅］** マン

饅　ぬた　［饅茹］とも。酢味噌であえた料理

み

［未］ ミ

未来　まだき　［未明］とも。「朝―」

未だ　いまだ　［まだ］とも

未通女　おぼこ　若い女

未　ひつじ　十二支の第八番

未蘭　ミラノ　イタリアにある都市名

［味］ ミ　あじ・あじ(わう)

味善う　あんじょう　うまく。具合よく。関西の言葉

美味い　うまい　［旨い・甘い］とも。↕不味い

美味しい　おいしい　「―料理」

南五味子　さねかずら　［美男葛］とも。つる性常緑低木

不味い　まずい　↕美味い

［密］ ミツ

密か　ひそか　［私か・窃か］とも

密密　ひそひそ　「―話」

密夫　まおとこ　［間男］とも。情夫

箇失密　カシミール　「―高原」

×**［蜜］** ミツ

蜜柑　みかん　くだもの

果蜜　シロップ　砂糖と果汁をくわえた液

蜜月　ハネムーン

［脈］ ミャク

水脈　みお　［澪］とも。船の通る深い水路

百脈根　みやこぐさ　［都草］とも。多年草

山脈　やまなみ　［山並］とも。さんみゃく

［妙］ ミョウ

妙なる　たえなる　「―音」

[眠] ミン ねむ(る)・ねむ(い)

冬眠鼠 やまね 小型の哺乳動物

む

[務] ム つと(める)

中務省 なかつかさしょう 太政官の八省の一

各務原 かがみはら 岐阜県にある市名

務 ちか 名前の一。兼松雅務(会社役員)

[無] ム・ブ な(い)

無花果 いちじく 「映日果」とも。落葉高木

無頼 ごろつき 「波落戸」とも。ならずもの

無言 しじま 「静寂」とも。沈黙

無者 なきもの 「亡者」とも。生きていない人

水無月 みなづき 陰暦六月の異称

無患子 むくろじ 「無槵子」とも。落葉高木

嘉無薩加 カムチャツカ ロシアにある半島名

[霧] ム きり

濃霧 ガス 「―がかかる」

[娘] むすめ

紅姑娘 あけび 「通草・山女・丁翁・木通」とも。つる性落葉樹

母娘 おやこ 「母子」とも

看麦娘 すずめのてっぽう 「雀鉄砲」とも。多年草

め

×[瑪] メ

瑪理花 あじさい 「紫陽花・紫陽草・八仙花・天麻裹」とも。

[名] メイ・ミョウ な

天名精 やぶたばこ 「藪煙草・猪尻草」とも。多年草

[命] メイ・ミョウ いのち

命 みょう 「寿―」

命 みこと 「尊」とも。「大国主―」

命 まこと 名前の一。山本命

[明] メイ・ミョウ あ(かり)・あか(るい)・あき(らか)・あ(く)

明白 あからさま 「白地」とも。「―に言う」

明津神 あきつかみ 「現津神」とも。天皇の称

明日 あした 「あす」とも

明後日 あさって

明明後日 しあさって

明檜 あすなろ 「翌檜・羅漢柏」とも。常緑高木

石決明 あわび 「鮑・鰒」とも。海産巻貝

明か さやか 「清か・爽か」とも。あきらか

松明 たいまつ 「焼松・炬火・松火」とも

未明 まだき 「未来」とも。「朝―」

明朝　みんちょう　中国の明の朝廷。活字の一体

目明　めあかし　御用聞き。岡っ引

明太魚　めんたい　スケトウダラの別名

明日香　あすか　奈良県にある村名

明　はる　名前の一。大塚明郎(物理学者)

［迷］　メイ　まよ(う)

迷子　まいご

世迷言　よまいごと　不平や愚痴をいう

△**［冥］**　メイ

冥利　みょうり　「役者―につきる」

［鳴］　メイ　な(く)・な(る)・な(らす)

馬鳴菩薩　めみょうぼさつ　古代インドの仏教詩人

自鳴琴　オルゴール

×**［瞑］**　メイ

瞑る　つぶる　「つむる」とも。「目を―」

［滅］　メツ　ほろ(びる)・ほろ(ぼす)

蛇滅草　はぶそう　「波布草」とも。一年草

滅入る　めいる　元気がなく気分がふさぐ

滅金　メッキ　「鍍金」とも。「金―」

［面］　メン　おも・おもて・つら

川面　かわも　川の水面

強面　こわもて　こわい表情

素面　しらふ　「白面」とも。酒をのまない顔

面皰　にきび　顔にできる吹出物

野面　のもせ　のづら。野外

圧面　へしみ　「べしみ」とも。能面の一

人面竹　ほていちく　「布袋竹」とも。竹の一種

真面目　まじめ

正面　まとも　「―な話」「―に見る」

箕面　みのお　大阪府にある市名

［綿］　メン　わた

水綿　あおみどろ　「青味泥」とも。淡水緑藻

浜木綿　はまゆう　「はもおもと」「文珠蘭」とも。多年草

木綿　パンヤ　「斑枝花」とも。常緑高木。わた毛を枕などに利用

も

×**［摸］**　モ

掏摸　すり　他人の金品をかすめとる者

［模］　モ・ボ

酸模　すかんぽ　多年草。スイバの別名

相模　さがみ　旧国名。神奈川県

［毛］　モウ　け

毛毬　いが　「毬・栗毬」とも。「クリの―」

毛莨　うまのあしがた　多年草。キンポウゲの異称

鷺毛玉鳳花　さぎそう　［鷺草］とも。多年草

旋毛　つむじ　「—曲がり」

山毛欅　ぶな　［橅］とも。落葉高木

毛蓼　みずひきそう　［水引草・金線草］とも。多年草

毛布　ケット　もうふ。「赤—」

金毛織　きんモール　織物の一

毛斯倫　モスリン　毛織物。メリンス

［妄］　モウ・ボウ

妄りに　みだりに　［濫りに・猥りに］とも

△［孟］　モウ

孟買　ボンベイ　インドにある都市名

孟　はじめ　名前の一。本多孟（会社役員）

［盲］　モウ

夜盲　とりめ　［鳥目・鶏盲］とも。眼病の一

［猛］　モウ

猛猛しい　たけだけしい　「盗っ人—」

猛者　もさ　勇敢で強い人

猛　たける　名前の一。榎原猛（法学者）

［網］　モウ　あみ

網代　あじろ　魚をとるため川に設けるもの

△［蒙］　モウ

杜蒙　つくばねそう　［衝羽根草］とも。多年草

［目］　モク・ボク　め・ま

目　ぼく　「面—」

赤目　あかんべ

方目　ばん　［鷭］とも。水辺の鳥

比目魚　ひらめ　［平目・鮃］とも。海魚

目前　まさか　まのあたり

目差　まなざし　［眼差］とも

赤目魚　めなだ　海魚

［黙］　モク　だま(す)

黙　だんまり　［暗争］とも。歌舞伎の演出の一

黙す　もだす　「君命—しがたし」

麦哈黙　マホメット　［摩哈麦・摩哈墨］とも。イスラム教の開祖

黙　しず　名前の一。渡辺黙郎（会社役員）

△［勿］　モチ

勿事　ことなかれ　「—主義」

勿れ　なかれ　「希望を捨てる—」

勿怪　もっけ　［物怪］とも。「—の幸い」

勿体　もったい　「—ない」

勿忘草　わすれなぐさ　多年草

勿来関　なこそのせき　蝦夷防備のための関。福島県南部

△［餅］　ヘイ　もち

柚餅子　ゆべし　菓子の一

［門］　モン

門荊　すぎな　「杉菜・筆頭菜・接続草」とも。多年草
水門　みと　「水戸」とも。川が海に入る所
金門峡　ゴールデンゲイト　サンフランシスコ湾にある海峡
婆羅門教　バラモンきょう　仏教以前のインドの宗教
澳門　マカオ　中国にあるポルトガル領
門土里留　モントリオール　カナダにある都市名
神門寺　かんどうじ　島根県にある寺名
長門　ながと　旧国名。山口県
門司　もじ　北九州市にある区名

や

△「冶」　ヤ
鍛冶　かじ　「—屋」
「夜」　ヤ　よ・よる
十六夜　いざよい　陰暦で十六日の夜
夜盲　とりめ　「鳥目・鶏盲」とも。眼病の一
行夜　へっぴりむし　「屁放虫・気虫」とも。異臭をはなつ昆虫
昨夜　ゆうべ
夜来節　よさこいぶし　土佐の民謡
終夜　よもすがら　一晩中
小夜曲　セレナーデ
△「耶」　ヤ
耶蘇基督　イエスキリスト
耶父華　エホバ　神の名
「野」　ヤ　の
野芝麻　おどりこそう　「踊子草・続断」とも。多年草
野蚕　くわご　「桑蚕」とも。カイコに似た昆虫
野鴉椿　ごんずい　「権萃」とも。落葉小高木
野葛　つたうるし　「蔦漆」とも。常緑低木
野老　ところ　ヤマノイモの一種
野菰　なんばんぎせる　「南蛮煙管」とも。一年草
野豌豆　はまえんどう　「浜豌豆」とも。多年草
野艾蒿　ひめよもぎ　「姫艾」とも。多年草
野蜀葵　みつば　「三葉」とも。野菜
野木瓜　むべ　「郁子」「うべ」とも。つる性低木
野山薬　やまのいも　「山芋・薯蕷」とも。つる性多年草
上野　こうずけ　旧国名。群馬県。↕下野
野沢　ぬさ　「ぬさわ・のざわ」とも。姓氏の一
野方　うぶかた　「のかた」とも。姓氏の一
×「揶」　ヤ
揶揄う　からかう　もてあそぶ
×「爺」　ヤ
親爺　おやじ　「親父・親仁」とも。お父さん
爺　じい　「じじい」とも。「お—さん」

【役】 ヤク・エキ

避役 カメレオン 爬虫類。体色が変化する

役行者 えんのぎょうじゃ 修験道の開祖。役小角（おづぬ）

【約】 ヤク

約める つづめる 短くする

【薬】 ヤク くすり

薬玉 くすだま 式典用の大きな飾り玉

典薬頭 くすりのかみ 典薬寮の長官

仙薬 しらも 海藻

手薬煉 てぐすね 「―を引く」

蕺薬 どくだみ 「十薬・羊麻草」とも。多年草。薬用

薬缶 やかん お湯をわかす容器

薬研 やげん 薬種を砕くための器具

千薬萱草 やぶかんぞう 「藪萱草」とも。多年草

野山薬 やまのいも 「山芋・薯蕷」とも。つる性多年草

鹿薬 ゆきざさ 「雪笹」とも。多年草

【躍】 ヤク おど(る)

雀躍 こおどり 「小躍」とも。喜ぶさま

ゆ

【油】 ユ あぶら

油身魚 いたちうお 「鼬魚」とも。海魚

油胡蘆 えんまこおろぎ 「閻魔蟋蟀」とも。コオロギの一種

油桃 つばいも 「椿桃」とも。桃の一種

鬼油麻 ひきよもぎ 「引艾」とも。多年草

油点草 ほととぎす 「杜鵑草」とも。多年草

省沽油 みつばうつぎ 「三葉空木」とも。落葉低木

油然 ゆうぜん 「―と雲がわき立つ」

【愉】 ユ

愉しい たのしい 「楽しい」とも

×【楡】 ユ にれ

地楡 われもこう 「吾木香・吾亦紅・仙蓼」とも。多年草

【癒】 ユ

癒える いえる 病気がなおる

腹癒 はらいせ 怒りをはらすこと

【右】 ユウ・ウ みぎ

左右 とかく 「兎角」とも。ともすれば

右手 めて 「馬手」とも。右の手

右 たすく 名前の一。土橋右（団体役員）

【由】 ユウ・ユ・ユイ よし

由 よし 「知る―もない」

由縁 ゆかり よるべ。よすが。「―の地」

由って よって 「因って・依って」とも

由る よる 「拠る・依る」とも

由　ゆかり　名前の一。村上由（社会運動家）

［有］　ユウ・ウ　あ(る)

所有　あらゆる　［凡ゆる］とも。「ありと―」

難有　ありがたく　手紙に用いられる書き方

仰有る　おっしゃる　［仰る］とも。「言う」の尊敬語

有繫　さすが　［流石］とも。「―にうまい」

天有主　デウス　［天主・泥烏須・提宇須］とも。天帝。造物主

有　たもつ　名前の一。佐々木有（市長）

［勇］　ユウ　いさ(む)

勇魚　いさな　クジラの古称

勇足　いさみあし　調子にのってしくじること

勇　はや　名前の一。池田勇人（首相）

△**［宥］**　ユウ

宥める　なだめる　「泣く子を―」

宥す　ゆるす　大目にみる。見のがす

宥　ひろし　名前の一。中西宥（大学助教授）

［幽］　ユウ

幽か　かすか　［微か］とも

△**［柚］**　ユウ

柚子　ゆず　［柚］とも。常緑小高木。実は食用

柚餅子　ゆべし　菓子の一

柚木　ゆき　［ゆずき・ゆのき］とも。姓氏の一

［猶］　ユウ

猶　なお　［尚］とも

猶太　ユダヤ　「―人」「―教」

［遊］　ユウ・ユ　あそ(ぶ)

遊　ゆ　「物見―山」「―行僧」

遊女　うかれめ　［浮女・浮君］とも。ゆうじょ

糸遊　かげろう　［いとゆう］［蜻蛉・蜉蝣］とも。寿命の短い昆虫

口遊む　くちずさむ　［口号む］とも

遊び　すさび　「手―」「筆の―」「老いの―」

遊牝む　つるむ　［交尾む］とも。鳥獣の交尾

△**［釉］**　ユウ

釉薬　うわぐすり　［上薬］とも。陶器の表面に塗るもの

［雄］　ユウ　お・おす

雄鳥　おんどり　↔雌鳥（めんどり）

雄　つよし　名前の一。堀雄（公務員）

［誘］　ユウ　さそ(う)

誘う　いざなう　さそう

誘き寄せる　おびきよせる

［憂］　ユウ　うれ(える)・うれ(い)・う(い)

憂世　うきよ　つらいことの多い世の中

［融］　ユウ

融ける　とける　「氷が―」「わだかまりが―」

融　とおる　名前の一。中村融（大学教授）

[優] ユウ やさ(しい)・すぐ(れる)

優曇華 うどんげ インドの想像上の植物

優る まさる [勝る]とも。すぐれる

俳優 わざおぎ 役者

優 ゆたか 名前の一。碓井優(会社役員)

よ

[与] ヨ あた(える)

与る あずかる かかわる。関係する

与し易い くみしやすい 恐れるにたりない

与 とも 名前の一。福井与明(公務員)

[予] ヨ

予め あらかじめ 前もって

予予 かねがね 以前から

予て かねて 「—の通り」

[余] ヨ あま(る)・あま(す)

余波 なごり 風がやんだ後も波が静まらないこと

零余子 むかご [ぬかご]とも。ヤマイモの珠芽

[幼] ヨウ おさな(い)

幼気 いたいけ 幼くかわいい

幼けない いとけない [稚ない]とも。おさない

[羊] ヨウ ひつじ

羊机子 おおさんざし [大山査子]とも。落葉低木

羚羊 かもしか [れいよう]とも。哺乳動物

羊蹄 ぎしぎし [羊蹄菜]とも。多年草

羊歯 しだ [歯朶]とも。シダ植物の総称

羊乳 つるにんじん [蔓人参]とも。つる性多年草

羊栖菜 ひじき [鹿尾菜・鹿角菜]とも。海藻

山羊 やぎ [野羊]とも。家畜

羊駄 アルパカ 南米産の家畜

羊駝 ラマ [駱馬]とも。南米産の家畜

△**[妖]** ヨウ

妖しい あやしい 「—美しさ」

×**[拗]** ヨウ

拗れる こじれる 「話が—」

拗ねる すねる 「世を—」

拗ける ねじける ねじれて曲がる

[洋] ヨウ

洋傘 こうもり かさ。「—がさ」

洋玉蘭 たいさんぼく [泰山木]とも。常緑高木

洋妾 らしゃめん 西洋人のめかけ

洋墨 インキ [インク]とも

洋杯 コップ

洋剣 サーベル 西洋風の刀剣

洋服　ズボン　衣服
洋琴　ピアノ　楽器
洋灯　ランプ　照明具
洋　ひろし　名前の一。伊藤洋(植物学者)

【要】ヨウ　い(る)

要　かなめ　最も大切な部分。「肝心—」
要　もとむ　名前の一。今村要(会社役員)

【容】ヨウ

容れる　いれる　「助言を—」
阿容阿容　おめおめ　恥を恥ともしない
顔容　かおかたち　[顔貌]とも。顔つき
容気　かたぎ　[気質]とも。職業などによる気風
容　かんばせ　[顔]とも。顔つき
容易い　たやすい　やさしい。簡単
容　ひろし　名前の一。江尻容(大学教授)

【揚】ヨウ　あ(げる)・あ(がる)

油揚　あぶらげ　[あぶらあげ]とも。食品

【揺】ヨウ　ゆ(れる)・ゆ(る)・ゆ(する)・ゆ(さぶる)

揺蕩う　たゆとう　ゆれ動く

【葉】ヨウ　は

大葉藻　あまも　[甘藻]とも。海生の多年草
蕎麦葉貝母　うばゆり　[姥百合]とも。多年草
迦葉　かしょう　釈迦の十大弟子の一人
車前葉　かたくり　[片栗・山慈姑]とも。多年草
落葉松　からまつ　[唐松]とも。落葉高木
千葉梔子　こくちなし　[小梔子]とも。クチナシの一種
麻葉繡毬　こでまり　[小手毬]とも。落葉小低木
山梗葉　さわぎきょう　[沢桔梗]とも。多年草
槐葉蘋　さんしょうも　[山椒藻]とも。水生の一年生シダ類
柳葉魚　ししゃも　北海道産の海魚
昨葉荷草　つめれんげ　[爪蓮華・仏甲草]とも。多年草
粘葉　でっちょう　書物の装幀の一
七葉樹　とちのき　[栃]とも。落葉高木
一葉　はらん　[葉蘭・柴蘭]とも。多年草
雲葉　ふさざくら　[総桜]とも。落葉高木
雲葉　やまぐるま　[山車]とも。常緑高木
全手葉椎　まてばしい　[馬刀葉椎]とも。常緑高木
紅葉　もみじ　[黄葉]とも。「—狩」
重葉梅　やつぶさうめ　[八房梅]とも。梅の一品種。別名ザロンウメ
鉄葉　ブリキ　「—屋根」
常葉　ときわ　福島県にある町名

【陽】ヨウ

紫陽花　あじさい　[紫陽草・八仙花・瑪理花・天麻裏]とも
陰陽道　おんみょうどう　[おんようどう]とも
陽炎　かげろう　「—が燃える」

洛陽花 せきちく ［石竹］とも。多年草
陽 ひ 「夕—」「—当たり」
陽 たか 名前の一。佐々木陽信（社長）

△［楊］ ヨウ

水楊 かわやなぎ ［川柳］とも。落葉高木
松楊 ちしゃ ［ちしゃのき］とも。落葉高木
黄楊 つげ ［柘植］とも。常緑高木
白楊 どろのき 落葉高木
白楊 はこやなぎ ［箱柳］とも。落葉高木
赤楊 はんのき ［榛木］とも。落葉高木
楊梅 やまもも ［山桃］とも。常緑高木。果実は食用
楊柳 やなぎ ［柳］とも。落葉高木
楊井 やない ［やなぎい］とも。姓氏の一

［様］ ヨウ さま

此様 こんな 「—もの」
様を見ろ ざまをみろ 失敗をあざけっていう
様 ためし ［例］とも。先例。前例。「—がない」
坊様 ぼっちゃん 「—育ち」

［養］ ヨウ やしな（う）

供養 たむけ ［手向］とも。仏に供物をそなえること
養父 やぶ 兵庫県にある市名
養 まもる 名前の一。滝山養（団体役員）

［抑］ ヨク おさ（える）

抑 そもそも 「—の目的は」「—の話は」

×［沃］ ヨク

沃懸地 いかけじ 美術用語
沃度 ヨード 「—チンキ」

［浴］ ヨク あ（びる）・あ（びせる）

湯浴 ゆあみ 入浴すること
浴衣 ゆかた 夏のひとえの着物
浴槽 ゆぶね よくそう

［翌］ ヨク

翌る日 あくるひ あした。次の日
翌檜 あすなろ ［羅漢柏・明檜］とも。常緑高木

［翼］ ヨク つばさ

伏翼 こうもり ［蝙蝠］とも。翼手類の哺乳動物

ら

×［拉］ ラ・ラツ

拉ぐ ひしぐ ［ひさぐ］とも。「鬼をも—勢い」
亜拉毘亜 アラビア ［亜剌比亜］とも。「—半島」「—語」
烏拉児 ウラル ［烏拉］とも。ロシアにある地名
拉薩 ラサ チベットにある都市名
拉丁 ラテン ［羅甸］とも。「—語」

[裸] ラ はだか

裸足 はだし [跣]とも

△**[螺]** ラ にな

細螺 きさご [扁螺・光螺][きしゃご]とも。巻貝

栄螺 さざえ [栄螺子・巻螺]とも。巻貝

螺 つぶ [海螺][つび]とも。ニシ類の総称。巻貝

玉螺 つめたがい [乾螺]とも。巻貝

蝸螺 にな [蜷・河貝子]とも。淡水巻貝の類

螺子 ねじ [捻子・捩子]とも

海螺 ばい [貝・黄螺]とも。巻貝

螺尻 ばいじり [貝尻]とも。竹皮で作った笠の一

梭尾螺 ほらがい [法螺貝・宝螺貝]とも。巻貝

[羅] ラ

羅漢柏 あすなろ [翌檜・明檜]とも。常緑高木

紫羅欄花 あらせいとう 多年草

紫羅傘 いちはつ [一八・鳶尾・鴟尾草]とも。多年草

羅漢松 いぬまき [犬槙]とも。常緑高木

羅 うすもの [薄物]とも。薄く織った織物

紫羅蘭 かきつばた [杜若・燕子花]とも。水辺の多年草

新羅 しらぎ 古代朝鮮の国名の一

剪秋羅 せんのう [仙翁]とも。多年草

加須底羅 カステラ [家主貞良・粕底羅・卵糖]とも

羯布羅 カンフル [―注射]

暹羅 シャム タイ国の旧称

泥婆羅 ネパール 国名

巴羅貝 パラグアイ 南米にある国名

婆羅門教 バラモンきょう 仏教以前のインドの宗教

欧羅巴 ヨーロッパ

羅甸 ラテン [拉丁]とも。「―語」「―アメリカ」

羅馬尼亜 ルーマニア 国名

羅府 ロサンゼルス アメリカにある都市名

羅馬 ローマ イタリアの首都

[来] ライ く(る)・きた(る)・きた(す)

未来 まだき [未明]とも。「朝―」

在来 ありきたり 普通にあって珍しくない

去来 いざ 「―行かん」

来目舞 くめまい [久米舞]とも。むかしの歌舞

来し方 こしかた 「―行く末」

仕来 しきたり [為来]とも。ならわし

為出来す しでかす [仕出来す]とも

出来 しゅったい 事件などが起こる

出来 でき 「―上がり」「―がよい」

年来 としごろ [年頃・年比]とも

雁来紅 はげいとう [葉鶏頭]とも。一年草

夜来節 よさこいぶし 土佐の民謡

根来塗　ねごろぬり　漆器の一
馬来　マレー　[マライ]とも。「—半島」
朝来　あさご　兵庫県にある市名
潮来　いたこ　茨城県にある市名
勿来関　なこそのせき　蝦夷防備のための関。福島県南部
大来　おおきた　姓氏の一
来田　くるた　[らいた・きた]とも。姓氏の一
[雷]　ライ　かみなり
雷　いかずち　かみなりの古語
雷魚　はたはた　[鰰・燭魚]とも。海魚
[頼]　ライ　たの(む)・たの(もしい)・たよ(る)
無頼　ごろつき　[破落戸]とも。ならず者
達頼喇嘛　ダライラマ　ラマ教の教主
頼　より　名前の一。近藤頼巳(大学学長)
△[洛]　ラク
阿素洛　あしゅら　[阿修羅・阿須倫][あすら]とも
洛陽花　せきちく　[石竹]とも。多年草
摩洛哥　モロッコ　アフリカ北西にある国名
[絡]　ラク　から(む)・から(まる)
絡新婦　じょろうぐも　[女郎蜘蛛・斑蛛]とも。クモの一種
一絡　ひとからげ　「十把—」
[落]　ラク　お(ちる)・お(とす)
落新婦　あわゆきそう　[淡雪草]とも
落霜紅　うめもどき　[梅擬]とも。落葉低木
零落れる　おちぶれる　[落魄れる]とも
瓦落　がら　相場が急落すること
落葉松　からまつ　[唐松]とも。落葉高木
狸落果　きつねがや　[狐萱]とも。多年草
破落戸　ごろつき　[無頼]とも。ならず者
洒落　しゃれ　「お—」
洒落臭い　しゃらくさい　なまいき
落葵　つるむらさき　[蔓紫]とも。つる性一年草
落籍す　ひかす　「芸者を—」
虎落　もがり　竹でつくった柵
[酪]　ラク
乾酪　チーズ　乳製品の一
牛酪　バター　乳製品の一
×[剌]　ラツ
虎列剌　コレラ　伝染病の一
亜剌比亜　アラビア　[亜拉毘亜]とも。「—半島」「—語」
濠太剌利　オーストラリア　[墺太剌利亜・豪州]とも
薩哈剌　サハラ　「—砂漠」
伯剌西爾　ブラジル　[巴西]とも。国名
馬尼剌　マニラ　フィリピンの首都
[乱]　ラン　みだ(れる)・みだ(す)

胡乱 うろん　疑わしい。いぶかしい。「—な男」

便乱坊 べらぼう　［箆棒］とも。「—な値段」

乱波 らっぱ　隠密の一

［卵］ ラン　たまご

卵糖 カステラ　［加須底羅・家主貞良・粕底羅］とも。菓子

［濫］ ラン

濫り みだり　［猥り］とも。でたらめ。みだら

△**［藍］** ラン　あい

絞股藍 あまちゃづる　［甘茶蔓］とも。多年草

甘藍 キャベツ　野菜

甘藍 はぼたん　［葉牡丹］とも。鑑賞用越年草

紅藍花 べにばな　［紅花］とも。一年草

△**［蘭］** ラン

紫羅蘭 かきつばた　［杜若・燕子花］とも。水辺の多年草

沢蘭 さわあららぎ　多年草。サワヒヨドリの異称

洋玉蘭 たいさんぼく　［泰山木］とも。常緑高木

栄蘭 たこのき　［蛸木・露兜樹］とも。常緑高木

金栗蘭 ちゃらん　［茶蘭］とも。常緑低木

文珠蘭 はまゆう　［浜木綿］［はまおもと］とも。多年草

山蘭 ひよどりばな　［鵯花］とも。多年草

玉蘭 はくもくれん　［白木蓮］とも。落葉高木

蘭草 ふじばかま　［藤袴］とも。多年草。秋の七草の一

木蘭 もくれん　［木蓮］とも。落葉低木

愛蘭 アイルランド　［愛蘭土］とも。国名

伊蘭 イラン　国名

英蘭 イングランド　［英蘭土］とも。イギリス南部の地域

烏克蘭 ウクライナ　国名

和蘭 オランダ　［和蘭陀・阿蘭陀］とも。国名

蘇格蘭 スコットランド　国名

新西蘭 ニュージーランド　国名

芬蘭 フィンランド　国名

仏蘭西 フランス　国名

波蘭 ポーランド　国名

未蘭 ミラノ　イタリアにある都市名

蘭貢 ラングーン　ミャンマー（ビルマ）の首都

［欄］ ラン

紫羅欄花 あらせいとう　多年草

勾欄 てすり　［手摺］とも。「階段の—」

昆欄樹 やまぐるま　［山車］とも。常緑高木

×**［鸞］** ラン

双鸞菊 かぶとぎく　［兜菊］とも。多年草

り

［利］ リ　き（く）

利目　ききめ　［効目］とも。「―がある」

阿利布　オリーブ　［阿列布］とも。常緑小高木。油を採る

吉利支丹　キリシタン　［切支丹］とも

虞利設林　グリセリン

実布的利亜　ジフテリア　伝染病の一

阿弗利加　アフリカ　六大州の一

亜米利加　アメリカ　国名

英吉利　イギリス　国名

伊太利　イタリア　［伊太利亜］とも。国名

濠太剌利　オーストラリア　［墺太剌利亜・豪州］とも。国名

墺太利　オーストリア　［墺地利亜］とも。国名

西比利亜　シベリア　ロシアの東部地域

智利　チリ　国名

洪牙利　ハンガリー　国名

勃牙利　ブルガリア　国名

米利堅　メリケン　アメリカ。アメリカ人。「―粉」

利根川　とねがわ　関東地方にある川名

利井　かがい　［としい］とも。姓氏の一

利　とし　名前の一。納利隆（医師）

△［李］　り　すもも

鼠李　くろうめもどき　［黒梅擬］とも。落葉低木

［里］　り　さと

郷里　くに　ふるさと

加里　カリ　「青酸―」

英里　マイル　［哩］とも。距離の単位

巴里　パリ　フランスの首都

馬徳里　マドリード　スペインの首都

門土里留　モントリオール　カナダにある都市名

鬼無里　きなさ　長野県にあった村名

万里小路　までのこうじ　姓氏の一

［梨］　り　なし

花梨　かりん　［花櫚］とも。落葉高木

梨子地　なしじ　蒔絵技法の一

棠梨　ずみ　落葉小高木

鳳梨　パイナップル　くだもの

［理］　り

瑪理花　あじさい　［紫陽花・紫陽草・八仙花・天麻裏］とも

肌理　きめ　［木目・木理］とも。「―がこまかい」

道理　ことわり　［理］とも。どうり。わけ

理無い　わりない　「―仲」

理　さとる　名前の一。中井理（会社役員）

［裏］　り　うら

天麻裏　あじさい　［紫陽花・紫陽草・八仙花・瑪理花］とも

［履］　り　は（く）

木履　きぐつ　［木沓］とも。木製のくつ

下履　したばき　↕上履
履物　はきもの　靴や下駄などの類
×【罹】　リ
罹る　かかる　「病気に―」
【離】　リ　はな(れる)・はな(す)
離離　かれがれ　古語で遠ざかるさま
離る　さかる　遠ざかる。離れる。「天―」
流離う　さすらう　さまよい歩く
【陸】　リク
陸　おか　陸地。「―釣り」「―稲(ぼ)」「―湯」
陸路　くがじ　陸上の道。↕海路
馬陸　やすで　節足動物
商陸　やまごぼう　「山牛蒡」とも。多年草
陸屋根　ろくやね　勾配が少なく水平に近い屋根
陸陸　ろくろく　十分に。「―見ずに」

常陸　ひたち　旧国名。茨城県
陸奥　むつ　旧国名。青森県・岩手県。「みちのく」とも
陸　むつ　名前の一。永島陸郎(社長)
【立】　リツ・リュウ　た(つ)・た(てる)
立　りゅう　「建―」「―願」
立　リットル　容量の単位
【律】　リツ・リチ
律　りち　「―儀(義)」
呂律　ろれつ　「―が回らない」
比律賓　フィリピン　国名
律　ただし　名前の一。安河内律(医師)
【率】　リツ・ソツ　ひき(いる)
軽率　かるはずみ　ふかく考えないで行動する
率塔婆　そとば　「卒塔婆」とも
率川神社　いさかわじんじゃ　奈良市にある神社

×【慄】　リツ
慄く　おののく　「戦く」とも。恐れふるえる
戦慄く　わななく　「恐怖に―」
△【掠】　リャク　かす(める)
掠う　さらう　「人気を―」
【略】　リャク
略　ほぼ　「―出来上がる」
【柳】　リュウ　やなぎ
青柳　あおやぎ　葉が茂って青々とした柳
赤垂柳　あかしで　「見風乾」とも。落葉高木
柳葉菜　あかばな　「紅花・赤花」とも。多年草
柳葉魚　ししゃも　北海道産の海魚
柳筥　やないばこ　柳でつくった箱
楊柳　やなぎ　「柳」とも。落葉高木
宇柳貝　ウルグアイ　南アメリカにある国名

柳内　やぎうち　[やなうち・やない]とも。姓氏の一

[流]　リュウ・ル　なが(れる)・なが(す)

流石　さすが　「―にうまい」

流離う　さすらう　さまよい歩く

細流　せせらぎ　「谷川の―」

流行　はやり　[時花]とも。りゅうこう

流行る　はやる　流行する

風流　みやび　[雅・風雅]とも

流鏑馬　やぶさめ　騎射の一

[留]　リュウ・ル　と(める)・と(まる)

王不留行　どうかんそう　[道灌草]とも。越年草

留める　とどめる　[止める]とも

留処　とめど　[止処]とも。「―がない」

伊留満　イルマン　バテレンの次に位する宣教師

門土里留　モントリオール　カナダにある都市名

留比　ルピー　インドの貨幣の単位

留　ルーブル　ロシアの貨幣の単位

[竜]　リュウ　たつ

石竜牙草　いしもちそう　[石持草・茅膏菜]とも。多年草

竜蝦　いせえび　[伊勢海老]とも。エビの一種

竜葵　うみほおずき　[海酸漿]とも。ニシン類の卵嚢

水竜骨　うらぼし　[裏星]とも。シダの一種

竜骨　かわら　[まぎりがわら]とも。船全体を支える材木

竜蝨　げんごろう　[源五郎]とも。水生昆虫

竜爪稗　しこくびえ　[四国稗・田桂]とも。一年草

青竜蝦　しゃこ　[蝦蛄]とも。節足動物

白竜鬚　しらごけ　コケの一種

小竜仙　しらびそ　[白檜曽・白檜]とも。常緑高木

石竜子　とかげ　[蜥蜴]とも。爬虫類の一

土竜　もぐら　土中にすむ哺乳動物

竜胆　りんどう　多年草

竜髭菜　アスパラガス　[石刁柏]とも。多年草。食用

竜安寺　りょうあんじ　京都市にある寺名

竜　しげる　名前の一。森川竜(会社役員)

[硫]　リュウ

硫黄　いおう　[ゆおう]とも

△[溜]　リュウ　たま(る)

溜込　たらしこみ　日本画の描法の一

△[榴]　リュウ

柘榴　ざくろ　[石榴・安石榴]とも。落葉高木

海柘榴市　つばいち　古代市場の一

△[呂]　リョ・ロ

呂宋　ルソン　フィリピンにある島名

[旅]　リョ　たび

旅籠　はたご　旅館

[慮] リョ
慮る おもんぱかる 思いめぐらす
[了] リョウ
了う しまう [終う・仕舞う]とも。終わる
了 さとる 名前の一。有田了(社長)
[両] リョウ
百両金 からたちばな [唐橘]とも。常緑低木
両刃 もろは [諸刃]とも。↕片刃
[良] リョウ よ(い)
良い いい [好い・善い][よい]とも
良人 おっと [夫]とも。↕妻
良候 ようそろ [宜候]とも。操船用語
宮良 みやなが [みやら]とも。姓氏の一
良 よし 名前の一。内山良正(会社役員)
[猟] リョウ
猟人 かりゅうど [狩人]とも
猟虎 らっこ [海獺]とも。海洋の哺乳動物
△[凌] リョウ しの(ぐ)
凌霄花 のうぜんかずら つる性落葉樹
[陵] リョウ みささぎ
小陵鳥 こがら [小雀]とも。小鳥
△[稜] リョウ
稜威 いつ 古語で威光・威勢
稜 そば 古語で物の角
黒三稜 みくり [三稜草]とも。多年草
△[綾] リョウ あや
紗綾形 さやがた 文様の一
透綾 すきや 透けて見えるほどの絹織物
[領] リョウ
垂領 たりくび 直垂などの襟が方形のもの
領巾 ひれ むかしの女性の服飾の一
×[蓼] リョウ たで
木天蓼 またたび つる性落葉樹。ネコが好む
毛蓼 みずひきそう [水引草・金線草]とも。多年草
仙蓼 われもこう [吾木香・吾亦紅・地楡]とも。多年草
[力] リョク・リキ ちから
角力 すもう [相撲]とも
力める つとめる [努める]とも
加特力 カトリック 旧教の一派
等等力 とどろき [とどりき]とも。姓氏の一
力 つとむ 名前の一。大内力(大学教授)
[緑] リョク・ロク みどり
緑 ろく [—青(しょう)]
緑啄木鳥 あおげら キツツキの一種
緑内障 あおそこひ 眼球の病気。↕白内障

緑苔　あおのり　［青海苔・海苔菜・乾苔・石髪苔］とも。海藻

×［吝］　リン

吝嗇　けち　［吝］とも。しみったれ

吝い　しわい　けち。しみったれ

吝か　やぶさか　「力を貸すに―でない」

［林］　リン　はやし

翰林院　アカデミー

和林　カラコルム　「―山脈」

虞利設林　グリセリン

聖林　ハリウッド　アメリカの映画の都

伯林　ベルリン　ドイツの首都

華摂林　ワセリン

雲林院　うじい　［うりんいん・うんりんいん］とも。寺名

東海林　しょうじ　［しおじ・とうかいりん］とも。姓氏の一

［倫］　リン

阿須倫　あしゅら　［阿修羅・阿素洛］［あすら］とも

毛斯倫　モスリン　毛織物。メリンス

倫敦　ロンドン　イギリスの首都

倫　とも　名前の一。三浦倫義（大学教授）

×［凜］　リン

凜凜しい　りりしい　きりりとひきしまっている

［輪］　リン　わ

日輪草　ひまわり　［向日葵］とも。一年草

輪鼓　りゅうご　［輪子・立鼓］とも。中央がくびれた形

阿輪迦王　アショカおう　［阿育王］［アソカ］とも

×［燐］　リン

燐寸　マッチ

る

×［縷］　ル

繁縷　はこべ　［鶏腸草］とも。多年草

金縷梅　まんさく　［万作］とも。落葉低木

［累］　ルイ

累ねる　かさねる　つみかさねる

［類］　ルイ

類　たぐい　［比］とも。「―まれな才能」

れ

［令］　レイ

仮令　たとえ　［たとい］［縦令］とも。もしそうなら

令 りょう 古代の法律。「律—」
令法 りょうぶ 落葉高木

【礼】 レイ・ライ
破礼句 ばれく みだらな内容の川柳
牟礼 むれ 香川県にある町名
礼 のり 名前の一。大西克礼（美術史家）

【戻】 レイ もど（す）・もど（る）
時戻雀 カナリア 〔金糸雀・金雀〕とも。小鳥

【例】 レイ たと（える）
例 ためし 〔様〕とも。先例。前例。「—がない」

△【羚】 レイ
羚羊 かもしか 〔氈鹿〕とも。哺乳動物

×【蛉】 レイ
蜻蛉 あきつ トンボの古称。蜻蛉島の略（日本の美称）
蜻蛉 かげろう 〔糸遊・蜉蝣〕とも。かげろう目の昆虫
蜻蛉 とんぼ トンボ類の総称

【鈴】 レイ・リン すず
馬兜鈴 うまのすずくさ 〔馬鈴草・土青木香〕とも。つる性多年草
馬鈴薯 じゃがいも 野菜
玉鈴花 はくうんぼく 〔白雲木〕とも。落葉高木
五十鈴川 いすずがわ 三重県にある川名

【零】 レイ
落零 おちこぼれ 「受験戦争の—」
零落れる おちぶれる 〔落魄れる〕とも
零れる こぼれる 「涙が—」
零余子 むかご 〔ぬかご〕とも。ヤマイモの珠芽
零 ゼロ

【霊】 レイ・リョウ たま
霊 りょう 「悪—」「死—」
霊 たま 「御—屋」「言—（だま）」
威霊仙 くがいそう 〔九蓋草〕とも。多年草
産霊神 むすびのかみ 天地万物を産む神

△【澪】 レイ みお
澪標 みおつくし 水脈を表示する杭

△【嶺】 レイ
高嶺 たかね 「—の花」
嶺 みね 「富士の—」
嶺 たかね 名前の一。原嶺（会社役員）

【齢】 レイ
齢 よわい 年齢

【麗】 レイ うるわ（しい）
麗らか うららか 「—な春の午後」
高句麗 こうくり 古代朝鮮の国名の一。高麗
高麗 こうらい 〔こま〕とも。古代朝鮮の国名の一。高句麗の異称
麗春花 ひなげし 〔雛罌粟・虞美人草・錦被花・美人草〕とも

結麗阿曹篤　クレオソート

［歴］　レキ

歴とした　れっきとした　「―紳士」

［暦］　レキ　こよみ

延暦　えんりゃく　年号。「天暦・長暦・承暦」なども同じ

×**［瀝］**　レキ

土瀝青　アスファルト

×**［礫］**　レキ

礫　つぶて　「飛礫」とも。投げつけるための小石

［列］　レツ

列卒　せこ　「勢子」とも。狩場で鳥獣をかりたてる人

列なる　つらなる　「連なる」とも

列ぶ　ならぶ　「並ぶ」とも

越列幾　エレキ　電気

阿列布　オリーブ　「阿利布」とも。常緑高木。油を採る

虎列刺　コレラ　伝染病の一

的列並油　テレビンゆ　「松脂油」とも

［烈］　レツ

烈しい　はげしい　「激しい」とも

忽比烈　フビライ　「忽必烈」とも。蒙古の皇帝

［裂］　レツ　さ(く)・さ(ける)

鉤裂　かぎざき　衣服が直角に裂けること

裂痔　きれじ　痔病の一

古代裂　こだいぎれ　「古代切」とも。古代の織物の断片

［連］　レン　つら(なる)・つら(ねる)・つ(れる)

連枝草　うまごやし　「馬肥」とも。越年草

小連翹　おとぎりそう　「弟切草」とも。多年草

連銭草　かきどおし　「垣通」とも。多年草

草連玉　くされだま　「黄連花」とも。多年草

注連飾　しめかざり　「七五三飾・標飾」とも

連む　つるむ　連れだって行動すること

連　むらじ　古代の姓の一

連玉　れだま　「鷹爪・鶯織柳」とも。落葉低木

瓜連　うりづら　茨城県にあった町名

四尾連湖　しびれこ　山梨県にある湖

［廉］　レン

廉　かど　「不審の―がある」

一廉　ひとかど　「一角」とも。「―の男」

廉　すなお　名前の一。冬野廉(医師)

△**［蓮］**　レン　はす

胡黄蓮　せんぶり　「千振」とも。一年草。薬用

鉄線蓮　てっせん　「鉄線」とも。つる性多年草

金蓮花　のうぜんはれん　「凌霄葉蓮」とも。一年草

蓮　はちす　ハスの古称

半辺蓮　みぞかくし　「溝隠」とも。多年草

[練] レン　ね(る)

手練 てだれ　「—の武士」

練絹 ねりぎぬ　柔かい絹布。↕生絹(すずし)

ろ

[路] ロ　じ

路 みち　[道]とも

路加伝 ルカでん　福音書

中辺路 なかへち　和歌山県にある町名

△**[魯]** ロ

格魯布 クルップ　「—性肺炎」

格魯謨 クロム　金属元素の一

魯西亜 ロシア　[露西亜]とも。国名

△**[蕗]** ロ　ふき

石蕗 つわぶき　[槖吾・急就草]とも。多年草

[露] ロ・ロウ　つゆ

露 ろう　「披—宴」

露 あらわ　[顕]とも。むきだしになる

白露鶏 しちめんちょう　[七面鳥・吐綬鶏]とも。食肉用の鳥

露兜樹 たこのき　[蛸木]とも。常緑高木。小笠原島の特産

秘露 ペルー　[白露]とも。国名

露西亜 ロシア　[魯西亜]とも。国名

[老] ロウ　お(いる)・ふ(ける)

海老 えび　[蝦]とも

老女 おうな　[嫗・媼]とも。老いた女

老舗 しにせ　伝統のある店

野老 ところ　ヤマノイモの一種

老海鼠 ほや　[保夜・海鞘]とも。原索動物

老成 ませ　早熟。「お—な子」

老虎花 れんげつつじ　[蓮華躑躅・黄杜鵑]とも。落葉低木

老頭児 ロートル　老人

[労] ロウ

労 いたずき　心労。骨折り。病気

労る いたわる　大切にする。ねぎらう

労う ねぎらう　「労を—」

十大功労 ひいらぎなんてん　[柊南天]とも。常緑低木

伯労 もず　[鵙・百舌]とも。鳥

×**[弄]** ロウ　もてあそ(ぶ)

弄る いじる　もてあそぶ

弄う いらう　もてあそぶ。からかう

弄る まさぐる　あちこちさぐる

[郎] ロウ

郎女 いらつめ　古語で若い女。↕郎子

男郎花 おとこえし　[茶花・敗醤]とも。多年草

女郎花　おみなえし　多年草。秋の七草の一

［朗］　ロウ　ほが(らか)

朝朗　あさぼらけ　夜のあけ方

［浪］　ロウ

浪　なみ　［波］とも。「押しよせる―」

浪漫的　ロマンチック

浪花　なにわ　［浪華・浪速・難波］とも。大阪の旧称・地名

［漏］　ロウ　も(る)・も(れる)・も(らす)

漏斗　じょうご　液体などを移しかえる具

砂漏計　すなどけい　［砂時計］とも

×［籠］　ロウ　かご

入籠　いれこ　［入子］とも。箱細工の一

猪籠草　うつぼかずら　［靫葛］とも。多年草

御籠　おこもり　神社や寺にこもること

駕籠　かご　むかしの乗り物

切籠　きりこ　［切子］とも。「―玉」「―ガラス」

口籠声　くぐもりごえ　はっきりしない声

神籠石　こうごいし　［神護石］とも。山城

籠手　こて　剣道具の一。それを打つこと

籠る　こもる　「書斎に―」

蒸籠　せいろ　［せいろう］とも。食物を蒸す道具

葛籠　つづら　つるや竹で編んだ衣服を入れるかご

手籠　てごめ　［手込］とも。レイプ

旅籠　はたご　旅館

魚籠　びく　釣った魚を入れる物

五爪籠　やぶからし　［藪枯］とも。つる性多年草

破籠　わりご　［破子］とも。白木の弁当箱

籠球　バスケットボール

×［臘］　ロウ

希臘　ギリシア　国名

△［蠟］　ロウ

水蠟樹　いぼたのき　［疣取樹］とも。落葉低木

［六］　ロク　む・む(つ)・むっ(つ)・むい

十六夜　いざよい　陰暦で十六日の夜

六月雪　はくちょうげ　［白蝶花・満天星］とも。低木

六月　みなづき　［水無月］とも。陰暦六月の異称

六月菊　みやまよめな　［深山嫁菜］とも。多年草

六朝　りくちょう　後漢から隋までの六王朝

六合　くに　群馬県にある村名

△［肋］　ロク　あばら

肋肉　ばらにく　胸のあたりの食肉

×［勒］　ロク

勒魚　しいら　［鱰・鬼頭魚］とも。海魚

［録］　ロク

型録　カタログ　商品目録

［論］ ロン

論う あげつらう 「人の言動を―」

目論見 もくろみ 計画

わ

［和］ ワ・オ やわ(らぐ)・なご(む)・なご(やか)

和 お 「―尚」

和物 あえもの ［韲物］とも。「キュウリの―」

温和しい おとなしい ［大人しい］とも

三和土 たたき 土と砂で固めた土間

和ぐ なぐ 風波がおさまる

和毛 にこげ やわらかな毛

和和 にこにこ 「―した顔」

和尚菜 のぶき ［野蕗］とも。多年草

日和 ひより 「すばらしい―」

和布刈 めかり ［海布刈］とも。ワカメを刈ること

大和 やまと ［倭］とも。日本の異称。近畿地方の旧国名

和布 わかめ ［若布・稚海藻・裙帯菜］とも。海藻

汞和金 アマルガム 水銀と他の金属の合金

和人 シャモ アイヌが本土人を指す語

和蘭 オランダ ［和蘭陀・阿蘭陀］とも。国名

和林 カラコルム 「―山脈」

仁和寺 にんなじ 京都にある寺名

和泉 いずみ 旧国名。大阪府

和田 にぎた ［みきた・わだ・にきた］とも。姓氏の一

和 かず 名前の一。石田和外（裁判官）

△**［倭］** ワ・イ やまと

倭文 しず ［しずり］［倭文織］とも。古代の織物の一

倭 やまと ［大和］とも。日本国

倭文神社 しとりじんじゃ 鳥取県にある神社

［話］ ワ はな(す)・はなし

閑話休題 それはさておき

×**［歪］** ワイ ゆが(む)

歪 いびつ ゆがんでいるさま

歪み ひずみ ゆがむこと

×**［猥］** ワイ みだ(り)

猥 みだら ［濫］とも。だらしがない

×**［矮］** ワイ

矮鶏 ちゃぼ ニワトリの一品種

矮柏 ちゃぼひば ヒノキの変種

［賄］ ワイ まかな(う)

賄 まいない わいろ

×**［穢］** ワイ・アイ・エ けが(れる)

意地穢い いじきたない

汚穢　おあい　［おわい］とも。よごれ。きたないもの

△［鷲］　わし

角鷲　くまたか　［熊鷹・角鷹］とも。ワシの一種

鷲神社　おおとりじんじゃ　［大鳥神社］とも。酉の市が行われる神社

尾鷲　おわせ　三重県にある市名

鷲敷　わじき　徳島県にあった町名

鷲見　すみ　［わしみ］とも。姓氏の一

［腕］　ワン　うで

腕　かいな　うで

△［椀］　ワン

椀飯振舞　おうばんぶるまい　［大盤振舞］とも

椀田　まりた　姓氏の一

［湾］　ワン

真珠湾　パールハーバー　ハワイの軍港

音訓索引

あ行

あい　藍　211
あう　逢　193
あか　赤　124
あか　垢　66
あかつき　暁　50
あげる　揚　207
あさ　麻　197
あさい　浅　127
あじ　味　199
あずさ　梓　86
あぜ　畔　175
あくた　芥　27
あだ　仇　43
あたえる　与　206
あたかも　恰　68
あて　宛　17
あと　跡　124
あに　兄　55
あね　姉　85
あま　尼　164
あみ　網　202
あや　綾　215
あるく　歩　190
あわ　泡　193
い　井　118
イ　倭　221
い　井　118
いえ　家　24
いおり　庵　8
いき　息　135
いく　幾　40
いずみ　泉　127
いた　板　175
いたる　至　85
いと　糸　85
いぬ　狗　53
いね　稲　159
いのる　祈　39
いぶかる　訝　26
いま　今　73
いも　薯　103
いも　藷　103
いもうと　妹　198
いらだつ　苛　24
いる　炒　105
いわ　磐　176
いわう　祝　100
ウ　烏　33
うく　浮　184
うし　牛　44
うす　臼　43
うで　腕　222
うま　馬　169
うめ　梅　170
うめる　埋　198
うら　浦　190
うら　裏　212
うらむ　怨　17
うる　売　170
うるし　漆　91
エ　穢　221
え　江　66
え　柄　188
えがく　描　181
エキ　易　10
えぐる　抉　58
えぐる　刳　62
えだ　枝　85
えびす　夷　9
えり　襟　53
エン　燕　149
お　尾　178
お　雄　205
オウ　黄　70
オウ　鴨　33
おうぎ　扇　127
おく　奥　19
おくれる　遅　144
おこたる　怠　137
おしい　惜　124
おす　押　19
おっと　夫　182
おとうと　弟　149
おに　鬼　39
おの　斧　184
おのれ　己　62
おび　帯　138
および　及　43
おる　折　124
おん　御　47

か行

カ　瓜　14
ガ　画　31
かいこ　蚕　81
かう　買　171
かえる　替　138
かお　顔　38
かぎ　鉤　71
カク　鶴　150

かく	掻	133
かご	籠	220
かさ	傘	81
かさ	暈	15
かしこまる	畏	10
かしわ	柏	172
かた	型	56
かたな	刀	156
かたまり	塊	29
かつぐ	担	141
かつら	桂	56
かね	鐘	108
かば	樺	26
かぶら	鏑	151
かべ	壁	189
がま	蒲	190
かみ	髪	174
かみなり	雷	210
かめ	亀	40
かや	茅	194
から	殻	31
がら	柄	188
からい	辛	112
かり	仮	21
かり	雁	38
かりる	借	93
かれ	彼	177
かれる	枯	63
かわ	川	126
かわ	河	24
かわうそ	獺	141
かわら	瓦	26
キ	己	62
き	黄	70
きし	岸	37
きずな	絆	175
きたえる	鍛	142
きたない	汚	18
キツ	吉	42
キツ	橘	140
きぬ	絹	60
きば	牙	26
キュウ	鳩	174
キョウ	兄	55
キョウ	経	56
ギョウ	行	67
きり	霧	200
くいる	悔	28
くき	茎	56
くさり	鎖	75
くさる	腐	185
くじら	鯨	58
くす	樟	108
くず	葛	33
くすのき	楠	164
くずれる	崩	193
くそ	糞	187
くち	口	64
くちばし	嘴	88
くび	首	95
くび	頸	57
くびれる	縊	11
くもり	曇	163
くりや	厨	145
くわ	桑	133
ゲ	下	20
ケイ	競	49
けがれ	穢	221
けずる	削	78
コ	虎	162
コ	狐	42
こ	子	82
コウ	叩	140
コウ	仰	50
こう	乞	42
こおり	氷	180
こおる	凍	157
こぐ	漕	133
こげる	焦	107
ここ	此	84
こめ	米	188
こる	凝	50
これ	之	82

さ　行

サイ	切	124
サイ	西	120
サイ	塞	135
さきがけ	魁	30
さくら	桜	19
さけぶ	叫	48
さす	刺	85
さそう	誘	205
さと	里	212
さびしい	寂	94
さま	様	208
さむらい	侍	89
さや	莢	49
さや	鞘	108
さら	更	67
さらす	晒	75
さる	猿	18
さわ	沢	139
さわぐ	騒	134
シ	只	140
ジ	地	143
しい	椎	148
シキ	色	110
シキ	織	111
した	舌	126
しのぐ	凌	215
しばらく	暫	82
しぼる	絞	70
しぼる	搾	78

しも	霜	134
シャ	叉	74
シャ	沙	74
シュウ	祝	100
しゅうとめ	姑	62
ジュン	諄	102
ショウ	生	119
ショウ	正	119
ショウ	憧	161
しる	汁	99
ジン	臣	112
す	巣	132
す	酢	78
スイ	誰	141
すえ	末	198
すけ	輔	190
すじ	筋	53
すず	鈴	217
すずめ	雀	94
すな	砂	74
すね	脛	56
すみ	炭	142
すみ	墨	196
せ	背	170
せき	咳	30
セキ	寂	94
せまい	狭	49
せり	芹	126
ソ	鼠	166
ソウ	爪	149
ソウ	宗	97
ゾウ	象	107
そなえる	供	48
その	其	39
そびえる	聳	108
そめる	染	127
そる	剃	150

た　行

タ	太	137
た	田	153
たえる	堪	35
たから	宝	192
たきぎ	薪	114
たけ	竹	144
たけ	茸	42
たずねる	尋	115
たつ	竜	214
たて	縦	100
たで	蓼	215
たに	谷	72
たば	束	134
たまご	卵	211
たましい	魂	74
たまる	溜	214
たわら	俵	181
ちち	父	183
ちり	塵	115
チョ	猪	12
チョウ	帖	109
チン	椿	149
つ	津	112
ツイ	対	137
つえ	杖	109
つき	月	58
つく	搗	158
つくえ	机	38
つくす	尽	115
つつ	筒	158
つつみ	堤	150
つつしむ	慎	114
つづみ	鼓	63
つづる	綴	151
つば	唾	137
つめる	詰	42
つや	艶	18
つゆ	露	219
テイ	丁	145
ト	図	116
ト	兎	14
と	戸	62
トウ	桐	51
トウ	桶	20
とがる	尖	126
とげる	遂	117
とこ	床	105
とじる	閉	188
どの	殿	153
ともえ	巴	168
どもる	吃	42
とらえる	捉	135
とりで	砦	76
どろ	泥	150

な　行

なえ	苗	181
なく	鳴	201
なし	梨	212
なつ	夏	24
なでる	撫	185
なな	七	90
なに	何	22
なまり	訛	25
なみ	波	168
ならべる	並	188
なれる	馴	102
なんじ	汝	104
ニ	仁	115
に	荷	25
にかわ	膠	71
にごる	濁	140
にしき	錦	53
にぶい	鈍	163

にらむ	睨	57
にる	似	89
にる	煮	93
にれ	楡	204
にわとり	鶏	57
ニン	人	114
ぬぐう	拭	110
ぬの	布	183
ぬる	塗	155
ねこ	猫	181
の	乃	138
の	野	203
のし	熨	11
のど	咽	13
のろう	呪	96
のむ	呑	163

は 行

は	刃	115
は	葉	207
は	歯	87
はい	灰	27
はう	這	93
はく	吐	154
はげ	禿	161
はす	蓮	218
はた	旗	41
はた	幡	176
はだか	裸	209
はな	鼻	180
はなはだ	甚	115
はに	埴	111
はね	羽	13
はは	母	191
はば	巾	51
はば	幅	186
はらう	払	186
はり	針	113
バン	万	198
バン	伴	175
ひ	日	165
ひざ	膝	91
ひずめ	蹄	150
ひつじ	羊	206
ひねる	捻	167
ひねる	撚	167
ひも	紐	145
ひる	蛭	91
ふき	蕗	219
ふく	吹	117
ふくむ	含	37
ふくろ	袋	138
ふさ	房	194
ふじ	藤	160
ふす	臥	26
ふすま	襖	19
ふせる	伏	186
ふた	蓋	30
ふだ	札	78
ぶた	豚	162
ふで	筆	180
ふとい	太	137
ふね	船	127
ふむ	踏	159
ふゆ	冬	156
ふれる	触	111
フン	分	187
へび	蛇	93
ホ	葡	185
ボ	模	201
ボウ	妄	202
ほこ	戈	21
ほこり	埃	6
ほとんど	殆	137
ほれる	惚	73
ボン	煩	175

ま 行

まう	舞	185
まかなう	賄	221
まく	捲	59
まける	負	184
まご	孫	136
また	亦	16
まだら	斑	175
まつ	松	105
まぶた	瞼	60
まめ	豆	157
まゆ	眉	179
まゆ	繭	60
まり	毬	44
まるい	丸	37
まわる	廻	28
まれ	稀	40
ミ	眉	179
み	弥	179
みぎ	右	204
みぞ	溝	71
みそか	晦	29
みつぐ	貢	69
みどり	緑	215
みにくい	醜	99
みみ	耳	88
ム	武	185
むぎ	麦	173
むつまじい	睦	196
むね	旨	84
むらさき	紫	87
め	目	202
めかけ	妾	105
めす	雌	88
も	喪	132
も	藻	134
モク	木	195

もどす	戻	217
もも	股	62
もも	桃	157
もれる	漏	220

や 行

や	弥	179
ヤク	疫	16
やく	焼	107
やせる	痩	133
やなぎ	柳	213
やみ	闇	8
やむ	已	8
ユ	由	204
ゆ	湯	158
ユイ	由	204
ゆう	夕	123
ゆずる	譲	110
ゆたか	豊	193
ゆび	指	86
ゆみ	弓	43
ゆれる	揺	207
よい	宵	106
よう	酔	117
よこ	横	19
よみがえる	蘇	130
よめ	嫁	25
よる	夜	203
よわい	弱	94
よん	四	84

ら 行

ラク	楽	32
ラツ	拉	208
リ	狸	141
リキ	力	215
リョウ	漁	48
ル	留	214
ロ	呂	214
ロウ	狼	20
ロク	鹿	90

わ 行

わかい	若	94
わく	沸	186
わずらう	煩	175
わた	綿	201
われ	吾	64

部首索引

1　画

[一]	且	かつ	32
[丨]	串	くし	54
[丶]	之	シ	82
[乙]	乞	キツ	42

2　画

[二]	云	ウン	14
	些	サ	74
[亠]	亦	エキ	16
	享	キョウ	48
[人 亻]	仇	キュウ	43
	仄	ソク	134
	伐	バツ	174
	伽	カ	22
	佩	ハイ	170
	侠	キョウ	48
	俺	おれ	20
	倦	ケン	59
	倶	ク	54
	俯	フ	184
	倭	ワ	221
	僻	ヘキ	188
[儿]	克	コク	72
	兎	うさぎ	14
	禿	トク	161
	兜	かぶと	33
[八]	其	キ	39
[冖]	冥	メイ	201
[冫]	冶	ヤ	203
	准	ジュン	101
	凌	リョウ	215
	凜	リン	216
[几]	夙	シュク	100
[刀]	剪	セン	127
[刂]	刮	カツ	32
	刳	コ	62
	剃	テイ	150
	剌	ラツ	210
	剝	ハク	173
[力]	劫	ゴウ	71
	勃	ボツ	197
[勹]	勾	コウ	65
	勿	モチ	202
[匕]	匙	さじ	78
[匸]	匿	トク	161
[卜]	卦	ケ	55
[卩]	卯	う	13
[厂]	厨	チュウ	145
	厭	エン	18
[又]	叉	サ	74
	叔	シュク	100

3　画

[口]	叩	たたく	140
	只	ただ	140
	后	コウ	66
	吐	ト	154
	吾	ゴ	64
	呑	ドン	163
	呆	ホウ	192
	呂	リョ	214
	吻	フン	186
	吝	リン	216
	呪	ジュ	96
	咽	イン	13
	哉	サイ	75

	咳	ガイ	30
	唾	ダ	137
	啄	タク	140
	喧	ケン	59
	喰	くう	54
	喋	チョウ	146
	嗚	オ	18
	嗇	ショク	111
	嘉	カ	25
	嘗	ショウ	108
	嘲	チョウ	147
	嘴	シ	88
	嚢	ノウ	168
[土]	坐	ザ	75
	垢	コウ	66
	埃	アイ	6
	埴	ショク	111
	堡	ホ	190
	堪	カン	35
	塞	ソク	135
	塵	ジン	115
	塡	テン	153
	墜	ツイ	148
[士]	壬	ジン	115
[女]	奴	ド	155
	妄	モウ	202
	妓	ギ	41
	妖	ヨウ	206
	妾	ショウ	105
	妬	ト	154
	姥	うば	14
	婆	バ	169
	娼	ショウ	106
	媒	バイ	171
	嬰	エイ	16
[子]	孟	モウ	202
[宀]	宛	エン	17
	宥	ユウ	205
	寡	カ	25
[小]	尖	セン	126
[尸]	尻	しり	111
[大]	夷	イ	9
	奔	ホン	197
[屮]	屯	トン	162
[山]	岐	キ	38
	崇	スウ	118
	嵌	カン	36
	嶺	レイ	217
	巌	ガン	38
[工]	巫	フ	183
[己]	已	イ	8
	巴	ハ	168
[巾]	巾	キン	51
	帛	ハク	172
	帷	イ	10
	幣	ヘイ	188
	幡	ハン	176
[广]	庵	アン	8
	廉	レン	218
[廾]	弄	ロウ	219
[弓]	弗	フツ	186
	弘	コウ	65
	弛	シ	84
[彳 行]	彷	ホウ	192
	衡	コウ	71
[忄]	怯	キョウ	48
	恍	コウ	68
	恰	コウ	68
	悍	カン	35
	悄	ショウ	106
	惟	イ	10
	惚	コツ	73
	慄	リツ	213
	憧	ドウ	161
[扌]	抉	ケツ	58
	把	ハ	168

	拐	カイ	27
	抑	ヨク	208
	拗	ヨウ	206
	拘	コウ	67
	抽	チュウ	144
	拇	ボ	191
	拉	ラ	208
	按	アン	8
	拭	シキ	110
	捌	さばく	79
	捉	ソク	135
	捏	ネツ	167
	捲	ケン	59
	捷	ショウ	107
	措	ソ	130
	捻	ネン	167
	掠	リャク	213
	揃	そろう	136
	揶	ヤ	203
	搔	ソウ	133
	搗	トウ	158
	摸	モ	201
	撒	サン	81
	撰	セン	128
	撞	トウ	159
	撓	ドウ	161
	撚	ネン	167
	撥	ハツ	174
	撫	ブ	185
	撲	ボク	196
[氵]	汝	ジョ	104
	沙	サ	74
	沃	ヨク	208
	沫	マツ	198
	沸	フツ	186
	淑	シュク	101
	洛	ラク	210
	渾	コン	74
	溜	リュウ	214
	漸	ゼン	129
	漬	つける	148
	滴	テキ	151
	漕	ソウ	133
	潰	カイ	30
	濡	レイ	217
	瀝	レキ	218
[犭]	狐	きつね	42
	狗	ク	53
	狸	たぬき	141
	狡	コウ	68
	狼	おおかみ	20
	猪	イ	12
	猶	ユウ	205
	猥	ワイ	221
	獺	ダツ	141
[艹]	芥	カイ	27
	芹	せり	126
	芙	フ	183
	苛	カ	24
	苟	コウ	69
	苔	こけ	73
	苧	チョ	145
	苞	ホウ	193
	茅	ボウ	194
	茉	マツ	198
	茄	カ	24
	茸	きのこ	42
	茜	あかね	7
	莞	カン	35
	莢	キョウ	49
	莎	サ	75
	莫	バク	173
	萎	イ	10
	菖	ショウ	107
	菰	コ	63
	萌	ホウ	193

	葛	カツ	33
	葵	あおい	7
	葡	ブ	185
	萱	かや	33
	葱	ねぎ	166
	葦	あし	7
	蓋	ガイ	30
	蒼	ソウ	133
	蒲	ホ	190
	蓬	ホウ	194
	蔑	ベツ	188
	蔓	つる	149
	蓼	リョウ	215
	蓮	レン	218
	蕎	キョウ	49
	蕉	ショウ	108
	蕩	トウ	159
	蕃	バン	177
	薫	クン	55
	薪	シン	114
	薇	ビ	180
	蕗	ロ	219
	薩	サツ	79
	薯	いも	103
	藤	トウ	160
	藍	ラン	211
	藷	いも	103
	蘇	ソ	130
	蘭	ラン	211
[辶]	逢	ホウ	193
	遵	ジュン	102
[阝]	那	ナ	163
	郁	イク	11
	阻	ソ	129
	陀	ダ	136

4　画

[心]	忌	キ	39
	忽	コツ	73
	怨	エン	17
	憑	ヒョウ	181
[戈]	戈	カ	21
[戸]	扁	ヘン	189
[手]	拳	ケン	59
[攵]	敦	トン	162
[文]	斑	ハン	175
	斐	ヒ	178
[斤]	斯	シ	86
[方]	旁	ボウ	195
[日 曰]	曰	いわく	12
	旦	タン	141
	昏	コン	73
	晒	サイ	75
	曹	ソウ	132
	晦	カイ	29
	曾	ソウ	133
	智	チ	143
	暢	チョウ	147
	暈	ウン	15
[月]	肋	ロク	220
	肖	ショウ	105
	股	コ	62
	肯	コウ	67
	胡	コ	63
	朔	サク	78
	脛	ケイ	56
	腫	シュ	96
	膏	コウ	71
	膠	コウ	71
	膝	シツ	91
	膳	ゼン	129
	朧	ロウ	220
[木]	朴	ボク	196
	杖	ジョウ	109
	杜	ト	154
	杏	キョウ	48

	李	リ	212
	杓	シャク	93
	采	サイ	75
	枳	キ	39
	柑	カン	34
	某	ボウ	194
	柘	シャ	92
	柏	ハク	172
	柚	ユウ	205
	柾	まさ	198
	桂	ケイ	56
	桔	キツ	42
	柴	しば	92
	栖	セイ	121
	桐	きり	51
	栗	くり	54
	梧	ゴ	64
	梗	コウ	70
	梭	サ	75
	梓	シ	86
	梔	シ	86
	桶	おけ	20
	梯	テイ	150
	渠	キョ	46
	棘	とげ	162
	棠	トウ	158
	椀	ワン	222
	棄	キ	40
	椿	つばき	149
	楠	ナン	164
	楓	かえで	30
	楊	ヨウ	208
	楡	ユ	204
	槐	カイ	30
	榛	シン	114
	榴	リュウ	214
	槿	キン	53
	槽	ソウ	133
	樺	カ	26
	橘	たちばな	140
	橙	トウ	159
	檜	ひのき	180
	檀	ダン	143
	欅	けやき	58
[欠]	欣	キン	51
	款	カン	36
[止]	此	シ	84
	歪	ワイ	221
[歹]	殆	タイ	137
[毛]	毬	キュウ	44
[火]	灸	キュウ	44
	灼	シャク	93
	炒	ショウ	105
	炬	キョ	45
	烟	エン	17
	烽	ホウ	193
	煩	ハン	175
	煽	セン	128
	熨	イ	11
	燐	リン	216
	燭	ショク	111
	燻	クン	55
[灬]	烏	からす	33
	熊	くま	54
	燕	つばめ	149
[爪]	爪	ソウ	149
	爬	ハ	169
[父]	爺	ヤ	203
[爻]	爾	ジ	90
[片]	牌	ハイ	170
[牛 牜]	牡	おす	20
	牽	ケン	59
[王]	玖	キュウ	44
	玩	ガン	37
	珊	サン	81
	琴	こと	52

	瑚	コ	63
	瑞	ズイ	118
	瑪	メ	200

5　画

[瓜]	瓜	うり	14
[瓦]	瓦	ガ	26
	瓶	ビン	182
[田]	畏	イ	10
	畔	ハン	175
	畦	ケイ	56
[疒]	疹	シン	113
	痴	チ	144
	痩	ソウ	133
	癬	セン	129
[皮]	皺	しわ	111
[目]	眉	ビ	179
	眩	ゲン	61
	睨	ゲイ	57
	睦	ボク	196
	瞑	メイ	201
	瞼	ケン	60
[矢]	矩	ク	53
	矮	ワイ	221
[石]	砦	サイ	76
	硝	ショウ	107
	硫	リュウ	214
	磐	バン	176
	磔	タク	140
	磯	いそ	11
	礫	レキ	218
[示　礻]	祇	ギ	41
	禍	カ	25
[禾]	秦	シン	113
	稀	キ	40
	稜	リョウ	215
	穢	ワイ	221
[穴]	穿	セン	127
	窄	サク	78
	窒	チツ	144
[牙]	牙	ガ	26
[罒]	罹	リ	213
	罷	ヒ	178
[衤]	袱	フク	186
	褌	ふんどし	187
	褪	タイ	138
	襖	オウ	19

6　画

[竹]	竺	ジク	90
	笥	シ	86
	筑	チク	144
	箇	カ	25
	篠	しの	92
	篤	トク	161
	箭	セン	128
	篦	へら	189
	籠	ロウ	220
[米]	粟	あわ	8
	糞	フン	187
[糸]	紐	チュウ	145
	絆	ハン	175
	絨	ジュウ	100
	綬	ジュ	96
	綾	リョウ	215
	綽	シャク	93
	縊	イ	11
	縷	ル	216
	纂	サン	81
	繡	シュウ	99
	羞	シュウ	98
[羊]	羚	レイ	217
	羯	カツ	33
[羽]	翅	シ	86
	翠	スイ	117
	翡	ヒ	178

	翳	エイ	16
[而]	而	ジ	88
[耳]	耶	ヤ	203
[舌]	甜	テン	153
[色]	艶	エン	18
[虍]	虎	とら	162
	虞	グ	54
[虫]	蛉	レイ	217
	蛙	かえる	30
	蛭	シツ	91
	蛾	ガ	26
	蛸	たこ	140
	蜀	ショク	111
	蜂	ホウ	174
	蜻	セイ	122
	蜜	ミツ	199
	蝦	カ	26
	蝶	チョウ	147
	蟇	ひき	180
	螺	ラ	209
	蟬	せみ	126
	蟻	あり	7
	蠅	はえ	171
	蠟	ロウ	220
[襾]	覇	ハ	169

7 画

[臣]	臥	ガ	26
[言]	訊	ジン	115
	訝	ガ	26
	訛	カ	25
	詮	セン	128
	誰	だれ	141
	請	シン	123
	諍	ソウ	133
	謂	イ	11
	謀	ボウ	195
	謨	ボ	191
[豆]	豇	コウ	69
[豸]	豹	ヒョウ	181
	貌	ボウ	195
[貝]	賄	ワイ	221
	賓	ヒン	181
	賤	セン	128
[足]	趺	フ	184
	蹄	テイ	150
[車]	輔	ホ	190
[酉]	酪	ラク	210
	醤	ショウ	108
[釆]	釉	ユウ	205
[臼]	臼	キュウ	43
[麦]	麴	こうじ	72

8 画

[金]	鉤	コウ	71
	鉸	コウ	71
	鋒	ホウ	194
	鋸	のこぎり	168
	鍍	ト	155
	鏑	テキ	151
[門]	闇	アン	8
[隹]	隼	ジュン	102
	雁	ガン	38
	雀	ジャク	94
	雉	チ	42

9 画

[革]	勒	ロク	220
	靭	ジン	115
	鞋	アイ	7
	鞘	ショウ	108
	鞭	ベン	189
[韋]	韓	カン	37
[頁]	頁	ケツ	58
	頃	ころ	73
	頓	トン	163

	頒	ハン	175
	頸	ケイ	57
	頽	タイ	138
	頻	ヒン	181
［食］	餅	もち	202
	饅	マン	199
	饒	ジョウ	110

10　画

［馬］	馴	ジュン	102
	駝	ダ	137
	騙	ヘン	189
	騰	トウ	160
［骨］	骸	ガイ	30
［髟］	髭	ひげ	180
	鬚	ひげ	180
［鬯］	鬱	ウツ	14
［鬼］	魁	カイ	30
	魄	ハク	173

11　画

［魚］	魯	ロ	219
	鮎	あゆ	7
	鮫	さめ	79
	鰓	えら	17
	鰻	うなぎ	14
	鰭	ひれ	181
［鳥］	鳩	はと	174
	鳶	とび	162
	鳳	ホウ	194
	鴨	かも	33
	鴟	シ	88
	鵞	ガ	27
	鵑	ケン	60
	鶴	つる	149
	鷲	わし	222
	鷺	さぎ	77
	鸞	ラン	211

12・13画

［黍］	黍	きび	42
［鼠］	鼠	ねずみ	166

音 訓 索 引

部 首 索 引

◇この索引では，一般に誰もが音よみできると思われる漢字（愛・英・王）は採録しなかった。

◇音訓索引は，音よみより訓よみがなじまれているもの（稲・牛・繭）や，音よみが二通りあるもの（正《セイ ショウ》・木《ボク モク》）などを収めた。

◇部首索引は，音でも訓でも読みにくいと思われるものを収録した。部首は「彳と行」を一緒にしたり，「扌と手」を別々にしたり，検索しやすい工夫をほどこした。

当て字の辞典　新装版

本書は一九九一年に刊行されたものを新装版として復刊したものです。

二〇〇九年六月二五日　初版発行
二〇一〇年二月二五日　再版発行

編　者　東京堂出版編集部
発行者　松 林 孝 至
組　版　㈱東京コピイ
印　刷　㈱廣 済 堂
製　本　㈱廣 済 堂

発行所　株式会社　東京堂出版
東京都千代田区神田神保町一ノ一七(〒一〇一-〇〇五一)
電話〇三-三二三三-三七四一　振替〇〇一三〇-七-二七〇

ISBN978-4-490-10752-4 C1581